高职高专经管类“十三五”规划教材

会计基础

KUAIJI JICHU

翁健英 主编

前　言

财务会计与管理会计是现代企业会计的两个重要分支。财务会计知识体系通常由“会计基础(原理)”、“中级财务会计学”和“高级财务会计学”三门课程构成。其中,“会计基础”课程主要讲解会计学的基本概念,介绍会计要素与会计等式、会计科目与账户、会计记账方法、借贷记账法下主要经济业务的账务处理、会计凭证、会计账簿、账务处理程序、财产清查与财务报表的初步知识。“会计基础”课程内容的熟练掌握,将为“中级财务会计学”和“高级财务会计学”的学习打下坚实的基础。

最近二十余年来,世界资本市场创新业务不断涌现,企业经济业务和组织架构日益复杂,会计准则与财务报告的国际化协调与趋同不断推进,中国上市公司信息披露透明度日益强化,这些都推动着中国会计准则和会计制度不断发展与完善。这些动态给会计学教育与教学带来了新的机遇与挑战。为此,编写一本既能涵盖会计学基础知识与基本内容又能反映我国会计准则体系的主要精神,同时兼顾国际范围内财务会计发展动态的高职高专《会计基础》教材就显得十分必要。

本教材共包括十章。第一章为“总论”,主要介绍会计的概念与目标、会计的职能与方法、会计基本假设与会计基础、会计信息的使用者及其质量要求,以及会计准则体系的构成等内容。第二章为“会计要素与会计等式”,主要讲解会计要素与会计等式,包括会计要素的含义与特征、会计要素的确认条件与构成、常用的会计计量属性、会计等式的表现形式,以及基本经济业务的类型及其对会计等式的影响等。第三章为“会计科目与账户”,主要讲解会计科目与账户,包括会计科目与账户的概念、会计科目与账户的分类、会计科目设置的原则、常用会计科目、账户的结构,以及账户与会计科目的关系等。第四章为“会计记账方法”,主要讲解会计记账方法的种类与借贷记账法,包括复式记账法的概念与种类、借贷记账法的原理、借贷记账法下的账户结构、会计分录的分类,以及借贷记账法下的试算平衡等。第五章为“借贷记账法下主要经济业务的账务处理”,主要讲解企业的主要经济业务、资金筹集业务的账务处理、固定资产业务的账务处理、材料采购业务的账务处理、生产业务的账务处理、销售业务的账务处理、期间费用的账务处理,以及利润形成与分配业务的账务处理。第六章为“会计凭证”,主要介绍会计凭证的概念与作用、会计凭证的传递、原始凭证与记账凭证的种类、会计凭证的保管、原始凭证的填制、记账凭证的填制,以及原始凭证与记账凭证的审核等。第七章为“会计账簿”,主要讲解会计账簿的概念与分类、会计账簿的启用与登记要求、会计账簿的格式与登记方法、对账与结账、总分类账与明细分类账平行登记的要点,以及错账查找与更正的方法等。第八章为“账务处理程序”,主要讲解账务处理的程序，包括记账凭证账务处理程序、汇总记账凭证账务处理程序，以及科目汇总表账务处理程序等。第九章为“财产清查”，主要讲解财产清查的意义与种类财产清查的一般程序，货币资金、实物资产和往来款项的清查方法，银行存款余额调节表的编制，以及财产清查结果的账务处理等。第十章为“财务报表”，主要讲解财务报表的概念与分类、财务报表编制的基本要求、资产负债表的列示要求与编制方法、利润表的列示要求与编制方法，以及资产负债表、利润表的作用。

考虑到高职高专学生的特点，本教材强调可操作性与实用性，在基本理论方面有意识地予以简化。本教材在具体内容讲解的基础上穿插着相关企业会计准则（制度）的规定或一些小案例，便于学生理解和应用。此外，我们在每一章都配备专门的习题，结合章节内容的特点，涵盖选择题、判断题、简答题、业务计算题等，便于学生更好地巩固与掌握“会计基础”课程的主要概念、原理与知识。

本教材是集体劳动的产物，参编者主要包括翁健英、谭雪、熊浩、周俊婷、侯菲、邱电、徐丝雨、殷敬伟、罗百灵等。全书由翁健英担任主编，负责全书的框架与统筹。

由于受编者时间、精力与知识结构的制约，本教材中不可避免会出现一定的错漏，恳请各位读者不吝指出，以使我们能够在下次进行修订的过程中及时进行改正。我们欢迎任何有益于提高本教材质量的建议与批评。

翁健英

2016 年 6 月

目　录

第一章 总论

基本要求

1.理解并熟练掌握会计的概念、会计对象、会计目标；
2.了解会计准则体系、会计的核算方法和收付实现制；
3.熟悉会计的基本特征和基本职能；
4.掌握会计基本假设；
5.理解并掌握权责发生制；
6.掌握会计信息质量要求。

第一节 会计的概念与会计目标

一、会计的概念与特征

(一)会计的概念

会计的概念究竟是什么？这是会计初学者们首先需要理解的问题，也是会计学的一个基本理论问题。然而，理论界和学术界至今还没有对它形成一个统一或一致的定义。最初，西方会计界认为会计是一门艺术，因而强调会计是不能公式化或规范化的，很大程度上需要依靠会计人员的经验与判断。这种"艺术论"观点在 1929 年经济危机面前开始动摇(凌乱的会计实务对经济危机的爆发起到了推波助澜的作用)，政府和会计界都逐渐意识到应该对会计提供的信息进行必要的规范。与此同时，科学技术正日新月异地发展，系统论和控制论等学科逐渐向会计学科渗透。在这些背景下，1966 年美国会计界提出了会计本质上是一个"信息系统"的观点。该观点一经提出，在会计界就引起了强烈的反响。

我国会计界自 20 世纪 70 年代末至 80 年代开始，对包括会计的含义在内的若干会计概念展开了争论，在"什么是会计"的问题上形成了以下两种具有代表性的观点。

1.管理活动论

持这一观点的学者认为，会计的本质是一种管理活动。它继承了会计管理工具论的合理内核，吸收了管理科学的思想，是我国学者首创的提法。这一观点为提高会计和会计人员在社会主义经济建设中的地位并发挥其作用做出了重要的贡献。

2.信息系统论

持这一观点的学者认为,会计的本质是一个经济信息系统。信息系统论的基本观点于 1980 年从国外(主要是美国)引入中国,我国一些著名的会计学家经过研究,在以往的基础上做出了新的论断,使这一观点得到了发展。我国学者提出:根据当前的现实及今后的发展,应该把会计看作是一个信息系统,该系统主要是通过客观而科学的信息,为管理提供咨询服务。①

我们认为,一个完整而严谨的会计定义应当符合以下几点要求:

(1)定义应该能揭示会计的本质与特点。

(2)定义应能反映会计的历史,既要着眼于现在,又要预见会计未来的发展。

(3)定义应包括会计的对象、职能(任务)、方法和主体。

(4)定义既要简明,又要准确。由于定义不能经常改变,而会计却处于不断的发展中,所以定义要有较大的容纳性,太具体就经不起时间的考验。

用上述要求来进行衡量,那么把会计理解为一个以提供财务信息为主的经济信息系统是可取的。一是这个定义比较简明;二是这个定义能比较准确地表述现代会计自从产生以来就始终存在的"反映"的职能;三是这个定义能突出在商品经济条件下会计以提供财务信息(能用货币来计量、记录、预测的那些数量方面)为主的特点;四是这个定义考虑到现代会计的新内容及其发展。迄今为止,会计所运用的信息加工方法已形成一个十分严密而复杂的体系,从而在企业中成为一个能把数据转化为信息的系统。在这个系统中,处理数据的技术水平可以有高有低,但不论是使用手工的方式,或是使用电子计算的技术,都可以理解为一个由若干要素组成的有机整体。因而,它们都能用"系统"两个字加以概括。

综上所述,应将会计理解为是一个经济信息系统。我们对会计的定义是:会计是旨在提高一个独立的经济实体的经济效益、加强经济管理而建立的一个以提供财务信息为主的经济信息系统。

(二)会计的基本特征

会计已经成为现代企业的一项重要的管理工作,与其他管理活动不同的是,会计有其基本特征,主要表现在以下几个方面:

第一,会计以货币作为主要计量单位。任何计量都离不开计量的单位或尺度,会计计量也是如此。考虑到会计对象(即会计所要反映和控制的内容)是社会再生产过程中的价值运动,而货币具有价值尺度的职能,所以,以货币作为会计的主要计量尺度,是会计对象特定内容的内在要求。另外,会计是一个以提供财务信息为主的经济信息系统,该系统采用复式记账的原理进行相关账务处理。复式簿记的一个必备条件就是采用统一的货币进行计量。因为只有货币才可以汇总,才能够将各种经济活动综合地反映出来,否则不同属性项目之间的汇总就仿佛一个橘子与一个苹果的汇总一样毫无意义。

第二,会计采用一系列专门的方法对经济活动进行完整、连续、系统而综合的记录。会计要反映已发生或已完成的所有经济活动,了解和考核经济活动的过程和结果,必须对

① 余绪缨.要从发展的观点看会计学的科学属性[J].中国经济问题,1980,(5).

所有经济活动进行连续、不间断的记录和计算，采用一系列专门的方法进行分类、汇总和加工整理，进一步取得综合性的指标。

第三，会计是一种管理活动，是经济管理的重要组成部分。

第四，会计的本质是一个信息系统。

(三)会计的发展历程

会计是社会发展到一定历史阶段的产物，它也会随着社会生产的发展和经济管理的需要而不断地发展和完善。我们把会计的发展划分为古代会计、近代会计和现代会计三个阶段，以便更清晰地了解会计的发展过程。

1.古代会计阶段

在人类早期的发展过程中，中国、埃及、巴比伦、印度、希腊等文明古国都曾留下了对会计活动的记载。古代巴比伦人民精于组织管理，认为在商业与公共管理领域应该设置专门的记录官。特别值得一提的是，“内部控制制度”等现在我们非常耳熟能详的概念，其思想在古埃及的会计实践活动中已经初露端倪。譬如古埃及的会计实践中曾规定，各个仓储官负责仓库的收发记录，任何人要想从仓库中提取财物，必须持有权威人士签发的、相当于今天的“支付凭证”的批示。此外，早在公元前630年左右，铸币开始在希腊出现并逐步应用于账簿记录之中，这是“货币计量”思想的萌芽，它的出现，极大地推动了会计记录的专业化。此外，古雅典出现的“财务公开”等都是古代会计发展史上重要的事件。

伟大的中华民族不仅有着灿烂的文明，而且对早期会计的发展也做出了应有的重大贡献。在我国，远古时期曾经出现的“结绳记事”“刻木为记”等可以看作是最为原始的会计行为的代表。我国最早记载会计活动的典籍是《周礼》，其中反映了我国最早关于会计官职的设置。如“司会”一职，主要掌管国家与地方的财产物资，并形成了“以参互考日成，以月要考月成，以岁会考岁成”这种比较严密的会计钩稽制度。在我国漫长的封建社会时期，会计的发展轨迹并不同于西方，这体现为官厅会计的发展方面。官厅会计把钱粮的收支分为四个部分，即“原管、新收、已支、现在”。这一方法在元代传入民间，经过不断加工与完善，形成了众所周知的“四柱清册”，即“旧管、新收、开除、实在”四个方面①。

尽管古代许多现代会计中大家已经熟知的概念或思想已经初露端倪，但是从严格意义上讲，还不能够称之为“会计”。因为这个阶段，会计所具有的专门的方法、对象、职能等还未形成，会计还没有从生产中明显地分离出来，也未成为一项独立的工作，还只是作为生产的一个附带部分而存在。

2.近代会计阶段

近代会计始于复式簿记形成前后。1494年，数学家卢卡·巴其阿勒在《算术、几何、比及比例概要》一书中专门用一个章节阐述了复式簿记的基本原理。这被会计界公认为是会计发展史上一个光辉的里程碑。

---

① 这四个方面存在着如下的关系：旧管＋新收＝开出＋实在。参见吴水澎.会计学原理[M].(第1版)，辽宁人民出版社，2004。

12、13世纪，由于意大利的商品经济比较发达，复式簿记首先在佛罗伦萨、热那亚和威尼斯等意大利沿海城市出现。复式簿记从萌芽到由卢卡·巴其阿勒第一次系统地进行阐述，期间大约经历了300多年。由此可以认为，巴其阿勒并不是复式簿记的发明创造者——事实上复式簿记也绝不是任何一个人独自的发明创造，而是许多人智慧的结晶。复式簿记在理论上得到总结与系统阐述之后，迅速地被译为英文、德文、法文、俄文、日文、拉丁文等，在世界各国广为传播。直至今天，复式簿记原理仍旧支配着日常财务会计记录。电算化只是改变了进行复式簿记记录的方式，并未撼动复式簿记的原理。

18世纪末到20世纪初，以英国为代表的西方国家先后开始了工业革命，工业革命成为商品经济迅猛发展的催化剂。随着生产技术的进步以及工商业活动的迅速扩展，折旧会计、划分资本与收益、成本概念、财务报表审计制度等出现了明显的发展迹象，复式簿记开始向会计转化。在政府的许可下，1854年，苏格兰成立了世界上第一家特许会计师协会。这被誉为是继复式簿记后会计发展史上的又一个里程碑。

3.现代会计阶段

一般认为现代会计从20世纪30年代开始。更确切地讲，是以第一份代表美国“公认会计原则”(GAAP)的《会计研究公报》(ARB)的出现为起点。在这一阶段，会计理论与会计实务都取得了惊人的发展，它标志着会计的发展进入成熟时期。到了这个阶段，传统的会计已经满足不了社会经济发展的需要，现代会计开始分化为财务会计和管理会计。

二、会计的对象与目标

(一)会计对象

理解了什么是会计，接下来就需要了解会计的对象是什么，也就是会计这个信息系统所要反映和监督(控制)的内容是什么，或会计所要处理的对象是什么。不同的企业和单位，其经济活动各不相同，但是它们都与社会产品再生产过程中的生产、分配、交换和消费等各个环节相关，因此，会计对象存在于社会再生产过程之中。而社会再生产过程中的经济活动，有些是能够用货币表现的，有些则不能。会计的特点决定了只有那些在社会再生产过程中能够用货币表现的经济活动，才是会计所要处理的内容。因此，会计对象是指一个会计主体(企业、行政事业单位与其他经济组织)在社会再生产过程中发生的能够以货币表现的经济活动(即价值增值运动)。会计对象内涵复杂，主要包括一个特定的会计主体所控制的经济资源，以及各个利益集团对会计主体范围内的这些资源的求偿权；会计主体由于使用这些经济资源而产生的收入(取得的权利)、发生的费用(承担的义务)和获得的利润。

不同的会计主体(企业、行政事业单位与其他经济组织)在社会再生产过程中，由于其所处的地位和任务不同，其经济活动的具体内容和方式各不相同，其价值运动的表现形式各有特点，会计所要处理的内容也就不一样。在这里，我们对工业企业、商品流通企业和行政事业单位的具体会计对象进行分析。

1.工业企业的会计对象

工业企业的经济业务主要是制造产品、销售产品。在生产经营过程中,其价值运动从货币资金开始,依次经过供应过程、生产过程和销售过程三个阶段。在供应过程中,企业用货币购买材料物资,支付采购费用,从而由货币资金转化为储备资金;在生产过程中,企业利用劳动手段将材料物资投入生产,引起原材料的消耗、固定资产的折旧、工资的支付和生产费用的开支,使储备资金和一部分的货币资金转化为生产资金;产品完工后,生产资金就转化为成品资金;在销售过程中,成品销售出去取得销售收入,成品资金又转化为货币资金。

在供应、生产和销售这三个过程中,资金从货币形态开始,依次经过储备资金、生产资金、成品资金,最后又回到货币资金的过程,称为资金循环。周而复始的资金循环称为资金周转。工业企业通过资金循环这个价值运动过程实现了其价值的增值。工业企业的资金运动过程如图 1-1 所示。

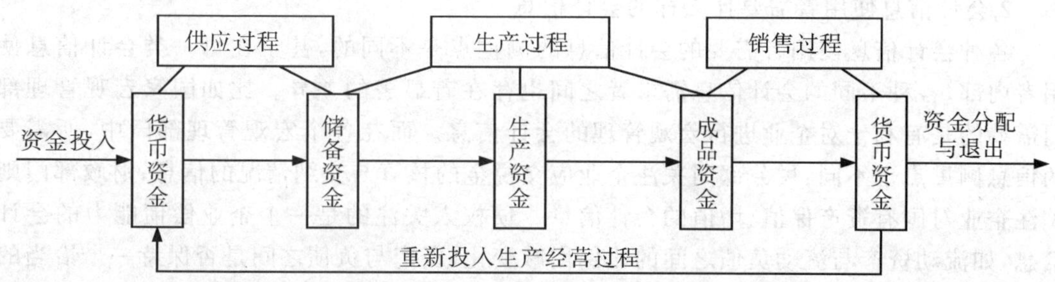

图 1-1 工业企业的资金运动过程

2.商品流通企业的会计对象

商品流通企业的经济业务主要是组织商品流通,其价值运动从货币资金开始,经过商品购进和销售两个阶段,其资金运动按"货币资金—商品资金—货币资金"的方式不断依次进行。在商品购进阶段,用货币买入商品,货币资金转化为商品资金;在商品销售阶段,售出商品取得销售收入,商品资金又转化为货币资金。

3.行政事业单位(政府及非营利组织)的会计对象

行政事业单位会计对象的具体内容与企业不同,它们的经济活动是执行国家预算过程中的预算收入和预算支出。因此,行政事业单位的会计对象是社会主义再生产过程中的预算资金收支活动。

一些兼有经营业务、实行企业管理的事业单位和非营利组织,由于在财务管理上具有双重性质,既有预算资金收支活动,也有经营资金的活动,因此其会计对象的具体内容可概括为预算资金收支和经营资金循环。

(二)会计目标

会计作为一个以提供财务信息为主的经济信息系统,与其他任何人造的系统一样,都必须以一定的目标作为系统运行的基本导向。那么,什么是会计的目标呢?概括来讲,会计目标包括三个方面的内容:(1)谁是会计信息的使用者;(2)会计信息使用者需要什么样的会计信息;(3)会计如何提供这些信息。

1.会计信息的使用者

我们可以将会计信息使用者划分为如下几类：

(1)国家宏观管理部门，如统计、财政、税务等部门。它们需要会计信息进行宏观调控。

(2)处于企业外部、不直接参与企业经营管理的投资者和债权人(包括现有的与潜在的)。他们需要通过会计信息评估管理当局的受托责任履行情况，以进行有关的决策。

(3)企业的管理当局。他们需要通过会计信息了解企业的经营管理情况，以便进行恰当的预测、决策、计划与控制，最终达到改善企业经营管理需要的目的。

(4)与企业有相关利益的各个集团(尽管有时只是一种间接利益关系)，如职工、客户、供应商以及有关的社会福利部门等。他们分别需要通过会计信息来了解企业的日后发展前景、企业的信用状况以及企业履行社会责任的情况。

2.会计信息使用者需要什么样的会计信息

各种会计信息使用者需要的会计信息的侧重点是不同的，甚至在每一类会计信息使用者内部，各种不同的会计信息需求者之间也存在着显著的差异。比如国家宏观管理部门需要的是有利于对企业进行宏观管理的会计信息。而在各个宏观管理部门中，所需要的信息侧重点也不同：税务部门关注企业应交税金的核算与交纳情况的信息；财政部门则关注企业对国有资产保值、增值的会计信息。债权人关注的是一个企业偿债能力的会计信息，如流动资产与流动负债之间的比例增减变化，资产与负债之间是否保持一个恰当的比率等等。投资者则关注企业的盈利能力和企业未来有利的现金净流量，但有些股东也关注企业的长远发展趋势，而有些股东则只关注企业对利润的支付情况等。管理当局关注企业的整体情况，以便从一个经营者的角度对企业进行把握，更好地进行经营管理。此外，社会有关部门则关注企业是否履行了其应该承担的社会责任，在治理环境污染、保持可持续发展方面做了什么样的工作，对职工生活的关心程度等。

尽管会计信息使用者对会计信息的侧重点要求不同，但以下方面的企业会计信息则是他们所共同关注的，那就是：

(1)一个企业特定时点的财务状况的信息；

(2)一个企业特定会计期间的经营成果的信息；

(3)一个企业现金流入、流出的时间及概率分布的信息，以及企业在特定会计期间现金净流量的信息。

从这个意义上来讲，财务会计提供的会计信息只是一种通用意义上的信息，一般体现在三个基本的财务报表(即资产负债表、利润表和现金流量表及其附注和附表)之中。

3.会计如何提供这些信息

会计为了提供这些会计信息，要通过一系列程序与专门的方法，如确认、计量、记录和报告四个基本程序；设置账户、复式记账、填制凭证、登记账簿、货币计价、成本计算、财产清查和编制会计报表等基本会计方法。这些内容在本书中将是学习的重点。

第二节 会计的职能与方法

一、会计的职能

会计的职能是指会计在经济管理过程中所具有的功能,会计具有会计核算和会计监督两项基本职能,此外还有预测经济前景、参与经济决策、评价经营业绩等拓展职能。

(一)基本职能

1.核算职能

会计的核算职能,又称会计的反映职能,是指会计以货币为主要计量单位,对特定会计主体的经济活动进行完整、连续而系统的确认、计量和报告。现代会计作为一个经济信息系统,它的基本使命或基本功能是提供财务信息和其他经济信息。经济信息是经济活动的反映。

2.监督职能

会计的监督职能,又称会计的控制职能,是指对特定会计主体的经济活动和相关会计核算的真实性、合法性和合理性进行监督检查。

会计监督是一个过程,它分为事前控制、事中监督和控制及事后反馈监督。事前控制通常是通过会计确认来实现的。会计确认应当遵循一定的标准,有些标准是会计本身的要求,因为它们是为了保证信息的科学性而规定的;也有些标准是外界的赋予,因为会计信息必须符合使用者的要求。在我国,把符合国家有关的法律、规定和制度作为会计确认的基本标准和主要条件之一,是运用会计实行控制和监督的一个重要特点。事中监督和控制的目的在于保证财务会计(即会计)核算信息的正确和真实。由于财务会计以提供历史信息为主,事后反馈控制应是会计发挥控制作用的主要表现。但要使具有反馈价值的历史信息对未来的经济活动起到控制作用(如纠正实际脱离计划或预算的偏差,修订计划或预算,指导企业按预定的或修正过的目标前进),必须通过经济决策来实现。

会计的核算(反映)与监督(控制)这两个基本职能之间有着密切的关系。其中,核算是监督的基础。如果没有会计核算形成的会计信息,会计监督就没有客观依据;监督对核算又有决定性的作用。如果没有会计监督就不能保证会计信息的完整、真实、可靠,会计核算也就变得没有意义了。因此,两者必须密切结合、相辅相成。

(二)拓展职能

1.预测经济前景

现代会计还能预测企业经营活动(其实也包括投资和理财活动)的前景。从财务会计看,具有预测价值的历史信息就能预测企业的经营前景。在西方国家,这种预测信息通常在财务报表以外的其他财务报告中揭示。在我国,类似于其他财务报告的财务情况说明书也会对整个企业未来的发展前景做出描述。

2.参与经济决策

现代会计的职能是提供有助于决策的信息。换句话说,就是提供信息,支持决策。决策是一个过程，狭义的决策，即决策中起关键作用的核心活动，是指决策者从各种备选方案(各项建议)中挑选出他认为最佳或较佳的方案，作为行动的指南，并把它付诸实施。会计活动当然不是狭义的决策活动，会计人员也不是决策者(指企业经济活动的决策)。决策还可作广义理解，理解为从收集数据、提供信息、讨论各种备选方案，直到最后做出选择最优方案的全过程。在这个过程中，会计提供信息的活动是其中的一部分，而会计部门和会计人员则是决策的参与者和支持者。因此，现代会计就具有参与决策(提供决策支持)的职能。

3.评价经营业绩

现代会计具有评价经营业绩的功能。会计对经营业绩的评估是通过财务报表的分析完成的。从总体上对企业的经营活动进行分析，肯定成绩，发现问题并提出改进工作的对策。

二、会计核算方法

为了实现会计目标，会计信息系统在提供信息时，有着其独特的一套会计程序与方法。会计核算方法是指对各单位的会计对象进行连续、系统、全面、综合的确认、计量和报告所采用的各种方法。

(一)会计核算方法体系

会计核算方法体系由设置会计科目和账户、填制和审核会计凭证、复式记账、登记会计账簿、成本计算、财产清查、编制财务会计报告等专门方法构成。它们相互联系、紧密结合，确保会计工作有序进行。

(二)会计循环

会计循环是指按照一定的步骤反复运行的会计基本程序。从会计工作流程看，会计循环由确认、计量、记录和报告等基本环节组成；从会计核算的具体内容看，会计循环由填制和审核会计凭证、设置会计科目和账户、复式记账、登记会计账簿、成本计算、财产清查、编制财务会计报告等组成。填制和审核会计凭证是会计核算的起点。会计的基本程序是指会计信息系统在加工数据并形成最终会计信息的过程中所特有的步骤，包括会计确认、计量、记录与报告几个基本环节。

1.会计确认

所谓会计确认，是把某个项目作为企业的资产、负债、所有者权益、收入、费用或者其他会计要素加以正式的记录或列入最终财务报表之中的过程。会计确认包括两个步骤，第一个步骤是将经济业务传递的数据利用文字表述和金额归集于账户之中；第二个步骤是最终在财务报表中进行表述的过程。前者可以认为是初次确认，而后者则是一种再确认。

广义的确认涵盖了计量、记录和报告三个环节。确认的主要特点在于：

(1)何时、以何种金额、何种要素进行记录(初始确认)；

(2)何时、以何种金额通过何种会计要素列入财务报表(再确认)。

严格地讲，确认包含有四项基本条件：

(1)可定义性，即必须符合某个财务报表要素的定义；

(2)可计量性,即要能够利用某种计量属性进行计量;[①]

(3)计量的相关性;

(4)计量的可靠性。

上面四项条件可以认为是一项数据可以进入会计信息系统的最基本的条件,但是一项数据要想进入会计信息系统进行加工,还有一个何时进入会计信息系统的问题,即会计确认的时间问题。在商品经济条件下,由于商业信用的广泛存在,使得经济业务发生的时间与相应的现金收支行为发生的时间往往不能取得完全的一致,此时在选择确认的时间基础时就有两种选择:

(1)收付实现制,即一切会计要素的确认,特别是对于收入、费用的确认,以是否收到现金作为确认的时间标准——只要收到现金或支出现金,不论其相应的权利或者义务是否形成,都立即确认收入或费用。

(2)权责发生制,即对于一切会计要素的确认,特别是对于收入与费用的确认,均以权利或义务是否形成为标志,而不论是否收到现金。

对于会计信息系统而言,为了全面地反映企业的财务状况与经营成果,企业会计确认的时间基础一般选择权责发生制。但是这并不意味着收付实现制就完全被抛弃,实际上在企业对外提供的第三张财务报表——现金流量表中,收付实现制就有了用武之地。实际上,按照权责发生制进行日常的会计处理,在期末编制现金流量表时,仍需要将权责发生制调整为收付实现制。

2.会计计量

会计计量包括两个方面的内涵:

(1)选择计量尺度;

(2)选择计量属性。

前面的讲述提到,正是货币计量(和商品经济借贷关系的存在)使复式记账法得以存在,那么只要会计采用复式记账法,货币计量就必不可缺,以货币作为计量尺度也成为最佳的选择。[②] 当然,选择货币作为计量尺度,并不排斥在会计计量中同时运用实物或时间等计量尺度,但是会计计量应该以货币计量为主,实物和时间只能作为货币计量的补充。

至于会计计量属性的选择,则相对要复杂一些。一般情况下,在相关的财务报表尤其是资产负债表上,资产项目一般以它们的成本进行列示,原因在于历史成本的取得存在着可靠的证据——原始凭证,可以进行验证。但是,在资产价格受供求关系的影响过大,或者存在通货膨胀时,期末对资产按照成本进行列示,并按照历史成本核算相应的成本费用,必然会带来利润的虚增,扭曲企业的经营成果。为此,当存在上述情况时,会计上要求按照重置成本、可变现净值、市场价格或未来现金流量的贴现值等计量属性来进行计量。

3.会计记录

---

① 计量属性主要有历史成本、重置成本、可变现净值、市场价格以及未来现金流量的贴现值等。

② 即使货币作为计量尺度,也还存在着名义货币与不变购买力货币的区别。在一般情况下选择名义货币可以较好地满足会计计量的需要。但是当出现持续的通货膨胀时,有时则必须选择不变购买力货币。

会计记录是对经过确认而进入会计信息系统的各项数据，通过预先设置好的各种账户，运用一定的文字与金额数字，按照复式记账的有关要求在账簿中进行记录的过程。通过会计记录，可以对价值运动进行详细与具体的描绘与量化，也可以对数据进行初步的加工、分类与汇总。唯有经过会计记录这个基本的程序，会计才有可能最终生成有助于各项经济决策的会计信息。

4.财务报告

财务报告是指把会计信息系统的最终产品——会计信息传递给各个会计信息使用者的手段。财务报告包括基本的财务报表（核心组成部分）、财务报表附注、财务报表附表和其他财务报告。

财务报告、财务报表和其他财务报告之间的关系，可用图 1-2 来表示：

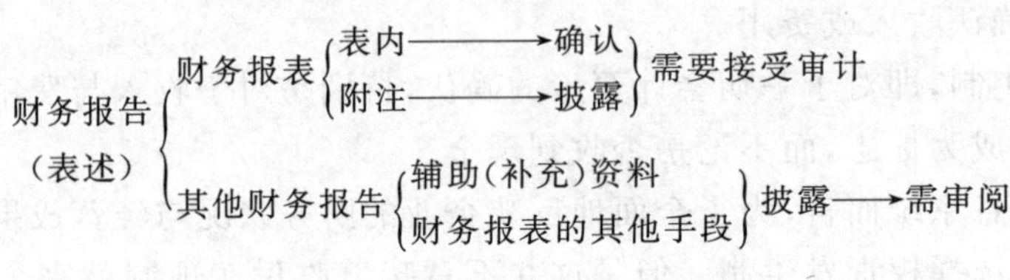

图 1-2 财务报告包含的内容

第三节 会计基本假设与会计基础

一、会计基本假设

会计基本假设是企业会计确认、计量和报告的前提，是对会计核算所处时间、空间环境等所做的合理假定。会计基本假设包括会计主体、持续经营、会计分期和货币计量四个方面的假设。

（一）会计主体假设

会计主体是指企业会计确认、计量和报告的空间范围，即会计核算和监督的特定单位或组织。会计信息系统所加工的数据和提供的信息并不是漫无边际的，而应该局限于一个特定的具有独立性或相对独立性的单位之内。如果以一个独立核算的企业或单位作为会计主体，那么会计信息系统所处理与提供的信息都必须是与该企业或单位相关的，而那些与本企业无关的信息，则不属于本会计主体的信息系统所核算的范围。

这里需要注意的是，会计主体与法律主体是不同的。一般情况下，法律主体必然是一个会计主体，会计主体却不一定是法律主体。

（二）持续经营假设

持续经营假设是指，如果不存在明显的反证，一般认为企业将无限期经营下去。这里的“反证”是指证明企业的经营将在可以预计的时刻结束，如合同规定的经营期满、企业资不抵债而濒临破产清算。之所以要对企业的持续经营做出假定，一个主要的原因是，如果缺乏这项假设，会计核算的许多原则如权责发生制、划分收益支出与资本支出等将不能够应用。另一个原因是企业在持续经营状态下和处于清算状态时所采纳的会计处理是不同的，如对固定资产在持续经营下可以采纳实际成本法，而在清算状态下则只能够采取公允价值如市价、评估价值等。

(三)会计分期假设

会计分期是指将一个企业持续经营的经济活动划分为一个个连续的、长短相同的期间，以便分期结算账目和编制财务会计报告。持续经营假设设定企业的经营活动是无限期的，这给会计核算带来了诸多的困难，也使得会计信息系统提供的会计信息无法用于向委托方定期地解除受托责任。因此，人们便将企业持续经营的活动人为地划分为一个个等距离的"区间"，以便能够及时地核算与报告有关企业财务状况、经营成果与财务状况变动的信息。其实，也正是持续经营与会计分期假设相结合，才使会计上的诸多方法和原则成为可能。

(四)货币计量假设

货币计量是指会计主体在会计确认、计量和报告时以货币作为计量尺度，反映会计主体的经济活动。会计是一个以提供财务信息为主的经济信息系统，该系统运用复式簿记原理进行相关账务处理。复式簿记的一个必备条件就是采用统一的货币进行计量。因为只有货币才具备可加总性，才能够将各种经济活动综合地反映出来，否则不同属性项目之间的加总就仿佛一个橘子与一个苹果的加总一样毫无意义。马克思曾经指出，货币作为价值尺度，是商品内在价值尺度中劳动时间的必然表现形式。[①]

二、会计基础

会计基础是指会计确认、计量、记录和报告的基础，包括权责发生制和收付实现制。

(一)权责发生制

权责发生制，也称应计制或应收应付制，是指收入、费用的确认应当以收入和费用的实际发生作为确认的标准，合理确认当期损益的一种会计基础。也就是说，以权责发生制为会计基础时，凡属本期的收入，不管其款项是否收到，都应作为本期的收入；凡属本期应当负担的费用，不管其款项是否付出，都应作为本期费用。反之，凡不应归属本期的收入，即使款项在本期收到，也不作为本期收入；凡不应归属本期的费用，即使款项已经付出，也不能作为本期费用。

采用权责发生制的优点是：能够按收入和费用的受益情况恰当地反映具体各个会计期间的真实财务状况和经营成果。因而，在我国，绝大部分企业会计核算按权责发生制这一基础记账。但有利就有弊，其缺点是：账务处理有时较复杂。会计工作中对每项业务都按权责发生制来记录，但平时对一些交易也按现金收支活动发生的时日记录。按照权责发生制的要求，就需要在期末根据账簿记录进行账项调整，即将本期应收未收的收入和应付未付的费用记入账簿；同时，将本期已收取现金的预收收入和已付出现金的预付费用在本期与以后各期之间进行分摊并转账。这就使得会计的账务处理变得较为复杂。

① 《马克思恩格斯全集》第 23 卷，第 112 页。

(二)收付实现制

收付实现制,也称现金制,是以收到或支付现金作为确认收入和费用的标准,它是与权责发生制相对应的一种会计基础。就是说以收付实现制为会计基础时,按收付日期确定其归属期,凡是属本期收到的收入和支出的费用,不管其是否应归属本期,都作为本期的收入和费用;反之,凡本期未收到的收入和不支付的费用,即使应归属本期收入和费用,也不能作为本期的收入和费用。

收付实现制的优点是:账务处理比较简单。以收付实现制为会计处理基础能很好地反映现金的流入和流出情况,对于进行现金流量分析,判断企业的支付能力有极为重要的作用。但其缺点是:不能准确计算和确定各个会计期间的损益。

行政事业单位的会计核算一般采用收付实现制;行政事业单位部分经济业务或者事项,以及部分行业事业单位的会计核算采用权责发生制核算的,由财政部在相关会计制度中具体规定。

第四节　会计信息的质量要求

在前面关于会计目标的讲述中,我们已经明确了会计信息的使用者主要包括投资者、债权人、企业管理者、政府及其相关部门和社会公众等。那么,这些会计信息的使用者们对会计信息有着什么样的质量要求呢?

会计信息的质量要求是对企业财务会计报告中所提供的高质量会计信息的基本规范,是使财务会计报告中所提供会计信息对投资者等使用者决策有用应具备的基本特征,主要包括可靠性、相关性、可理解性、可比性、实质重于形式、重要性、谨慎性和及时性等。

一、可靠性

可靠性要求企业应当以实际发生的交易或者事项为依据进行确认、计量和报告,如实反映符合确认和计量要求的各项会计要素及其他相关信息,保证会计信息真实可靠、内容完整。可靠性是必要的,因为许多使用者没有时间和专门知识来评估信息的真实内容。会计信息的可靠程度是指其具有可验证性、如实反映性和中立性。可验证性指不同的会计人员运用相同的方法可以得到相似的结果。例如,不同的注册会计师能否对同一份财务报表得到相同的结论?如果不能,那么这份报表就是不可验证的,注册会计师不能对这类报表发表意见。如实反映是指数字和描述与实际存在或发生的相一致。

二、相关性

相关性要求企业提供的会计信息应当与财务会计报告使用者的经济决策需要相关,有助于财务会计报告使用者对企业过去和现在的情况做出评价,对未来的情况做出预测。企业提供的会计信息必须符合国家有关部门进行宏观经济管理的要求,满足投资者、债权人了解企业的财务状况、经营成果和现金流量信息的要求,并有助于他们做出正确的投资决策和信贷决策,满足企业内部经营管理当局加强内部经营管理的需要。

一般认为，会计信息是否具有决策相关性取决于其是否具备预测价值、反馈价值和及时性。预测价值是指会计信息能够帮助使用者预测未来事项的结果，会计信息使用者可以根据此结果做出自己的最优决策。反馈价值是指使用者可以据此证实或否定自己过去已有的预期结果并能够据此修正自己的已有决策和认识。及时性是指会计信息在失去其应有的决策作用之前已经为决策使用者所拥有并使用。

三、可理解性

可理解性要求企业提供的会计信息应当清晰明了，便于财务会计报告使用者理解和使用。

提供会计信息的主要目的就是为了帮助信息使用者进行决策，所以企业所披露的会计信息应该具备简明、易理解的特征，使具备一定知识而且也愿意花费一定时间与精力分析会计信息的使用者能够了解企业的财务状况、经营成果和现金流动情况。在会计核算中坚持明晰性原则，就是为了力保会计信息使用者能够准确、及时、完整地把握会计信息的基本内涵，从而可以自如地加以分析与利用。

四、可比性

可比性要求企业提供的会计信息应当相互可比，保证同一企业不同时期可比、不同企业相同会计期间可比。可比性原则的目的在于提高会计信息的决策相关性，使得会计主体在相互比较的基础上解释它们之间相同与差异的原因，国家可以据以进行有关的宏观经济决策，投资者与债权人也可以根据符合可比性原则的会计信息进行有关的投资与信贷决策，企业内部的管理当局可以据此进行有关的经营管理决策。

可比性还包括一贯性(一致性)。同一企业不同时期发生的相同或者相似的交易或者事项，应当采用一致的会计政策，不得随意变更。确需变更的，应当在附注中说明。不同企业发生的相同或者相似的交易或者事项，应当采用规定的会计政策，确保会计信息口径一致、相互可比。只有当一个会计主体的前后各个会计期间的会计信息一致时，才能够使不同会计主体之间的比较有意义；只有各个会计主体的会计信息是真实可靠的，进行比较才有必要。但是应该注意，为了增强可比性，就必须确定基准处理方法，尽可能减少备选会计处理方法，减少企业管理当局对会计政策的选择范围。

五、实质重于形式

实质重于形式要求企业应当按照交易或者事项的经济实质进行会计确认、计量和报告，不应仅以交易或者事项的法律形式为依据。譬如融资租赁，若根据法律上对融资租赁资产所有权的归属，承租企业是不应将其作为一项固定资产进行入账的；但是若是按照经济实质来看，由于承租方已经能够控制该资产上产生的现金流量(至少在租赁期内是如此)，那么就应该按照经济实质重于法律形式的要求，将其确定为一项固定资产(融资租入固定资产)，同时确定一项负债——长期应付款。

六、重要性

重要性要求企业提供的会计信息应当反映与企业财务状况、经营成果和现金流量有关的所有重要交易或者事项。重要性可以从绝对金额、相对比例以及性质重要与否等方面或多个方面结合起来进行定量或定性的考虑。以关联方交易为例，充分披露要求企业应该披露所有的关联方关系，对于重要的关联方关系单独进行披露，对于不重要的关联方关系可以合并进行披露，但不应不进行披露。

七、谨慎性

谨慎性要求企业对交易或者事项进行会计确认、计量和报告时保持应有的谨慎，不应高估资产或者收益，低估负债或者费用。

谨慎性原则又称稳健性原则，或称保守主义。它针对经济活动中的不确定性因素，要求人们在会计处理上保持谨慎小心的态度，要充分估计到可能发生的风险和损失；要求会计人员在对某些经济业务或会计事项选择会计处理方法和程序时，在不影响合理选择的前提下，尽可能选用一种不虚增利润和夸大所有者权益的会计处理方法和程序进行会计处理；要求合理核算可能发生的损益和费用。有时甚至宁可高估负债和费用，也不能高估资产和收入，最终达到不高估净资产和利润的目的。

八、及时性

及时性要求企业对于已经发生的交易或者事项，应当及时进行确认、计量和报告，不得提前或者延后。

在会计核算中坚持及时性原则，要求及时收集会计信息，及时对所收集到的会计信息进行加工和处理，及时将会计信息传递给会计信息使用者以便供其决策之用。及时性是相关性的一个有机组成部分，讲求会计工作的时效性，要求会计处理及时进行，以便会计信息使用者及时地使用。市场风云变幻，企业竞争攸关生存，各个信息使用者面对会计信息的及时性要求越来越高，因此，信息披露的及时性就愈发重要。

当然，及时性也存在程度上的区别。必须注意到，增加及时性的要求固然可以提高会计信息的决策相关性，但这同时又是以牺牲会计信息其他可贵的质量特征来换取的。为了及时，有时必须放弃会计信息的精确性和可靠性，从而最终会损害会计信息的有用性。反之，如果年度财务报告的编制不够及时，其可靠性往往可以得到更大程度的保证，但毫无疑问，其有用性会大大降低。

第五节　会计规范体系

我国的会计规范体系具体包括：(1)会计法律，即《会计法》。它是调整我国经济生活中会计关系的法律规范。《会计法》是会计法律制度中层次最高的法律规范，是制定其他会计法规的依据，也是指导会计工作的最高准则。(2)会计行政法规。它是调整经济生活中某些方面会计关系的法律规范。会计行政法规由国务院制定发布，或者由国务院有关部门拟订，经国务院批准发布，制定依据是《会计法》。如：1990 年 12 月 31 日国务院发布的《总会计师条例》，1992 年 11 月 16 日国务院批准、同月 30 日财政部发布的《企业会计准则》等。(3)会计规章，指由主管全国会计工作的行政部门财政部就会计工作中某些方面内容所制定的规范性文件；国务院有关部门根据其职责制定的会计方面的规范性文件，如实施国家统一的会计制度的具体办法等，也属于会计规章，但必须报财政部审核批准。会计规章依据会计法律和会计行政法规制定，如财政部发布的《股份有限公司会计制度》《会计基础工作规范》，财政部与国家档案局联合发布的《会计档案管理办法》等。各省、自治区、直辖市人民代表大会及其常委会在同宪法和会计法律、行政法规不相抵触的前提下制定发布的会计规范性文件，也是我国会计法律制度的重要组成部分。

以下重点介绍我国的会计准则体系。

一、会计准则的构成

会计准则是反映经济活动、确认产权关系、规范收益分配的会计技术标准，是生成和提供会计信息的重要依据，也是政府调控经济活动、规范经济秩序和开展国际经济交往等的重要手段。会计准则具有严密和完整的体系。我国已颁布的会计准则有《企业会计准则》《小企业会计准则》和《事业单位会计准则》。

二、企业会计准则

我国企业会计准则体系包括基本准则、具体准则、应用指南和解释公告等。2006 年 2 月 15 日，财政部发布了《企业会计准则》，自 2007 年 1 月 1 日起在上市公司范围内施行，并鼓励其他企业执行。

企业会计准则体系(2006)由三个层次组成：

1.企业会计准则——基本准则

企业会计准则——基本准则由财政部于 2006 年 2 月 15 日发布，文号：中华人民共和国财政部令第 33 号，属于财政部部门规章，自 2007 年 1 月 1 日起施行。

2.企业会计准则——具体准则

企业会计准则——具体准则由财政部于 2006 年 2 月 15 日发布，文号：财会[2006]3 号，属于财政部规范性文件，自 2007 年 1 月 1 日起在上市公司范围内施行，鼓励其他企业执行(执行具体准则的企业不再执行原准则、《企业会计制度》和《金融企业会计制度》)。

具体准则共计 38 项，分别是：

企业会计准则第 1 号——存货

企业会计准则第 2 号——长期股权投资

企业会计准则第 3 号——投资性房地产

企业会计准则第 4 号——固定资产

企业会计准则第 5 号——生物资产

企业会计准则第 6 号——无形资产

企业会计准则第 7 号——非货币性资产交换

企业会计准则第 8 号——资产减值

企业会计准则第 9 号——职工薪酬

企业会计准则第 10 号——企业年金基金

企业会计准则第 11 号——股份支付

企业会计准则第 12 号——债务重组

企业会计准则第 13 号——或有事项

企业会计准则第 14 号——收入

企业会计准则第 15 号——建造合同

企业会计准则第 16 号——政府补助

企业会计准则第 17 号——借款费用

企业会计准则第 18 号——所得税

企业会计准则第 19 号——外币折算

企业会计准则第 20 号——企业合并

企业会计准则第 21 号——租赁

企业会计准则第 22 号——金融工具确认和计量

企业会计准则第 23 号——金融资产转移

企业会计准则第 24 号——套期保值

企业会计准则第 25 号——原保险合同

企业会计准则第 26 号——再保险合同

企业会计准则第 27 号——石油天然气开采

企业会计准则第 28 号——会计政策、会计估计变更和会计差错更正

企业会计准则第 29 号——资产负债表日后事项

企业会计准则第 30 号——财务报表列报

企业会计准则第 31 号——现金流量表

企业会计准则第 32 号——中期财务报告

企业会计准则第 33 号——合并财务报表

企业会计准则第 34 号——每股收益

企业会计准则第 35 号——分部报告

企业会计准则第 36 号——关联方披露

企业会计准则第 37 号——金融工具列报

企业会计准则第 38 号——首次执行企业会计准则

3.企业会计准则——应用指南

企业会计准则——应用指南由财政部于 2006 年 10 月 30 日发布，文号：财会[2006] 18 号，属于财政部规范性文件，自 2007 年 1 月 1 日起在上市公司范围内施行，鼓励其他企业执行（执行应用指南的企业不再执行原准则、《企业会计制度》和《金融企业会计制度》、各项专业核算办法和问题解答）。

应用指南共计 32 项，并附录《会计科目和主要账务处理》。其中，32 个应用指南分别为：

《企业会计准则第 1 号——存货》应用指南
《企业会计准则第 2 号——长期股权投资》应用指南
《企业会计准则第 3 号——投资性房地产》应用指南
《企业会计准则第 4 号——固定资产》应用指南
《企业会计准则第 5 号——生物资产》应用指南
《企业会计准则第 6 号——无形资产》应用指南
《企业会计准则第 7 号——非货币性资产交换》应用指南
《企业会计准则第 8 号——资产减值》应用指南
《企业会计准则第 9 号——职工薪酬》应用指南
《企业会计准则第 10 号——企业年金基金》应用指南
《企业会计准则第 11 号——股份支付》应用指南
《企业会计准则第 12 号——债务重组》应用指南
《企业会计准则第 13 号——或有事项》应用指南
《企业会计准则第 14 号——收入》应用指南
《企业会计准则第 16 号——政府补助》应用指南
《企业会计准则第 17 号——借款费用》应用指南
《企业会计准则第 18 号——所得税》应用指南
《企业会计准则第 19 号——外币折算》应用指南
《企业会计准则第 20 号——企业合并》应用指南
《企业会计准则第 21 号——租赁》应用指南
《企业会计准则第 22 号——金融工具确认和计量》应用指南
《企业会计准则第 23 号——金融资产转移》应用指南
《企业会计准则第 24 号——套期保值》应用指南
《企业会计准则第 27 号——石油天然气开采》应用指南
《企业会计准则第 28 号——会计政策、会计估计变更和会计差错更正》应用指南
《企业会计准则第 30 号——财务报表列报》应用指南
《企业会计准则第 31 号——现金流量表》应用指南
《企业会计准则第 33 号——合并财务报表》应用指南
《企业会计准则第 34 号——每股收益》应用指南
《企业会计准则第 35 号——分部报告》应用指南
《企业会计准则第 37 号——金融工具列报》应用指南

对于《企业会计准则第 15 号——建造合同》《企业会计准则第 25 号——原保险合同》《企业会计准则第 26 号——再保险合同》《企业会计准则第 29 号——资产负债表日后事项》《企业会计准则第 32 号——中期财务报告》《企业会计准则第 36 号——关联方披露》《企业会计准则第 38 号——首次执行企业会计准则》6 项具体准则，财政部未发布应用指南。

上述基本准则、具体准则、应用指南三个方面，依次自上而下形成企业会计准则的三个层次，构成我国企业会计准则体系(2006)，并具有法律法规上的效力，在全国范围内

(港、澳、台除外)强制执行。

另外,针对企业会计准则体系(2006)实施过程中遇到的问题,财政部会计准则委员会成立了"企业会计准则实施问题专家工作组",于 2007 年 2 月 1 日、2007 年 4 月 30 日,先后发布了两项《企业会计准则实施问题专家工作组意见》,便于及时指导上市公司、会计师事务所等有关方面正确地理解和执行新会计准则。

2014 年 1 月至 7 月,财政部陆续发布/新增了八项企业会计准则,要求于 2014 年 7 月 1 日开始实施。其中新增《企业会计准则第 39 号——公允价值计量》《企业会计准则第 40 号——合营安排》《企业会计准则第 41 号——在其他主体中权益的披露》。

最新准则

(1)《企业会计准则第 39 号——公允价值计量》;
(2)《企业会计准则第 30 号——财务报表列报》;
(3)《企业会计准则第 9 号——职工薪酬》;
(4)《企业会计准则第 2 号——长期股权投资》;
(5)《企业会计准则第 41 号——在其他主体中权益的披露》;
(6)《企业会计准则第 37 号——金融工具列报》;
(7)《企业会计准则第 33 号——合并财务报表》;
(8)《企业会计准则第 40 号——合营安排》。

三、小企业会计准则

2011 年 10 月 18 日,财政部发布了《小企业会计准则》,要求符合适用条件的小企业自 2013 年 1 月 1 日起执行,并鼓励提前执行。《小企业会计准则》一般适用于在我国境内依法设立、经济规模较小的企业,具体标准参见《小企业会计准则》和《中小企业划型标准规定》。

四、事业单位会计准则

2012 年 12 月 6 日,财政部修订发布了《事业单位会计准则》,自 2013 年 1 月 1 日起在各级各类事业单位施行。该准则对我国事业单位的会计工作予以规范。

练习题

一、单项选择题

1.下列项目中,不属于会计核算方法的是(　　)。

A.复式记账　　B.成本计算　　C.财产清查　　D.编制财务预算

2.下列不属于会计核算环节的是(　　)。

A.确认　　B.记录　　C.报告　　D.报销

3.承租企业将融资租赁租来的固定资产当作自有固定资产核算,体现了(　　)的要求。

A.客观性　　B.重要性　　C.实质重于形式　　D.一贯性

4.一般说来,会计主体与法律主体是( )。

A.是有区别的　B.相互一致的　C.有一定相关性的　D.相互可替代的

5.会计基本假设是会计核算的前提条件,会计基本假设包含会计主体、( )、会计分期和货币计量四个方面。

A.资金运动　B.持续经营　C.法律主体　D.会计对象

二、多项选择题

1.会计的基本职能包括( )。

A.进行会计核算　B.实施会计监督

C.预测经济前景,参与经济决策　D.评价经营业绩

2.在会计核算过程中,会计处理方法前后各期( )。

A.应当一致,不得随意变更　B.可以变动,但须经过批准

C.可以任意变动　D.应当一致,不得变动

3.下列关于会计监督的说法正确的是( )。

A.对特定主体的经济活动的合法性、合理性进行审查

B.主要通过价值指标来进行

C.包括事前监督和事中监督,不包括事后监督

D.依据有合法性和合理性两种

4.下列说法正确的是( )。

A.会计人员核算和监督所在主体的经济业务

B.会计主体可以是企业中的一个特定部分,也可以是几个企业组成的企业集团

C.会计主体一定是法律主体

D.会计主体假设界定了从事会计工作和提供会计信息的空间范围

5.下列属于谨慎性要求的是( )。

A.不可高估资产　B.不可少计负债

C.应计可能发生的收益　D.可高估利润

三、判断题

1.会计是以货币为主要计量单位,反映和监督一个单位经济活动的一种经济管理工作。( )

2.会计的基本职能是会计核算和会计监督,会计监督是首要职能。( )

3.企业会计核算的对象就是企业的资金运动。( )

4.会计主体必须是法律主体。( )

5.持续经营假设是假设企业可以长生不老,即使进入破产清算,也不应该改变会计核算方法。( )

6.会计主体前提为会计核算确定了空间范围,持续经营和会计分期前提为会计核算确定了时间范围。( )

7.按照权责发生制原则的要求,凡是本期实际收到款项的收入和付出款项的费用,不论是否归属于本期,都应当作为本期的收入和费用处理。( )

8.根据《企业会计制度》的规定,会计期间分为年度、半年度、季度和月度,所谓的会计

中期指的是不足一年的会计期间，半年度、季度和月度都属于会计中期。（ ）

四、简答题

1.什么是会计？它有什么特征？

2.会计目标是什么？会计对象是什么？如何理解会计目标与会计对象的相互依存关系？

3.什么是会计的职能？会计的基本职能是什么？会计有哪些拓展职能？

4.会计核算有哪些专门的方法？什么是会计循环？会计循环由哪些环节组成？

5.会计核算的前提条件是什么？如何理解？

6.什么是会计确认、计量、记录与报告？

7.会计信息质量特征主要包括哪些？各有什么样的内涵？

8.收付实现制和权责发生制分别是什么？简述它们的优缺点和适应范围。

9.如何理解我国的会计规范体系？

第二章　会计要素与会计等式

基本要求

1.熟悉会计要素的含义与特征；
2.掌握会计要素的确认条件与构成；
3.掌握常用的会计计量属性；
4.掌握会计等式的表现形式；
5.掌握基本经济业务的类型及其对会计等式的影响。

第一节　会计要素

一、会计要素的含义与分类

(一)会计要素的含义

会计要素是指根据交易或者事项的经济特征所确定的财务会计对象的基本分类。

在会计信息系统中，会计的对象是价值增值运动，它是指在市场经济的背景下，会计在每一个会计主体范围内能够反映和控制的经济事务与经济行为。会计对象虽然是独立于会计信息系统之外的存在，但是我们可以运用会计自身特有的方法与程序，用文字和金额数字对之进行描述。会计对象的内涵相对复杂，主要包括一个特定的会计主体所控制的经济资源，以及各个利益集团对会计主体范围内的这些经济资源的求偿权；会计主体由于使用这些经济资源而产生的收入(取得的权利)、发生的费用(承担的义务)以及获得的利润。会计要素是对会计对象的基本分类，对会计对象进行基本分类形成会计要素。将会计对象具体化为会计要素的作用主要在于：(1)分类统驭会计信息；(2)用于会计确认。

(二)会计要素的分类

我国《企业会计准则》将会计要素划分为资产、负债、所有者权益、收入、费用和利润六类，其中，前三类属于反映财务状况的会计要素，在资产负债表中列示；后三类属于反映经营成果的会计要素，在利润表中列示。如图 2-1 所示。

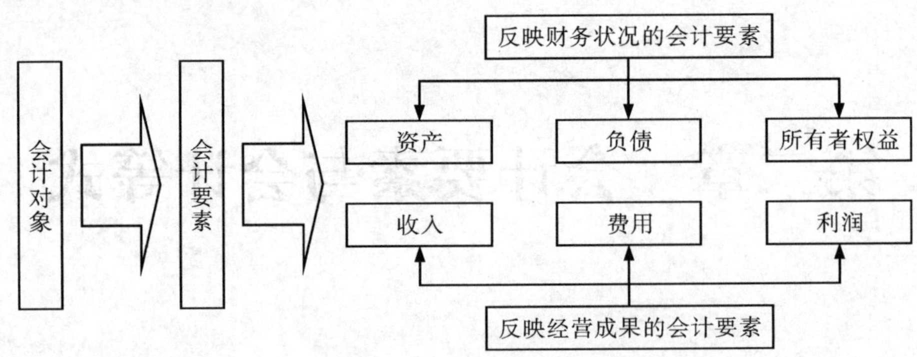

图 2-1　会计要素的分类

二、会计要素的确认

(一)资产

1.资产的含义与特征

资产是指企业过去的交易或者事项形成的、由企业拥有或控制的、预期会给企业带来经济利益的资源。资产具有以下特征:(1)资产是由企业过去的交易或者事项形成的;(2)资产是企业拥有或者控制的资源;(3)资产预期会给企业带来经济利益。

这里所指的企业过去的交易或者事项包括购买、生产、建造行为或其他交易或者事项。预期在未来发生的交易或者事项不形成资产。由企业拥有或者控制,是指企业享有某项资源的所有权,或者虽然不享有某项资源的所有权,但该资源能被企业所控制。预期会给企业带来经济利益,是指直接或者间接导致现金和现金等价物流入企业的潜力。

2.资产的确认条件

将一项资源确认为资产,在符合资产的定义的前提下,还应同时满足以下两个条件:(1)与该资源有关的经济利益很可能流入企业;(2)该资源的成本或者价值能够可靠地计量。

符合资产定义和资产确认条件的项目,应当列入资产负债表;符合资产定义,但不符合资产确认条件的项目,不应当列入资产负债表。

3.资产的分类

资产按流动性进行分类,可以分为流动资产和非流动资产。

流动资产是指预计在一个正常营业周期中变现、出售或耗用,或者主要为交易目的而持有,或者预计在资产负债表日起一年内(含一年)变现的资产,以及自资产负债表日起一年内交换其他资产或清偿负债的能力不受限制的现金或现金等价物。非流动资产是指流动资产以外的资产。

一个正常营业周期是指企业从购买用于加工的资产起至实现现金或现金等价物的期间。正常营业周期通常短于一年,在一年内有几个营业周期。但是,也存在正常营业周期长于一年的情况,在这种情况下,与生产循环相关的产成品、应收账款、原材料尽管超过一年才变现、出售或耗用,仍应作为流动资产。当正常营业周期不能确定时,应当以一年(12个月)作为正常营业周期。

(二)负债

1.负债的含义与特征

负债是指企业过去的交易或者事项形成的,预期会导致经济利益流出企业的现时义务。

负债具有以下特征:(1)负债是由企业过去的交易或者事项形成的;(2)负债是企业承担的现时义务;(3)负债预期会导致经济利益流出企业。

现时义务是指企业在现行条件下已承担的义务。未来发生的交易或者事项形成的义务,不属于现时义务,不应当确认为负债。

2.负债的确认条件

将一项现时义务确认为负债,在符合负债定义的前提下,还应当同时满足以下两个条件:(1)与该义务有关的经济利益很可能流出企业;(2)未来流出的经济利益的金额能够可靠地计量。

符合负债定义和负债确认条件的项目,应当列入资产负债表;符合负债定义,但不符合负债确认条件的项目,不应当列入资产负债表。

3.负债的分类

按偿还期限的长短,一般将负债分为流动负债和非流动负债。

流动负债是指预计在一个正常营业周期中偿还,或者主要为交易目的而持有,或者自资产负债表日起一年内(含一年)到期应予以清偿,或者企业无权自主地将清偿推迟至资产负债表日以后一年以上的负债。

非流动负债是指流动负债以外的负债。

(三)所有者权益

1.所有者权益的含义及特征

所有者权益是指企业资产扣除负债后由所有者享有的剩余权益。公司的所有者权益又称为股东权益。所有者权益金额取决于资产和负债的计量。

所有者权益具有以下特征:(1)除非发生减资、清算或分派现金股利,企业不需要偿还所有者权益;(2)企业清算时,只有在清偿所有的负债后,所有者权益才返还给所有者;(3)所有者凭借所有者权益能够参与企业利润的分配。

2.所有者权益的确认条件

所有者权益的确认、计量主要取决于资产、负债、收入、费用等其他会计要素的确认和计量。所有者权益在数量上等于企业资产总额扣除债权人权益后的净额,即为企业的净资产,反映所有者(股东)在企业资产中享有的经济利益。

符合所有者权益定义和确认条件的项目,应当列入资产负债表。

3.所有者权益的分类

所有者权益的来源包括所有者投入的资本、直接计入所有者权益的利得和损失、留存收益等,具体表现为实收资本(或股本)、资本公积(包含资本溢价或股本溢价、其他资本公积)、盈余公积和未分配利润。

所有者投入的资本是指所有者投入企业的资本部分,它既包括构成企业注册资本(实收资本)或者股本部分的金额,也包括投入资本超过注册资本或者股本部分的金额,即资本溢价或者股本溢价，这部分投入资本在我国企业会计准则体系中被计入了资本公积，并在资产负债表中的资本公积科目中反映。

直接计入所有者权益的利得和损失，是指不应计入当期损益、会导致所有者权益发生增减变动的、与所有者投入资本或者向所有者分配利润无关的利得或损失。留存收益是盈余公积和未分配利润的统称。其中，利得是指由企业非日常活动所形成的、会导致所有者权益增加的、与所有者投入资本无关的经济利益的流入。损失是指由企业非日常活动所发生的、会导致所有者权益减少的、与向所有者分配利润无关的经济利益的流出。

(四)收入

1.收入的含义与特征

收入是指企业在日常活动中形成的、会导致所有者权益增加的、与所有者投入资本无关的经济利益的总流入。日常活动是指企业为完成其经营目标所从事的经常性活动以及与之相关的活动。

收入具有以下特征：(1)收入是企业在日常活动中形成的；(2)收入会导致所有者权益的增加；(3)收入是与所有者投入资本无关的经济利益的总流入。

2.收入的确认条件

收入的确认除了应当符合定义外，至少应当符合以下条件：(1)与收入相关的经济利益应当很可能流入企业；(2)经济利益流入企业的结果会导致资产的增加或者负债的减少；(3)经济利益的流入额能够可靠计量。

符合收入定义和收入确认条件的项目，应当列入利润表。

3.收入的分类

收入包括主营业务收入和其他业务收入。主营业务收入是由企业的主营业务所带来的收入；其他业务收入是除主营业务活动以外的其他经营活动实现的收入。收入按性质不同，可分为销售商品收入、提供劳务收入、让渡资产使用权收入等。

(五)费用

1.费用的含义与特征

费用是指企业在日常活动中发生的、会导致所有者权益减少的、与向所有者分配利润无关的经济利益的总流出。

费用具有以下特征：(1)费用是企业在日常活动中发生的；(2)费用会导致所有者权益的减少；(3)费用是与向所有者分配利润无关的经济利益的总流出。

2.费用的确认条件

费用的确认除了应当符合定义外，至少应当符合以下条件：(1)与费用相关的经济利益应当很可能流出企业；(2)经济利益流出企业的结果会导致资产的减少或者负债的增加；(3)经济利益的流出额能够可靠计量。

企业为生产产品、提供劳务等发生的可归属于产品成本、劳务成本等的费用，应当在确认产品销售收入、劳务收入等时，将已销售产品、已提供劳务的成本等计入当期损益。企业发生的支出不产生经济利益的，或者即使能够产生经济利益但不符合或者不再符合资产确认条件的，应当在发生时确认为费用，计入当期损益。企业发生的交易或者事项导致其承担了一项负债而又不确认为一项资产的，应当在发生时确认为费用，计入当期损益。

符合费用定义和费用确认条件的项目,应当列入利润表。

3.费用的分类

费用包括生产费用和期间费用。

生产费用是指与企业日常生产经营活动有关的费用,按其经济用途可分为直接材料、直接人工和制造费用。生产费用应按其实际发生情况计入产品的生产成本;对于生产几种产品共同发生的生产费用,应当按照受益原则,采用适当的方法和程序分配计入相关产品的生产成本。

期间费用是指企业本期发生的、不能直接或间接归入产品生产成本,而应直接计入当期损益的各项费用,包括管理费用、销售费用和财务费用。

(六)利润

1.利润的含义与特征

利润是指企业在一定会计期间的经营成果。通常情况下,如果企业实现了利润,表明企业的所有者权益将增加,业绩得到了提升;反之,如果企业发生了亏损(即利润为负数),表明企业的所有者权益将减少,业绩下降。利润是评价企业管理层业绩的指标之一,也是投资者等财务会计报告使用者进行决策时的重要参考依据。

2.利润的确认条件

利润反映收入减去费用、直接计入当期利润的利得减去损失后的净额。利润的确认主要依赖于收入和费用,以及直接计入当期利润的利得和损失的确认,其金额的确定也主要取决于收入、费用、利得、损失金额的计量。

符合利润定义和确认条件的项目,应当列入利润表。

3.利润的分类

利润包括收入减去费用后的净额、直接计入当期损益的利得和损失等。其中,收入减去费用后的净额反映企业日常活动的经营业绩;直接计入当期损益的利得和损失反映企业非日常活动的业绩。

直接计入当期损益的利得和损失,是指应当计入当期损益、最终会引起所有者权益发生增减变动的、与所有者投入资本或者向所有者分配利润无关的利得或者损失。企业应当严格区分收入和利得、费用和损失,以便全面反映企业的经营业绩。

三、会计要素的计量

会计要素的计量是为了将符合确认条件的会计要素登记入账并列报于财务报表而确定其金额的过程。企业在将符合确认条件的会计要素登记入账并列报于会计报表及其附注(又称财务报表,下同)时,应当按照规定的会计计量属性进行计量,确定其金额。

(一)会计计量属性及其构成

会计计量属性是指会计要素的数量特征或外在表现形式,反映了会计要素金额的确定基础,主要包括历史成本、重置成本、可变现净值、现值和公允价值等。

1.历史成本

历史成本,又称实际成本,是指为取得或制造某项财产物资实际支付的现金或其他等价物。

在历史成本计量下，资产按照购置时支付的现金或者现金等价物的金额，或者按照购置资产时所付出的对价的公允价值计量。负债按照因承担现时义务而实际收到的款项或者资产的金额，或者承担现时义务的合同金额，或者按照日常活动中为偿还负债预期需要支付的现金或者现金等价物的金额计量。

2.重置成本

重置成本，又称现行成本，是指按照当前市场条件，重新取得同样一项资产所需要支付的现金或者现金等价物金额。

在重置成本计量下，资产按照现在购买相同或者相似资产所需支付的现金或者现金等价物的金额计量。负债按照现在偿付该项债务所需支付的现金或者现金等价物的金额计量。

3.可变现净值

可变现净值是指在正常的生产经营过程中，以预计售价减去进一步加工成本和预计销售费用以及相关税费后的净值。

在可变现净值计量下，资产按照其正常对外销售所能收到现金或者现金等价物的金额扣减该资产至完工时估计将要发生的成本、估计的销售费用以及相关税费后的金额计量。

4.现值

现值是指对未来现金流量以恰当的折现率进行折现后的价值，是考虑货币时间价值的一种计量属性。

在现值计量下，资产按照预计从其持续使用和最终处置中所产生的未来净现金流入量的折现金额计量。负债按照预计期限内需要偿还的未来净现金流出量的折现金额计量。

5.公允价值

公允价值是指市场参与者在计量日发生的有序交易中，出售一项资产所能收到或者转移一项负债所需支付的价格。

在公允价值计量下，资产和负债按照市场参与者在计量日发生的有序交易中，出售资产所能收到或者转移负债所需支付的价格计量。

(二)计量属性的运用原则

企业在对会计要素进行计量时，一般应当采用历史成本，采用重置成本、可变现净值、现值、公允价值计量的，应当保证所确定的会计要素金额能够取得并可靠计量。

第二节　会计等式

会计等式，又称会计恒等式、会计方程式或会计平衡公式，它是表明各会计要素之间基本关系的等式。

一、会计等式的表现形式

我们知道，会计的对象是价值增值运动，而任何运动都有相对静止和显著变动两种状态。价值增值运动自然也不例外地拥有相对静止和显著变动两种状态。价值增值运动的相对静止状态是指在企业的价值增值运动的某一个特定时点（如某一天、月初、月末、季初、季末、年初、年末），运动似乎处于相对静止状态。运动是绝对的，因而相对静止状态是暂时的和有条件的。价值增值运动的显著变动状态是指企业的价值增值运动在动态情况下（如某一个特定的会计期间）的显著变动。根据上述价值增值运动的两种状态，我们将会计等式划分为两类，分别是财务状况等式和经营成果等式。

（一）财务状况等式

在相对静止的特定时点，企业的经济资源不会凭空产生，自然也就不会凭空消失。因此，一个企业拥有的经济资源一定会有其所对应的来源；同样，有多少来源就势必会表现为企业内部不同形式的经济资源。在商品货币经济的背景下，经济资源的来源主要有两种：第一是所有者的投资，第二是债权人的债务。

财务状况等式，亦称基本会计等式和静态会计等式，是用以反映企业某一特定时点资产、负债和所有者权益三者之间平衡关系的会计等式。即：

资产＝负债＋所有者权益

这一等式是设置账户和复式记账法的理论基础，也是编制会计报表的依据。

如前所述，资产是指企业过去的交易或者事项形成的、由企业拥有或控制的、预期会给企业带来经济利益的资源。资产来源于投资者投入的资本和债权人的借入资金。因此，债权人和投资者对企业的资产拥有权益（即对资产的索取权），这种权益代表的就是资产的来源。一个企业的资产和权益其实指的是同一事物的两个方面。那就是一个企业有多少的资产就必然有多少的权益，有多少的权益就必然拥有多少的资产。在数量上，任何一个企业的资产总额和权益总额必定相等。这个关系也可用公式表达如下：

资产＝权益

我们将通过下面的例子进一步说明财务状况等式“资产＝负债＋所有者权益”。

【例 2-1】陈先生以人民币 5 000 000 元投资设立了南光公司。这笔交易所带来的影响是：一方面，南光公司拥有了一项资产——银行存款 5 000 000 元的人民币；另一方面，陈先生作为投资者，由于对南光公司的投资，因而取得了相应金额 5 000 000 元人民币的所有者权益（即陈先生对公司资产的索取权）。用公式表示为：资产（5 000 000 元人民币）＝所有者权益（5 000 000 元人民币）。

之后，如果南光公司向银行申请长期借款，获得 1 000 000 元人民币，则这笔交易所带来的影响是：一方面，南光公司的银行存款增加了 1 000 000 元人民币，此时共持有银行存款 6 000 000 元；另一方面，银行作为债权人，对南光公司的资产取得了金额为 1 000 000 元人民币的债权。用公式表示为：资产（6 000 000 元人民币）＝负债（1 000 000 元人民币）＋所有者权益（5 000 000 元人民币）。

另外，将上述的财务状况等式“资产＝负债＋所有者权益”移项，还能变化为所有者权益＝资产－负债＝净资产。这个变化后的等式所表达的经济含义是：由于股权通常都是永久性的资本，因此可以作为偿还债务的重要保障，而债权人本身通常不参与企业的日常经营决策，法律为保障债权人的利益因而规定了债权人具有优先求偿权，即债权人对某个企业资产的索取权总是优先于公司所有者对企业资产的索取权，故当企业的资产扣除完债务之后的剩余部分才是所有者的权益，股东享有的是企业的剩余权益。同理，虽然从数学的角度来说，负债＝资产－所有者权益的等式是成立的，但如前文所述的原则，此等式在会计学中并不成立。

（二）经营成果等式

企业在经营活动的过程中，一方面，在完成生产或销售出商品和提供劳务及让渡资产使用权等日常活动后，会形成相应的经济利益的流入，这种经济利益的流入在会计上被称为“收入”；另一方面，企业在销售商品、提供劳务等日常活动时又会发生经济利益的流出，这种经济利益的流出在会计上被称为“费用”。当企业在一定时期所获得的收入大于所发生的费用时，企业就获得了正的利润；若企业在一定时期所获得的收入小于所发生的费用时，其差额即为企业的亏损。因此，在一定的时期（而不是某一时点），就形成了经营成果等式。

经营成果等式，亦称动态会计等式，是用以反映企业一定时期收入、费用和利润之间恒等关系的会计等式。即：

收入－费用＝利润

这一等式反映的是企业的价值增值运动在动态情况下（一定特定的会计期间）的平衡关系，它反映了利润的实现过程，是编制利润表的依据。

企业在一定时期内所获得的利润（无论正负）是经营者运用所有者的投资和债权人提供的资金所获得的，利润（无论正负）最终都归所有者所有（或承担），企业的所有者对利润具有处置（或主张）的权利，因此从性质上看，留存在企业内的、未分配的部分（包括留存收益）应归属为所有者权益，它实质上是所有者权益的重要组成部分。

二、经济业务对会计等式的影响

经济业务，又称会计事项，是指在经济活动中使会计要素发生增减变动的交易或者事项。

企业经济业务按其对财务状况等式的影响不同，可以分为以下九种基本类型：

（1）一项资产增加、另一项资产等额减少的经济业务；

（2）一项资产增加、一项负债等额增加的经济业务；

（3）一项资产增加、一项所有者权益等额增加的经济业务；

（4）一项资产减少、一项负债等额减少的经济业务；

（5）一项资产减少、一项所有者权益等额减少的经济业务；

（6）一项负债增加、另一项负债等额减少的经济业务；

（7）一项负债增加、一项所有者权益等额减少的经济业务；

（8）一项所有者权益增加、一项负债等额减少的经济业务；

(9)一项所有者权益增加、另一项所有者权益等额减少的经济业务。

上述九类基本经济业务的发生均不影响财务状况等式的平衡关系，具体分为三种情形：基本经济业务(1)、(6)、(7)、(8)、(9)使财务状况等式左右两边的金额保持不变；基本经济业务(2)、(3)使财务状况等式左右两边的金额等额增加；基本经济业务(4)、(5)使财务状况等式左右两边的金额等额减少。

我们通过下面的例子进一步说明上述九类基本经济业务对财务状况等式"资产＝负债＋所有者权益"的影响。

【例 2-2】南光公司在 2015 年 3 月发生了下列经济业务：

1.赊购一批原材料，货款为 300 000 元人民币。

该笔经济业务使得属于资产要素的存货项目增加 300 000 元人民币，同时使得属于负债要素的应付账款项目增加 300 000 元人民币。会计等式两边同时增加，两方总额相等。

2.以银行存款归还长期借款 1 000 000 元人民币。

该笔经济业务使得属于资产要素的银行存款项目减少 1 000 000 元人民币，同时使得属于负债要素的长期借款项目减少 1 000 000 元人民币。会计等式两边同时减少，两方总额相等。

3.收到林先生追加投资 2 000 000 元人民币。

该笔经济业务使得属于资产要素的银行存款项目增加 2 000 000 元人民币，同时使得属于所有者权益要素的实收资本项目增加 2 000 000 元人民币。会计等式两边同时增加，两方总额相等。

4.从银行存款中提取现金 50 000 元人民币备用。

该笔经济业务使得属于资产要素的银行存款项目减少 50 000 元人民币，同时使得属于资产要素的库存现金项目增加 50 000 元人民币。会计等式一边没有发生变动，另一边的资产要素有增有减，且增减数量相同，两方总额相等。

5.林先生决定收回先前投资的 2 000 000 元人民币。

该笔经济业务使得属于资产要素的银行存款项目减少 2 000 000 元人民币，同时使得属于所有者权益要素的实收资本项目减少 2 000 000 元人民币。会计等式两边同时减少，两方总额相等。

6.向银行申请短期借款以支付前欠货款 300 000 人民币。

该笔经济业务使得属于负债要素的应付账款项目减少 300 000 元人民币，同时使得属于负债要素的短期借款项目增加 300 000 元人民币。会计等式一边没有发生变动，另一边的负债要素有增有减，且增减数量相同，两方总额相等。

7.陈先生请求公司代为偿还个人欠款 400 000 元人民币，作为其投资的减少。

该笔经济业务使得属于负债要素的其他应付款项目增加 400 000 元人民币，同时使得属于所有者权益要素的实收资本项目减少 400 000 元人民币。会计等式一边没有发生变动，另一边的负债要素和所有者权益要素有增有减，且增减数量相同，两方总额相等。

8.南光公司与供应商芙蓉公司商议决定将南光公司所欠芙蓉公司 1 200 000 元人民币的货款转为芙蓉公司对南光公司的投资。

该笔经济业务使得属于负债要素的应付账款项目减少 1 200 000 元人民币，同时使得属于所有者权益要素的实收资本项目增加 1 200 000 元人民币。会计等式一边没有发生变动，另一边的负债要素和所有者权益要素有增有减，且增减数量相同，两方总额相等。

9.按照法定程序，将盈余公积转增资本 600 000 元人民币。

该笔经济业务使得属于所有者权益要素的实收资本项目增加 600 000 元人民币，同时使得属于所有者权益要素的盈余公积项目减少 600 000 元人民币。会计等式一边没有发生变动，另一边的所有者权益要素有增有减，且增减数量相同，两方总额依然相等。

从【例 2-2】我们可以得知，资产和权益类的经济业务虽然会引起资产要素、负债要素和所有者权益要素的增减变动，但是无论发生怎样的变动，都不会破坏"资产＝负债＋所有者权益"这一财务状况等式的平衡关系。另外，在任何一个会计期间内，收入要素和费用要素的变动依然可以归为资产要素、负债要素和所有者权益要素的变动形式。因此，会计要素之间的恒等关系仍然存在。换句话说，企业在生产经营活动中会发生各式各样的经济业务，这些经济业务会引起资产要素、负债要素、所有者权益要素、收入要素、费用要素和利润要素的增减变动。但无论发生怎样的变动，都不会影响"资产＝负债＋所有者权益"这一会计等式的平衡关系。

练习题

一、单项选择题

1.(　　)是会计对象的具体化。

A.会计原则　　B.会计科目　　C.会计要素　　D.会计方法

2.资产，负债和所有者权益是表示企业(　　)的会计要素。

A.财务成果　　B.经营成果　　C.经营状况　　D.财务状况

3.负债是指企业过去的交易或者事项形成的，预期会导致经济利益流出企业的(　　)。

A.过去义务　　B.现时义务　　C.将来义务　　D.永久义务

4.所有者权益是指企业资产扣除负债后由所有者享有的(　　)。

A.收入　　B.费用　　C.利润　　D.剩余权益

5.企业的预付账款属于会计要素中的(　　)。

A.资产　　B.负债　　C.收入　　D.费用

6.企业在生产经营过程中的在产品应当属于(　　)。

A.存货　　B.无形资产　　C.固定资产　　D.实收资本

7.(　　)不属于所有者权益。

A.实收资本　　B.留存收益　　C.资本公积　　D.投资收益

8.(　　)是指市场参与者在计量日发生的有序交易中，出售一项资产所能收到或者转移一项负债所需支付的价格。

A.历史成本　　B.可变现净值　　C.公允价值　　D.重置成本

9.(　　)不但反映了会计要素间的数量关系,而且它还是复式记账法的理论依据。

A.会计科目　B.会计等式　C.会计账户　D.记账符号

10.(　　)会引起企业资产和负债的同时增加。

A.向供应商购买原材料而暂未付款　B.用银行存款偿还预付账款

C.股东追加投资　D.向员工支付工资

二、多项选择题

1.下列选项中属于流动资产的有(　　)。

A.货币资金　B.预收账款　C.固定资产　D.其他应收款

2.下列选项中属于期间费用的有(　　)。

A.制造费用　B.财务费用　C.销售费用　D.管理费用

3.下列选项中属于会计计量属性的有(　　)。

A.历史成本　B.可变现净值　C.公允价值　D.重置成本

4.企业收到股东的实物投资,下列会计要素变动正确的是(　　)。

A.资产增加　B.资产减少　C.所有者权益增加　D.所有者权益减少

5.下列选项中属于流动负债的有(　　)。

A.应付账款　B.预付账款　C.预收账款　D.应付股利

6.下列选项中不会打破会计等式平衡关系的经济业务有(　　)。

A.收到投资者的实物投资　B.从银行取得借款

C.增发股票　D.收到应收账款

7.下列选项中不属于会计要素的是(　　)。

A.负债　B.损失　C.所有者权益　D.利得

8.下列哪些选项是资产的特征?(　　)

A.由企业过去的交易或者事项形成的　B.由企业拥有或者控制的

C.预期会给企业带来经济利益的　D.有实物形态的

9.一项所有者权益减少的同时,可能会引起(　　)。

A.一项资产的增加　B.一项负债的增加

C.一项资产的减少　D.一项负债的减少

10.下列选项中,正确的经济业务类型有(　　)。

A.一项资产增加,一项所有者权益减少　B.资产与负债同时减少

C.负债与所有者权益同时增加　D.一项负债减少,一项所有者权益增加

三、判断题

1.会计的对象是价值增值运动。(　　)

2.会计要素只包含反映企业财务状况的要素,不包含反映企业经营成果的要素。(　　)

3.企业的资产按其流动性可分为固定资产和流动资产。(　　)

4.经营性租赁租入的资产应该计入企业的资产负债表。(　　)

5.所有者权益不与企业任何特定的、具体的资产项目发生对应关系。(　　)

6.工资计入产品成本但暂未支付,会引起企业资产和负债同时增多。(　　)

7.凡是长期收不回来的资产都是长期资产。(　　)

8.利润一定是正数。（　）

9.一个企业的资产总额与权益总额必然相等。（　）

10.所有者权益的来源只能是投资者的出资。（　）

四、简答题

1.会计要素是什么？划分会计要素有什么作用？我国的企业会计准则定义了哪些会计要素？

2.资产是什么？资产的确认需满足哪些条件？资产按流动性该如何分类？

3.所有者权益是什么？它有哪些特征？

4.会计的计量属性是什么？包含有哪些种类？

5.会计等式是什么？会计等式有哪些分类？这些等式分别有什么意义？

第三章　会计科目与账户

1.了解会计科目与账户的概念；
2.了解会计科目与账户的分类；
3.熟悉会计科目设置的原则；
4.熟悉常用的会计科目；
5.掌握账户的结构；
6.掌握账户与会计科目的关系。

第一节　会计科目

一、会计科目的概念与分类

（一）会计科目的概念

我们已经知道，会计要素是对会计对象的最基本的分类，可以反映企业的财务状况和经营成果。但是企业中存在各种各样纷繁复杂的经济活动，它们不仅会对会计要素的总体数量产生影响，也会影响其具体项目的增减变动。比如，企业购进存货和固定资产都影响资产要素，但存货和固定资产的经济内容和它们的周转方式等都有所不同，因此，粗略的六要素划分无法满足各方面对会计信息的需要，还必须对会计要素做进一步的分类，这就产生了会计科目。

会计科目，简称科目，是对会计要素的具体内容按其经济内容的不同和管理需要进行分类核算的项目。

会计科目不仅是复式记账的基础，也是编制会计凭证和会计报表的基础，会计科目为成本核算及财产清查提供了前提条件，便于会计信息的使用者全面、详细地了解企业的财务状况和经营成果，具有非常重要的意义。

（二）会计科目的分类

会计科目可按其核算的经济内容、所提供信息的详细程度及其统驭关系分类。

1.按其核算的经济内容分类

会计科目按其核算的经济内容不同，可分为资产类科目、负债类科目、共同类科目、所有者权益类科目、成本类科目和损益类科目。

(1)资产类科目，是对资产要素的具体内容进行分类核算的项目，按资产的流动性分为反映流动资产的科目和反映非流动资产的科目。

反映流动资产的会计科目包括：库存现金、银行存款、其他货币资金、交易性金融资产、应收票据、应收账款、预付账款、应收利息、其他应收款、原材料、周转材料、库存商品等；反映非流动资产的科目包括：长期股权投资、固定资产、无形资产等。

需要注意的是，资产类会计科目还包括一些反映资产价值损耗或损失的科目，如坏账准备、存货跌价准备、累计折旧、累计摊销等。

(2)负债类科目，是对负债要素的具体内容进行分类核算的项目，按负债的偿还期限分为反映流动负债的科目和反映非流动负债的科目。

反映流动负债的会计科目包括：短期借款、应付账款、应付票据、预收账款、应付职工薪酬、应交税费、其他应付款等；反映非流动负债的科目包括：长期借款、长期应付款、应付债券等。

(3)共同类科目，是既有资产性质又有负债性质的科目。其特点是需要从其期末余额所在方向界定其性质。

共同类科目主要被金融、保险、投资、基金等公司使用，包括：清算资金往来、外汇买卖、衍生工具、套期工具、被套期项目等。

(4)所有者权益类科目，是对所有者权益要素的具体内容进行分类核算的项目，按所有者权益的形成和性质可分为反映资本的科目和反映留存收益的科目。

所有者权益类科目包括：实收资本(或股本)、资本公积、盈余公积、本年利润、利润分配等。

(5)成本类科目，是对可归属于产品生产成本、劳务成本等具体内容进行分类核算的项目，按成本的内容和性质的不同可分为反映制造成本的科目、反映劳务成本的科目等。

反映制造成本的会计科目有生产成本、制造费用等；反映劳务成本的科目有劳务成本等。

(6)损益类科目，是对收入、费用等的具体内容进行分类核算的项目。损益类科目是为核算本年利润服务的，在期末(月末、季末、年末)，这类科目(以前年度损益调整科目除外)累计余额需转入本年利润科目，结转后，损益类科目期末余额为零。损益类科目包括收入类科目、费用类科目及直接计入当期利润的损失和利得。

收入类科目包括：主营业务收入、其他业务收入、投资收益、公允价值变动损益等；费用类科目包括：主营业务成本、其他业务成本、资产减值损失、营业税金及附加、销售费用、管理费用、财务费用、所得税费用等；直接计入当期利润的利得和损失包括：营业外收入和营业外支出等。

2.按提供信息的详细程度及其统驭关系分类

在企业的日常生产经营过程中，由于经营管理的要求不同，对会计信息的需要也有很大的不同。为了全面、系统、分类反映和监督会计要素的增减变动情况，为企业的经营管理提供所需的一切核算指标，就需要对会计科目按照详细程度进行分层次的划分，从而既能够获得总括的核算指标,也能进一步取得详细的核算指标。

会计科目按其提供信息的详细程度及其统驭关系,可以分为总分类科目和明细分类科目。

(1)总分类科目,又称总账科目或一级科目,是对会计要素的具体内容进行总括分类,提供总括信息的会计科目。为了满足统一会计核算要求以及对外提供统一的财务报表的要求,财政部对企业的总分类科目做了统一的规定。例如:银行存款、固定资产、应付账款等等。

(2)明细分类科目,又称明细科目,是对总分类科目做进一步分类,提供更为详细和具体会计信息的科目。例如:"银行存款"科目下按银行名称设置明细科目,反映银行存款的具体对象;"长期股权投资"科目下按照投资类型设"股票投资""其他股权投资"等明细科目。如果某一总分类科目所属的明细分类科目较多,可在总分类科目下设置二级明细科目,在二级明细科目下设置三级明细科目。如在"工程物资"总分类科目下,设置"专用材料""专用设备""预付大型设备款""为生产准备的工具及器具"等二级明细科目;而在二级明细科目下再根据不同的品种、规格、型号分设三级明细科目。

在实际工作中,是否需要开设明细科目以及开设几级明细科目,可以根据各单位自身经济业务活动的具体内容、规模大小与业务繁简程度等情况来自行决定。

总分类科目和明细分类科目的关系是既有联系又有区别。联系在于:二者反映的经济业务内容相同,总分类科目和明细分类科目相互补充,共同组成一个完整的会计科目体系。区别在于:二者提供信息的详细程度不同,总分类科目是提供总括信息的会计科目,而明细分类科目是提供更详细、更具体信息的科目;总分类科目对其所属的明细分类科目具有统驭和控制的作用,而明细分类科目是对其所属的总分类科目的补充和说明。

二、会计科目的设置

(一)会计科目设置的原则

我国现行的统一会计制度中均对企业设置的会计科目做出规定,以保证不同企业对外提供的会计信息的可比性。各单位也可根据自身经济业务活动的具体内容、规模大小与业务繁简程度等情况,在不影响统一会计核算要求以及对外提供统一的财务报表的前提下,自行增设、减少或合并会计科目,但设置会计科目时都应遵循以下原则:

1.合法性原则:指企业设置的会计科目不得违反我国统一的会计制度的规定。

2.相关性原则:指所设置的会计科目应当为提供有关各方所需要的会计信息服务,满足对外报告与对内管理的要求。根据企业会计准则的规定,企业财务报告提供的信息必须满足对内对外各方面的需要,而设置会计科目必须服务于会计信息的提供,必须与财务报告的编制相协调、相关联。

3.实用性原则:指所设置的会计科目应符合本单位自身特点,满足本单位实际需要。各企业的组织形式、所处行业、经营内容及业务种类等不同,因此企业会计科目的设置,应当在不违反合法性原则的基础上,根据自身组织形式、行业特征及经营业务等不同而做出调整。

(二)常用会计科目

通常情况下,具体会计科目的设置以会计要素为标准进行分类。同时,为了便于编制会计凭证、登记账簿、查阅账目、实现会计工作的电算化,还需要对每个会计科目进行编号,使其能清楚地表示会计科目所属的类别及其在类别中的位置。

根据财政部统一的规定,企业常用的一级会计科目及其编号如表 3-1 所示。

表 3-1 企业常用会计科目表

编号	会计科目名称	编号	会计科目名称
一、资产类		1521	投资性房地产
1001	库存现金	1601	固定资产
1002	银行存款	1602	累计折旧
1012	其他货币资金	1603	固定资产减值准备
1101	交易性金融资产	1604	在建工程
1121	应收票据	1605	工程物资
1122	应收账款	1606	固定资产清理
1123	预付账款	1701	无形资产
1131	应收股利	1702	累计摊销
1132	应收利息	1703	无形资产减值准备
1221	其他应收款	1711	商誉
1231	坏账准备	1801	长期待摊费用
1401	材料采购	1811	递延所得税资产
1402	在途物资	1901	待处理财产损溢
1403	原材料	二、负债类	
1404	材料成本差异	2001	短期借款
1405	库存商品	2101	交易性金融负债
1406	发出商品	2201	应付票据
1407	商品进销差价	2202	应付账款
1408	委托加工物资	2203	预收账款
1471	存货跌价准备	2211	应付职工薪酬
1501	持有至到期投资	2221	应交税费
1502	持有至到期投资减值准备	2231	应付利息
1503	可供出售金融资产	2232	应付股利
1511	长期股权投资	2241	其他应付款
1512	长期股权投资减值准备	2501	长期借款

续表

编号	会计科目名称	编号	会计科目名称
2502	应付债券	5101	制造费用
2701	长期应付款	5201	劳务成本
2711	专项应付款	5301	研发支出
2801	预计负债	六、损益类	
2901	递延所得税负债	6001	主营业务收入
三、共同类		6051	其他业务收入
3001	清算资金往来	6101	公允价值变动损益
3002	货币兑换	6111	投资收益
3101	衍生工具	6301	营业外收入
3201	套期工具	6401	主营业务成本
3202	被套期项目	6402	其他业务成本
四、所有者权益类		6403	营业税金及附加
4001	实收资本	6601	销售费用
4002	资本公积	6602	管理费用
4101	盈余公积	6603	财务费用
4103	本年利润	6701	资产减值损失
4104	利润分配	6711	营业外支出
五、成本类		6801	所得税费用
5001	生产成本	6901	以前年度损益调整

第二节　账户

一、账户的概念与分类

(一)账户的概念

会计科目仅仅是对会计要素的具体内容进行分类核算的项目，只有名称，没有结构，无法把发生的经济业务完整、连续、系统地记录下来，因此为了全面反映各项经济业务所引起的会计要素的增减变化，并且对这些变动进行分门别类的登记、核算和汇总，就需要开设会计账户。

账户是以会计科目为名称、具有一定的格式和结构、用于分类反映会计要素增减变动情况及其结果的载体。账户的设置应与会计科目的设置相适应。

(二)账户的分类

同会计科目的分类相对应,账户可根据其核算的经济内容、信息的详细程度及其统驭关系进行分类。

1.根据核算的经济内容分类

账户根据其核算的经济内容不同,可分为资产类账户、负债类账户、共同类账户、所有者权益类账户、成本类账户和损益类账户六类。

(1)资产类账户按照资产的流动性分为流动性资产类账户和非流动性资产类账户。

(2)负债类账户按照负债的流动性分为流动性负债类账户和非流动性负债类账户。

(3)共同类账户包括:清算资金往来、外汇买卖、衍生工具、套期工具、被套期项目等。

(4)所有者权益类账户按照来源和构成的不同可以分为投入资本类所有者权益账户和资本积累类所有者权益账户。投资资本类所有者权益账户主要有:实收资本、资本公积等;资本积累类账户主要有:盈余公积、本年利润、利润分配等。

(5)成本类账户按照是否需要分配可以再分为直接计入类成本账户和分配计入类成本账户。直接计入类成本账户主要有:生产成本(包括:基本生产成本、辅助生产成本)等;分配计入类成本账户主要有:制造费用等。

(6)损益类账户按照性质和内容的不同可以再分为营业损益类账户和非营业损益类账户。营业损益类账户主要有:主营业务收入、主营业务成本、主营业务税金及附加、其他业务收入、其他业务支出、投资收益等;非营业损益类账户主要有:营业外收入、营业外支出、营业(销售)费用、管理费用、财务费用、所得税费用等。

其中,有些资产类账户、负债类账户和所有者权益类账户存在备抵账户。备抵账户又称抵减账户,是指用来抵减被调整账户余额,以确定被调整账户实有数额而设置的独立账户。

2.根据提供信息的详细程度及其统驭关系分类

账户根据其提供信息的详细程度及其统驭关系,可分为总分类账户(简称总账账户或总账)和明细分类账户(简称明细账)。

总分类账户是根据总分类科目设置的,是提供总括分类核算资料指标的账户,在总分类账户中只使用货币计量单位反映经济业务。

明细分类账户是根据明细分类科目设置的,明细分类账户提供明细核算资料的指标,是对其总账资料的具体化和补充说明。对于明细分类账户的核算,除了使用货币计量外,必要时还需要实物计量单位(如件、公斤、吨等)或劳动量计量单位从数量和时间上反映。

总分类账户和所属明细分类账户核算的内容相同,只是反映内容的详细程度有所不同,总分类账户提供总括的内容,而明细分类账户提供具体、详细的内容。重要的是,总分类账户所属的各明细分类账户余额总计,应与总分类账户余额相等。因此,两者的关系是相互补充、相互制约、相互核对。总分类账户统驭和控制所属明细分类账户,而明细分类账户从属于总分类账户,它对总分类账户起着辅助和补充的作用。

在记账时,总分类账户和明细分类账户采用平行登记法,具体的要求如下:

(1)同时登记。每发生一笔经济业务,要根据同一会计凭证,同时在有关的总分类账户中进行总括登记以及在有关的明细分类账户中进行明细登记。

(2)同方向登记。登记总分类账户及其所属的明细分类账户时,借贷记账方向必须一致。

(3)同金额登记。登记总分类账户及其所属的明细分类账户时,总分类账户的金额,必须与记入其所属的一个或几个明细分类账户的金额合计数相等。

(4)同依据。登记总分类账户及其所属的明细分类账户时,必须根据同一会计凭证进行登记。

例如,原材料是总分类账户,甲、乙两种材料是明细分类账户。某工厂月初有原材料100万元,其中:甲材料600千克,共60万元,乙材料400吨,40万元。当月购进甲材料300千克,共30万元;领用乙材料200吨,共20万元。那么,该工厂应该设置和登记原材料总分类账户,以金额综合反映该厂所有原材料的期初结存、本期购入、生产领用和期末结余等总金额。期初为100万元,本期购入30万元,生产领用20万元,期末结余110万元。同时,还应分别设置和登记甲、乙两种原材料的明细分类账户,具体反映各种材料的期初结存、本期购入、生产领用和期末结余等数量和金额。本期期末结余甲材料900千克,共90万元;乙材料200吨,共20万元。这两个明细分类账户的金额总和应等于原材料总分类账户的金额。如果不等,表明总分类账户或者明细分类账户的登记有误,应及时查明更正。

二、账户的功能、结构

(一)账户的功能

设置会计账户,不仅能连续、系统、完整地提供企业经济活动中各会计要素增减变动及其结果的具体信息,而且能为日后编制会计报表提供基础。

(二)账户的结构

账户的结构是指账户的组成部分及其相互关系。账户的结构需要反映明确的经济内容,而企业中的任何经济业务所引起的会计要素的变化,无外乎增加和减少两种情况。因此,会计账户也被相应地划分为左右两个部分,一边记录数额的增加,一边记录数额的减少。如果规定在左边记录增加额,就应该在右边记录减少额,反之亦然。针对具体的账户,究竟左右两方中哪一边记录增加额,哪一边记录减少额,取决于账户的性质和所采用的记账方法。

根据《企业会计准则》的规定,企业会计记账应该采用借贷记账法。在借贷记账法下,统一把账户的左边称为"借方",右边称为"贷方"。在此处,"借""贷"二字并无借入和贷出的具体含义,只是表示左与右的符号而已。一般来讲,资产、成本、费用类科目借方登记增加额,贷方登记减少额;负债、所有者权益、收入类账户借方登记减少额,贷方登记增加额。有关借贷记账法的详细内容将在下一章中讲述。

会计要素在特定会计期间增加和减少的金额,分别称为账户的"本期增加发生额"和"本期减少发生额",二者统称为账户的"本期发生额";会计要素在会计期末的增减变动结果,称为账户的"余额",具体表现为期初余额和期末余额,账户上期的期末余额转入本期,即为本期的期初余额;账户本期的期末余额转入下期,即为下期的期初余额。账户的期初

余额、期末余额、本期增加发生额和本期减少发生额统称为账户的四个金额要素。对于同一账户而言,它们之间的基本关系为:

期末余额=期初余额+本期增加发生额-本期减少发生额

资产类、费用类账户:

期末借方余额=期初借方余额+本期借方发生额-本期贷方发生额

负债类、所有者权益类、收入类账户:

期末贷方余额=期初贷方余额+本期贷方发生额-本期借方发生额

账户的具体内容通常包括以下几个部分:

(1)账户名称,即会计科目;

(2)日期,即所依据记账凭证中注明的日期;

(3)凭证编号,即所依据记账凭证的编号;

(4)摘要,即经济业务的简要说明;

(5)金额,即增加额、减少额和余额。

会计实务中会计账户的一般格式如表 3-2 所示。

表 3-2　会计账户的一般格式

会计科目:

年		凭证编号	摘要	借方	贷方	借或贷	余额
月	日						

从账户名称、记录增加额和减少额的左右两方来看,账户结构在整体上类似于汉字丁和大写的英文字母 T,因此,为了直观地反映账户的结构,在教学和实务中,我们一般将会计账户简易地设置为丁字账户或者 T 形账户。

T 形账户主要反映账户的借方、贷方两部分结构及其数据,左边为借方,右边为贷方。在 T 形账户的左右两边中,记录有该账户的期初余额、(本期)增加额、(本期)减少额、本期发生额和期末余额。每个账户的期初余额记录在 T 形账户的第一行,本期增、减发生额按记账凭证依次记录在账户的借方或贷方中,直至记完为止,期末余额记录在本期借方和贷方发生额(合计)数据之后的最后一行。

具体形式如表 3-3、表 3-4 所示。

表 3-3　资产、费用类 T 形账户

左方(借方)	资产、费用类账户(会计科目)		右方(贷方)
期初余额	×××		
增加额	×××	减少额	×××
本期借方发生额(合计)	×××	本期贷方发生额(合计)	×××
期末余额	×××		

表 3-4　负债、所有者权益、收入类 T 形账户

左方(借方)	负债、所有者权益、收入类账户(会计科目)		右方(贷方)
		期初余额	×××
减少额	×××	增加额	×××
本期借方发生额(合计)	×××	本期贷方发生额(合计)	×××
		期末余额	×××

需要注意的是，收入类和费用类账户由于期末要转出，用于计算当期损益，所以一般没有余额。

【例 3-1】芙蓉公司 2015 年 1 月 1 日有银行存款结余 50 000 元。1 月从勤业公司收到货款 10 000 元，存入银行，购买生产用原材料支出银行存款 5 000 元。那么，芙蓉公司在 1 月末有库存现金 55 000 元。其计算如下：

期末余额(55 000 元)＝期初余额(50 000 元)＋本期增加发生额(10 000 元)－本期减少发生额(5 000 元)

用 T 形账户表示，如表 3-5 所示。

表 3-5

借方	银行存款		贷方
期初余额	50 000		
增加额	10 000	减少额	5 000
本期借方发生额(合计)	10 000	本期贷方发生额(合计)	5 000
期末余额	55 000		

三、账户与会计科目的关系

从理论上讲，会计科目与账户是两个不同的概念，二者既有联系，又有区别。它们之间的联系在于：会计科目是账户的名称，也是设置账户的依据；账户是根据会计科目开设

的,是会计科目的具体运用,具有一定的结构和格式,并通过其结构反映某项经济内容的增减变动及其余额。因此,会计科目与账户都是对会计对象具体内容的分类,两者核算内容一致,性质相同。它们之间的区别在于:会计科目是对会计要素具体内容的分类,只能说明一定的经济业务的内容,而无法反映经济内容的增减变动和结余情况,它是会计账户的名称,自身并没有结构。而账户则必须具备相应的结构,从而能够连续、系统、完整地提供企业经济活动中各会计要素增减变动及其结果的具体信息,为日后编制会计报表提供基础。

练习题

一、单项选择题

1.下列选项中,不正确的是(　　)。

A.账户所记载的各项经济业务所引起的会计要素数量上的变动,只有增加和减少两种情况

B.账户的左面计增加,右面计减少

C.账户需要记载经济业务的日期和概括说明经济业务的内容

D.账户的基本结构通常可以简化为丁字账户表示

2.短期借款应按(　　)设置明细账。

A.借款的性质　　B.借款的数额　　C.债权人　　D.借款日期

3.总分类会计科目和明细分类会计科目之间有(　　)的关系。

A.相等　　B.名称一致　　C.统驭和从属　　D.相互依存

4.会计科目的设置,应为提供有关各方所需的会计信息服务,满足对外报告和对内管理的要求,它体现了会计科目设置的(　　)原则。

A.合法性　　B.相关性　　C.灵活性　　D.实用性

5.下列对会计科目和与会计账户区别的说法中,错误的是(　　)。

A.会计科目是在经济活动发生之前,对会计核算具体内容做出的分类规范,账户是经济活动之后进行的分类记录

B.会计科目主要是按经济内容分类,账户在按经济内容分类的基础上还可按用途和结构分类

C.在一个会计年度内,企业可根据经济业务需要,改变会计科目,但会计账户不得随意改变

D.会计科目是由国家有关部门统一规定的,账户则是单位根据会计科目规定和管理的需要开设的

6.下列各项中,不属于资产类科目的是(　　)。

A.应收账款　　B.库存商品　　C.累计折旧　　D.预收账款

7.下列负债中,属于非流动负债的是(　　)。

A.应付债券　　B.应付利息　　C.应付股利　　D.应付票据

8.下列会计科目中，属于损益类的是(　　)。

A.待摊费用　　B.财务费用　　C.制造费用　　D.预提费用

9.总分类会计科目是根据(　　)进行设置。

A.企业管理的需要　　B.国家统一会计制度的规定

C.会计核算的需要　　D.经纪业务的种类不同

10.科目余额的计算公式是(　　)。

A.期末余额＝上期期初余额＋本期增加发生额－本期减少发生额

B.期末余额＝期初余额＋本期增加发生额－本期减少发生额

C.期末余额＝上期期初余额＋本期减少发生额－本期增加发生额

D.期末余额＝期初余额＋本期减少发生额－本期增加发生额

二、多项选择题

1.下列有关会计科目与账户的说法中，正确的有(　　)。

A.会计科目和账户所反映的会计对象的具体内容是相同的

B.会计科目是账户的名称，也是设置账户的依据

C.账户具有一定的格式和结构，而会计科目没有

D.会计科目和账户的作用是完全相同的

2.会计科目的意义在于(　　)。

A.它是复式记账的基础　　B.它是编制记账凭证的基础

C.为成本计算与财产清查提供条件　　D.为编制会计报表提供方便

3.下列各项中，属于流动资产的有(　　)。

A.交易性金融资产　　B.应收账款

C.预收账款　　D.预付账款

4.会计科目按其核算详细程度不同，可以分为(　　)。

A.总分类科目　　B.共同类科目　　C.资产类科目　　D.明细分类科目

5.下列属于成本类科目的是(　　)。

A.生产成本　　B.劳务成本　　C.制造费用　　D.销售费用

6.账户的基本结构具体包括(　　)。

A.账户名称　　B.经济业务摘要

C.增减金额和余额　　D.记录经济业务的日期

7.会计账户的简单格式还可以表示为(　　)。

A.T 形账户　　B.丁字账户　　C.正规账　　D.单栏式账

8.以下关于明细分类科目的表述中，正确的有(　　)。

A.明细分类科目也称一级会计科目

B.明细分类科目是对总分类科目做进一步分类的科目

C.明细分类科目是对会计要素具体内容进行总括分类的科目

D.明细分类科目是能提供更加具体信息的科目

9.执行《企业会计准则》的企业，会计科目分为资产类、负债类、所有者权益类和(　　)。

A.收入类　　　　B.成本类　　　　C.损益类　　　　D.共同类

10.下列有关会计科目的说法中,正确的有(　　)。

A.对会计要素的具体内容进行分类核算的科目,称为会计科目

B.会计科目在会计核算和监督中具有重要作用

C.编制会计报表是以会计科目的内容为重要依据的

D.在实际工作中,各个单位的会计科目必须是完全一致的

三、判断题

1.总分类科目对所属的明细分类科目起着统驭和控制作用,明细分类科目是对其总分类科目的详细和具体的说明。(　　)

2.为了适应企业管理精细化的要求,每一个总账科目下都应设置明细科目。(　　)

3."其他业务成本"账户属于成本类账户。(　　)

4.会计科目的设置必须完全符合国家统一的会计制度,企业不得自行增加、减少或合并。(　　)

5.实用性原则要求所设置的会计科目满足对外报告和对内管理的要求。(　　)

6.在不影响会计核算要求和会计报表指标汇总,对外提供统一的财务会计报表的前提下,企业可以自行增设、减少或合并某些会计科目。(　　)

7.会计科目与会计账户反映的经济内容是相同的。(　　)

8.会计账户是会计科目的名称。(　　)

9.会计科目是按照经济内容对各会计信息的具体内容做进一步分类核算的项目。(　　)

10.账户是根据会计要素设置的,具有一定的格式和结构。(　　)

四、简答题

1.什么是会计科目?设置和运用会计科目有什么意义?

2.会计科目包括哪几类?内容是什么?

3.什么是会计账户?如何理解各类会计账户的基本结构?

4.为什么既要设置总账,又要设置明细账?两者的相互关系如何?

5.简述会计科目与会计账户之间的关系。

五、业务处理题

1.请根据账户的四个金额要素之间的关系,完成下表。

账户名称	期初余额	本期增加发生额	本期减少发生额	期末余额
原材料	263 000	50 000	35 000	?
应付账款	40 000	12 000	?	50 000
交易性金融资产	160 000	?	3 000	210 000
预计负债	?	5 500	7 800	10 000

2.芙蓉公司 2015 年 1 月初的资产、负债及所有者权益情况如下表所示:

资产	金额	负债及所有者权益	金额
现金	2 000	负债：	
银行存款	12 000	短期借款	100 000
应收账款	14 000	应付账款	25 000
其他应收款	2 000	应付福利费	5 000
物资采购	10 000		
生产成本	140 000	所有者权益：	
原材料	50 000	实收资本	500 000
库存商品	70 000	盈余公积	50 000
固定资产	400 000	未分配利润	20 000
合计	700 000	合计	700 000

1 月份芙蓉公司发生下列各项经济业务：

(1)从银行提取现金 1 000 元。

(2)向勤业公司购入原材料一批，计价 20 000 元，材料验收入库，货款未付。

(3)向银行借入短期借款 50 000 元存入银行。

(4)以现金暂付职工刘涛出差费 1 000 元。

(5)以银行存款偿还前欠勤业公司材料款 20 000 元。

(6)收到凌云公司投入资本 30 00 元，存入银行。

(7)收回笃行公司前欠货款 12 000 元，存入银行。

(8)生产车间领用材料 45 000 元，投入生产。

(9)以银行存款购入机器一台，价值 20 000 元。

(10)以银行存款支付劳保医院医药费 5 000 元。

要求：将资产、负债和所有者权益各项目的 1 月初金额和月内增减变动的金额填入下表(金额单位：元)，同时计算出期末余额和合计数(为简化，不考虑税费)。

资产	期初数	本月增加数	本月减少数	月末余额	负债及所有者权益	期初数	本月增加数	本月减少数	月末余额
现金					负债：				
银行存款					短期借款				
应收账款					应付账款				
其他应收款					应付福利费				
物资采购					负债合计				
生产成本					所有者权益：				
原材料					实收资本				

续表

资产	期初数	本月增加数	本月减少数	月末余额	负债及所有者权益	期初数	本月增加数	本月减少数	月末余额
库存商品					盈余公积				
固定资产					未分配利润				
					所有者权益合计				
总计					总计				

第四章　会计记账方法

1.了解复式记账法的概念与种类；

2.熟悉借贷记账法的原理；

3.掌握借贷记账法下的账户结构；

4.了解会计分录的分类；

5.掌握借贷记账法下的试算平衡。

第一节　会计记账方法的种类

一、单式记账法

现代会计出现以前的记账方法属于单式记账法，单式记账法是指对发生的每一项经济业务，只在一个账户中加以登记的记账方法。例如，丰庭公司以银行存款 50 000 元买入原材料，在单式记账法下，只需在银行存款账户中进行减少 50 000 元的记录，材料的增加情况不在相关账户中体现。

单式记账法简单易懂，但不完整。在单式记账法下，一般只设置银行存款、现金及债权债务账户，其账户体系并不完整，账户之间未形成直接联系和平衡关系，因而无法全面反映经济业务的来龙去脉，也无法进行全面的试算平衡来检查账户记录的正确性以及完整性。在组织经营规模比较小、经济业务单一的条件下，单式记账法较为适用；当企业经营规模开始扩张，业务变得复杂后，其缺陷则暴露无遗，因而在现代企业中，单式记账法已被取代。

二、复式记账法

(一)复式记账法的概念

复式记账法是相对于单式记账法而言的，复式记账法是指对于每一笔经济业务，都必须用相等的金额在两个或两个以上相互联系的账户中进行登记，全面系统地反映会计要素增减变化的一种记账方法。在上述例子中，复式记账法需在银行账户中进行减少 50 000元的记录，同时在材料账户中进行增加 50 000 元的记录。由此可见，在复式记账法下，每一项经济业务的发生，都会引起有关会计要素之间或某项会计要素内部至少两个项目发生增减变动，且增减的金额相等。

（二）复式记账法的优点

在复式记账法下，由于对每一项经济业务，都在相互联系的两个或两个以上的账户中做双重记录，因此，在全部经济业务都登记入账之后，不仅可以通过账户记录完整、系统地反映经济活动的过程和结果，而且还能清楚地反映每项经济业务的来龙去脉。由于对每项经济业务都以相等的金额进行双重记录，这样，对账户的记录结果就可以进行试算平衡，以检查账户记录的正确与否。

综上所述，与单式记账法相比，复式记账法的优点主要有：(1)能够全面反映经济业务内容和资金运动的来龙去脉。(2)由于每项经济业务都以相等的金额在两个或两个以上账户中进行记录，这样，对账户的记录结果，就能够进行试算平衡，便于查账和对账。

（三）复式记账法的种类

复式记账法可分为借贷记账法、增减记账法和收付记账法。

1.借贷记账法

借贷记账法是目前国际上通用的记账方法，是现代会计中最具代表性的一种科学的复式记账法。我国1992年颁布并于1993年7月1日起实施的《企业会计准则》第8条规定："会计记账应采用借贷记账法"，这一举措率先在境内企业中统一了记账方法。1998年起实施的《事业单位会计准则》《行政单位会计准则》等规定，行政、事业单位一律采用借贷记账法，进而实现了我国记账方法与世界各国的统一。

2.增减记账法

增减记账法以"资金占用＝资金来源"为理论依据，以"增""减"为记账符号，是一种直接反映经济业务所引起的会计要素增减变化的复式记账方法。增减记账法曾是在我国会计实务中实行的一种特有的记账方法，这种方法从1964年开始在我国商业系统中全面推行，1993年7月1日《企业会计准则》实施后，增减记账法改为借贷记账法。

增减记账法有以下特点：

(1)以"增"和"减"为记账符号，凡是经济业务引起资金来源或资金占用增加，就在账户中记增；凡是经济业务引起资金来源或资金占用减少，就在账户中记减。"增""减"符号同资金来源与资金占用的增加、减少意思一致，直接表达会计事项所涉及具体内容的增减变动。

(2)增减记账法的理论依据是"资金占用总额＝资金来源总额"。

(3)其记账规则是：对于涉及资金来源和资金占用两类账户的经济业务，同时记增或记减，同增或同减的金额相等；对于只涉及资金来源或资金占用一类账户的经济业务，记有增有减，增减金额相等。简而言之，两类账户，同增同减，金额相等；同类账户，有增有减，金额相等。

(4)其试算平衡方法为：两类账户的余额和增减发生额的差额必须相等，并用以检查账户记录的正确性和完整性。

3.收付记账法

收付记账法是以"收""付"作为记账符号，反映经济业务引起会计要素增减变动的一种记账方法。收付记账法按其记账主体的不同，分为资金收付记账法、财产收付记账法和现金收付记账法。

(1)资金收付记账法是以预算资金的活动能力为记账主体，以“收”“付”为记账符号来记录经济业务的一种复式记账法。资金收付记账法有以下特点：

①以“收”“付”作为记账符号，对所发生的各种经济业务都以资金的收付决定记账方向。

②账户分为资金来源、资金运用和资金结存三类。资金来源类账户反映资金的来源渠道，资金运用类账户反映资金的去向，资金结存类账户反映货币资金和财产物资的余存情况。

③记账规则为“同收、同付、有收有付”。即资金来源类或资金运用类账户和资金结存类账户发生对应关系，引起资金结存增加或减少时，要同时记收或同时记付，同收或同付金额相等；资金来源类账户和资金运用类账户或同类各账户之间发生对应关系，不涉及资金结存增减变化时，要分别记收和付，收付金额相等。

④试算平衡方法为发生额试算平衡和余额试算平衡。发生额试算平衡公式为：资金来源及资金运用类账户收方发生额合计－资金来源及资金运用类账户付方发生额合计＝资金结存类账户收方发生额合计－资金结存类账户付方发生额合计。余额平衡公式为：资金来源类账户收方余额合计－资金运用类账户付方余额合计＝资金结存类账户收方余额合计。

(2)财产收付记账法是以钱物活动作为记账主体，以“收”“付”作为记账符号来记录经济业务的一种复式记账法。财产收付记账法有以下特点：

①以“收”“付”作为记账符号，以钱物的收付决定所发生的各种经济业务的记账方向。

②账户设置分为收入、付出和结存三大类。收入类账户反映各种收入的来源，付出类账户反映各种付出的去向，结存类账户反映钱物的收入、付出及结存情况。

③记账规则为“同收、同付，有收有付”。即结存账户和收入、付出账户发生对应关系时，要同时记收或同时记付，同收或同付金额相等；结存账户内部或收入、付出账户内部发生对应关系时，要分别记有收有付，收付金额相等。

④试算平衡方法分为发生额平衡和余额平衡。发生额平衡公式为：收入类、付出类账户收方发生额合计－收入、付出类账户付方发生额合计＝结存类账户收方发生额合计－结存类账户付方发生额合计；余额平衡公式为：收入类、付出类账户收方余额合计－收入类、付出类账户付方余额合计＝结存类账户收方余额合计－结存类账户付方余额合计。

(3)现金收付记账法是以现金为记账主体，对所有经济业务按复式记账原理设置账户体系，进行财务处理的一种记账方法。现金收付记账法有以下特点：

①账户设置分为三大类：资金来源类账户、资金占用类账户、资金来源与资金占用共同类账户。

②以“收”“付”为记账符号，每个账户都设“收方”和“付方”，用以反映资金的收付变动情况。凡是资金来源增加或是资金占用减少都记收方，资金来源减少或是资金占用增加则记付方。

③记账规则为“有收必有付，有付必有收，收付必相等”。每笔经济业务的发生都要同

时记收、付两个或两个以上的账户，收付双方金额必须相等。

④试算平衡方法分为发生额试算平衡和余额试算平衡。发生额试算平衡公式为：全部总分类账户收方发生额合计＝全部总分类账户付方发生额合计；余额试算平衡公式为：全部总分类账户收方余额合计＝全部总分类账户付方余额合计。

第二节　借贷记账法

一、借贷记账法的概念

借贷记账法是以“借”和“贷”作为记账符号的一种复式记账法。借贷记账法记录各项经济业务所引起的会计要素具体内容的变化过程及结果。资产、负债、所有者权益、收入、费用、利润是会计六大要素，在一个会计要素具体内容发生增减变化时，必然引起同一要素的其他具体内容或者另一个或两个会计要素具体内容的增减变化，会计要素之间存在着恒等关系，这种恒等关系用数学方程表示，就形成了会计等式。“资产＝负债＋所有者权益”这一等式反映了资金运动的静态表现，“收入－费用＝利润”反映了资金运动的动态表现。将这两个会计等式进行综合，则有以下形式：资产＋费用＝负债＋所有者权益＋收入，这一等式综合反映了各会计要素之间的相互关系。

由上述等式可知，当一个会计要素发生了增减变化时，另一个或几个会计要素必然随之发生变化，因此，只有在两个或两个以上的账户中进行等额记录，才能维持各会计要素之间的平衡关系。因此，会计等式包含的经济内容和数量恒等关系就是借贷记账法的理论依据。

二、借贷记账法下账户的结构

(一)借贷记账法下账户的基本结构

借贷记账法下，账户的左方称为借方，右方称为贷方。所有账户的借方和贷方按相反方向记录增加数和减少数，即一方登记增加额，另一方就登记减少额。至于“借”表示增加，还是“贷”表示增加，则取决于账户的性质与所记录经济内容的性质。

通常而言，资产和费用类账户的增加用“借”表示，减少用“贷”表示；负债、所有者权益和收入类账户的增加用“贷”表示，减少用“借”表示。备抵账户的结构与所调整账户的结构正好相反。

(二)资产账户的结构

在借贷记账法下，资产类账户的借方登记增加额，贷方登记减少额；期末余额一般在借方，有些账户可能无余额。每个账户的借方和贷方在一定时期内所登记的金额合计，称为本期发生额。账户借方的金额合计数，为借方本期发生额；贷方的金额合计数，为贷方本期发生额。每个账户的借方结存金额总计和贷方结存金额总计相抵后的差额，称为余额。根据账户的期初余额、借方本期发生额和贷方本期发生额，可以计算出账户的期末余额。资产类账户本期余额计算公式为：

期末借方余额＝期初借方余额＋本期借方发生额－本期贷方发生额

其T形账户基本结构如表4-1所示。

表 4-1

借方	资产类账户		贷方
期初余额	×××		×××
增加额	×××	减少额	×××
本期借方发生额(合计)	×××	本期贷方发生额(合计)	×××
期末余额	×××		

(三)负债和所有者权益类账户的结构

负债和所有者权益类账户的结构与资产类账户正好相反,其贷方记录负债和所有者权益的增加额,借方记录负债和所有者权益的减少额,负债和所有者权益类账户的期末余额一般在贷方,有些账户可能无余额,其余额计算公式为:

期末贷方余额＝期初贷方余额＋本期贷方发生额－本期借方发生额

其T形账户基本结构如表4-2所示。

表 4-2

借方	负债和所有者权益类账户		贷方
	×××	期初余额	×××
减少额	×××	增加额	×××
本期借方发生额(合计)	×××	本期贷方发生额(合计)	×××
	×××	期末余额	×××

(四)损益类账户的结构

损益类账户按其反映的具体内容不同,可以分为收入类账户和费用类账户。

1.收入类账户的结构

在借贷记账法下,收入类账户的结构与负债和所有者权益类账户结构相同,账户的贷方登记收益的增加额,借方登记收益的减少额或转出额,由于收入类账户在期末要全额转出,与相配比的费用相抵,以结算本期损益,因此,收入类账户一般没有期末余额。用T形账户表示,如表4-3所示。

表 4-3

借方	收入类账户	贷方
减少额 期末转入"本年利润"账户的收入	增加额	

2.费用类账户的结构

在借贷记账法下，费用类账户的结构和资产类账户的结构基本相同，即费用类账户的借方登记增加额，贷方登记减少额。本期费用净额在期末要全额转出，用以计算当期损益，因此，费用类账户一般没有期末余额。用 T 形账户表示，如表 4-4 所示。

表 4-4

借方	费用类账户　　　　　　贷方
增加额	减少额 期末转入“本年利润”账户的费用

三、借贷记账法的记账规则

记账规则是指采用某种记账方法登记具体经济业务时应当遵循的规律。借贷记账法的记账规则是“有借必有贷，借贷必相等”。根据复式记账的原则，对于任何一项经济业务所引起的会计要素的变化，都必须以相等的金额，在两个或两个以上相互联系的账户中进行记录。也就是说，记入一个账户的借方，同时要记入一个或几个账户的贷方，并且记入借贷双方的金额是相等的，这样，就形成了借贷记账法的“有借必有贷，借贷必相等”的记账规则。

在实际运用借贷记账法的记账规则登记经济业务时，一般要按以下几个步骤进行：

首先，根据发生的经济业务设置相应的会计科目和账户并判断其是增加还是减少。其次，根据上述分析，确定它所涉及的账户的性质，是资产要素的变化，还是负债或所有者权益的变化；哪些要素增加，哪些要素减少，或都是增加，都是减少，等等。最后，确定该账户的结构，即应记录的方向是借方还是贷方以及各账户的应计金额。凡涉及资产及费用的增加，负债及所有者权益的减少，收入的减少或转出，都应记入各自账户的借方；凡是涉及资产及费用的减少或转出，负债及所有者权益的增加，收入的增加，都应记入各自账户的贷方。

现举例说明借贷记账法的记账规则。

【例 4-1】丰庭公司购入一台机器，价值 5 000 元，已安装完毕，价款以银行存款支付。

这项经济业务的发生，使得固定资产增加，银行存款减少。进一步分析可知，固定资产和银行存款账户都属于资产类账户。根据借贷记账法，资产的增加通过账户的借方反映，减少则通过贷方反映。最后确定，借记固定资产 5 000 元，贷记银行存款5 000元。

【例 4-2】丰庭公司以银行存款支付到期债券 500 000 元。

该项经济业务使得企业银行存款减少，应付债券减少。进一步分析可知，银行存款属于资产类账户，应付债券属于负债类账户。根据借贷记账法，资产的减少通过账户的贷方反映，负债的减少通过账户的借方反映。最后确定，借记应付债券 500 000 元，贷记银行存款 500 000 元。

【例 4-3】丰庭公司购买原材料，其中 35 000 元已用银行存款支付，剩余 25 000 尚未支付。

该项经济业务使得原材料和应付账款增加，银行存款减少。进一步分析可知，原材料和银行存款账户都属于资产类账户，应付账款账户属于负债类账户。根据借贷记账法，资产的增加通过账户借方反映，减少通过账户贷方反映，负债的增加通过账户的贷方反映。最后确定，借记原材料 60 000 元，贷记银行存款 35 000 元，贷记应付账款 25 000元。

【例 4-4】丰庭公司卖出一批存货，获得 6 000 元现金收入，这批存货的账面价值为 4 500元。

该笔经济业务使得丰庭公司的存货减少 4 500 元，应记入存货账户的贷方；相应增加主营业务成本 4 500 元，记入主营业务成本账户的借方；库存现金增加 6 000，应记入库存现金的借方；增加主营业务收入 6 000 元，记入主营业务收入账户的贷方。

【例 4-5】丰庭公司出售一台旧设备，获得现金 1 500 元，该设备账面原价 6 000 元，累计折旧 4 000 元。

这项经济业务使得丰庭公司固定资产减少 6 000 元，应记入固定资产账户的贷方；库存现金增加 1 500 元，应记入库存现金账户的借方；由于处理旧设备不是公司经常发生的业务，故该损失的 500 元应记入营业外支出的借方；累计折旧为固定资产的抵减科目，故应记入累计折旧账户的借方。

上述举例说明，不论企业发生何种经济业务，运用借贷记账法记账，都以相等的金额、相反的借贷方向，在两个或两个以上相互联系的账户中进行登记，记入账户借方的金额和记入账户贷方的金额必须相等。

四、借贷记账法下的账户对应关系与会计分录

(一)账户的对应关系

账户的对应关系是指采用借贷记账法对每笔交易或事项进行记录时，相关账户之间形成的应借、应贷的相互关系。存在对应关系的账户称为对应账户。例如，丰庭公司从银行提备用金 2 000 元的业务，使会计单位的现金增加 2 000 元，同时使银行存款减少 2 000 元。按账户结构规定，现金增加记账户的借方，银行存款减少记账户的贷方。可见，现金账户与银行存款账户在这里存在对应关系，它们是对应账户。

(二)会计分录

1.会计分录的含义

会计分录，简称分录，是对每项经济业务列示出应借、应贷的账户名称及其金额的一种记录。在我国，会计分录记载于记账凭证中。

会计分录包含以下内容：

①一组对应的记账符号：借方和贷方；

②涉及两个或两个以上的账户名称；

③借贷双方的相等金额。

会计分录应该上借下贷，借贷分行，左右错开，即先借后贷；贷方的文字和金额都要比借方后退一格；在一借多贷或一贷多借的情况下，借方或贷方的文字要对齐，金额也应对齐。

2.会计分录的分类

按照所涉及账户的多少,会计分录分为简单会计分录和复合会计分录。简单会计分录是指只涉及一个账户借方和另一个账户贷方的会计分录,即一借一贷的会计分录。复合会计分录是指由两个以上(不含两个)对应账户组成的会计分录,即一借多贷、多借一贷或多借多贷的会计分录。

【例 4-5】根据例 4-1 至 4-4,分别编制会计分录如下:

科目	借方金额	贷方金额
借:固定资产	5 000	
贷:银行存款		5 000
借:应付债券	500 000	
贷:银行存款		500 000
借:原材料	60 000	
贷:银行存款		35 000
应付账款		25 000
借:银行存款	6 000	
主营业务成本	4 500	
贷:主营业务收入		6 000
存货		4 500
借:库存现金	1 500	
累计折旧	4 000	
营业外支出	500	
贷:固定资产		6 000

五、借贷记账法下的试算平衡

(一)过账

我们需要将包含在所有会计分录中的企业经济活动信息在企业已建立的分类账户体系中进行系统的收集和整理。因此,编制会计分录后,应将会计分录中所列账户的发生额,按照会计分录的记账方向记到相应的账户中,这一过程称为过账。下面以例 4-1 中所发生经济业务的会计分录为例,其过账过程如图 4-1 所示:

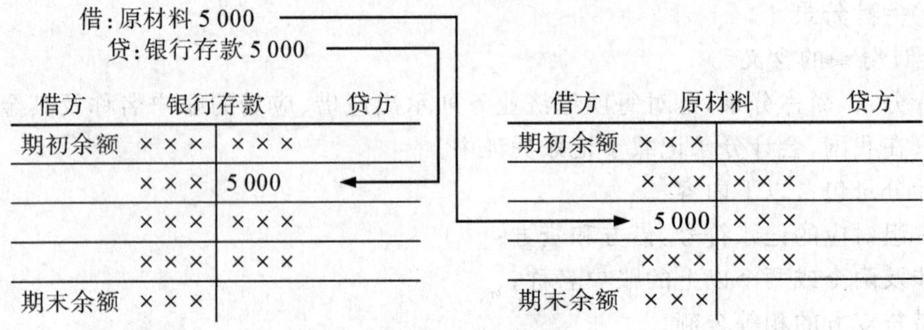

图 4-1 过账过程

(二)试算平衡的含义

试算平衡是指根据借贷记账法的记账规则和“资产＝负债＋所有者权益”的恒等关系,对所有账户的发生额和余额进行汇总、计算和比较,以检查记录是否正确的一种方法。企业在一定经营期间发生各种经济业务,并按照借贷记账法的记账规则来编制会计分录,记入相关账户中,在期末可以通过试算平衡来检验账户记录是否正确、完整。

(三)试算平衡的分类

1.发生额试算平衡

发生额试算平衡是指全部账户本期借方发生额合计与全部账户本期贷方发生额合计保持平衡,即:

全部账户本期借方发生额合计＝全部账户本期贷方发生额合计

发生额试算平衡的直接依据是借贷记账法的记账规则,每一笔业务的发生都按照“有借必有贷,借贷必相等”的规则编制会计分录,故会存在所有账户的借方发生额合计等于所有账户的贷方发生额合计这种平衡关系。

2.余额试算平衡

余额试算平衡是指全部账户借方期末(初)余额合计与全部账户贷方期末(初)余额合计保持平衡,即:

全部账户借方期末(初)余额合计＝全部账户贷方期末(初)余额合计

借贷记账法下,资产类账户的期末余额在借方,负债及所有者权益类账户的期末余额在贷方,而本期余额转入下一会计期间,就是期初余额,根据财务状况等式,可知存在上述的余额试算平衡。

(四)试算平衡表的编制

试算平衡是通过编制试算平衡表进行的。试算平衡表通常是在期末结出各账户的本期发生额合计和期末余额后编制的,试算平衡表中一般应设置“期初余额”“本期发生额”和“期末余额”三大栏目,其下分设“借方”和“贷方”两个小栏。各大栏中的借方合计与贷方合计应该平衡相等,否则,便存在记账错误。为了简化表格,试算平衡表也可只根据各个账户的本期发生额编制,不填列各账户的期初余额和期末余额。

在编制试算平衡表时,应注意以下几点:

(1)必须保证所有账户的余额均已记入试算平衡表。因为会计等式是对六项会计要素整体而言的,缺少任何一个账户的余额,都会造成期初或期末借方余额合计与贷方余额合计不相等。

(2)如果试算平衡表借贷不相等,肯定账户记录有错误,应认真查找,直到实现平衡为止。

(3)即使实现试算平衡,并不能说明账户记录绝对正确,因为有些错误并不会影响借贷双方的平衡关系,例如:

①漏记某项经济业务,本期借贷双方发生额等额减少,借贷仍然平衡。

②重复记录某项经济业务,将使本期借贷双方的发生额发生等额增加,借贷仍然平衡。

③某项经济业务记错有关账户,借贷仍然平衡。

④某项经济业务在账户记录中，颠倒了记账方向，借贷仍然平衡。

⑤借方或贷方发生额中，偶然发生多记或少记并相互抵消，借贷仍然平衡。

【例 4-6】丰庭公司相关账户的期初余额如表 4-5 所示：

表 4-5 期初余额表

会计科目	借方余额	会计科目	贷方余额
库存现金	1 500	短期借款	39 200
银行存款	17 035	应付账款	23 600
应收账款	38 160	应交税费	2 935
预付账款	7 960	实收资本	160 000
原材料	24 300		
固定资产	136 780		
合计	225 735	合计	225 735

本月该公司发生以下经济业务：

(1)收到其他公司投资 200 000 元，存入银行。

(2)购入机器设备一台，价值 95 000 元，以银行存款支付。

(3)购买原材料 20 000 元，材料已验收入库，货款尚未支付。

(4)收到客户欠款 10 000 元，已存入银行。

(5)以银行存款支付税金 1 880 元。

(6)支付欠款 13 500 元，其中 500 元以现金支付，其余以银行存款支付。

(7)以银行存款归还短期借款 10 000 元。

发生各业务的会计分录如下：

(1)借：银行存款　　200 000
　　贷：实收资本　　200 000

(2)借：固定资产　　95 000
　　贷：银行存款　　95 000

(3)借：原材料　　20 000
　　贷：应付账款　　20 000

(4)借：银行存款　　10 000
　　贷：应收账款　　10 000

(5)借：应交税费　　1 880
　　贷：银行存款　　1 880

(6)借：应付账款　　13 500
　　贷：库存现金　　500
　　　　银行存款　　13 000

(7)借：短期借款　　10 000
　　贷：银行存款　　10 000

根据以上分录，填写试算平衡表，如表 4-6 所示：

表 4-6　试算平衡表

单位：元

账户名称	期初余额		本期发生额		期末余额	
	借	贷	借	贷	借	贷
库存现金	1 500			500	1 000	
银行存款	17 035		90 120		107 155	
应收账款	38 160			10 000	28 160	
预付账款	7 960				7 960	
原材料	24 300		20 000		44 300	
固定资产	136 780		95 000		231 780	
短期借款		39 200	10 000			29 200
应付账款		23 600		6 500		30 100
应交税费		2 935	1 880			1 055
实收资本		160 000		200 000		360 000
合计	225 735	225 735	217 000	217 000	420 355	420 355

练习题

一、单项选择题

1.复式记账法是对每一笔经济业务事项都要在（　　）相互联系的账户中进行登记，系统地反映资金运动变化结果的一种记账方法。

A.一个　　B.两个

C.三个　　D.两个或两个以上

2.借贷记账法的理论依据是（　　）。

A.有借必有贷　　B.借贷平衡

C.资产＝负债＋所有者权益　　D.复试记账法

3.借贷记账法下记账符号“贷”表示（　　）。

A.资产增加，负债增加　　B.费用增加，负债增加

C.资产减少，权益增加　　D.收入增加，负债减少

4.资产类账户的借方一般登记（　　）。

A.本期减少发生额　　B.本期增加或减少发生额

C.本期增加发生额　　D.以上都不对

5.费用类账户的期末余额一般（　　）。

A.在借方　　B.在贷方

C.可以在借方,也可以在贷方　　D.为零

6.应收账款账户期初借方余额45 300元,本期贷方发生额为26 700元,本期借方发生额为17 900元,该账户期末余额为(　　)元。

A.贷方余额36 500　　B.借方余额36 500

C.借方余额54 100　　D.贷方余额54 100

7.采用借贷记账法,哪方记增加,哪方记减少,是根据(　　)决定的。

A.借方记增加,贷方记减少　　B.借方记减少,贷方记增加

C.每个账户的性质　　D.企业习惯

8.账户期末余额试算平衡公式正确的为(　　)。

A.全部账户的期末借方余额合计=全部账户的期初借方余额合计+全部账户的期末贷方余额合计

B.全部账户的期末借方余额合计=全部账户的期初借方余额合计-全部账户的期初贷方余额合计

C.全部账户的期末借方余额合计=全部账户的期初借方余额合计+全部账户的期末贷方余额合计

D.全部账户的期末借方余额合计=全部账户的期末贷方余额合计

9.试算平衡能够发现的错误是(　　)。

A.某项经济业务重复入账　　B.某项经济业务未入账

C.应借应贷账户中金额不相等　　D.应借应贷账户中借贷方向颠倒

10.会计分录的基本要素不包括(　　)。

A.记账的时间　　B.记账符号　　C.记账金额　　D.账户名称

二、多项选择题

1.关于复式记账法,下列观点中正确的有(　　)。

A.不能全面系统地反映各会计要素的增减变动情况以及经济业务的来龙去脉

B.对于发生的每一项经济业务,都要在两个账户中登记

C.对于每一项经济业务发生后,都是以相等的金额在有关账户中登记

D.可以对账户记录的结果进行试算平衡,以便检查账户记录的正确性

2.借贷记账法中,"借"表示(　　)。

A.负债减少　　B.资产增加　　C.所有者权益增加　　D.费用减少

E.收入减少

3.下列错误不能通过试算平衡发现的有(　　)。

A.重复记录某项经济业务　　B.漏记某项经济业务

C.借贷方向颠倒　　D.某项经济业务借贷金额不等

4.贷方登记本期增加发生额的账户有(　　)。

A.负债类账户　　B.收入类账户　　C.资产类账户　　D.费用类账户

5.关于会计分录的下列说法中正确的是(　　)。

A.会计分录主要包括三个要素:会计科目、记账符号以及金额

B.简单会计分录是指一借一贷的会计分录

C.复合会计分录是指一借多贷、多借一贷,多借多贷的会计分录

D.可以把反映不同类型经济业务的不相关的简单分录合并成多借多贷的会计分录

6.用借贷法编制会计分录时,可以编制(　　)。

A.一借一贷的分录　　B.一借多贷的分录

C.多借一贷的分录　　D.多借多贷的分录

7.复式记账法可以分为(　　)。

A.借贷记账法　　B.增减记账法　　C.收付记账法　　D.分类记账法

8.用公式表示试算平衡关系,正确的有(　　)。

A.全部账户本期借方发生额合计＝全部账户本期贷方发生额合计

B.资产类账户借方发生额合计＝资产类账户贷方发生额合计

C.全部账户本期借方余额合计＝全部账户本期贷方余额合计

D.全部账户借方期初额合计＝全部账户贷方期初额合计

9.不会影响借贷双方平衡关系的记账错误有(　　)。

A.从开户银行提取现金 500 元,记账时重复记录一次

B.收到现金 100 元,但未登记入账

C.收到某公司偿还欠款的支票 500 元,会计分录的借方科目错记为库存现金

D.到开户银行存入现金 1 00 元,编制记账凭证时误记为借记现金,贷记银行存款

10.企业月末编制的试算平衡表借方余额合计为 15 000 元,贷方余额合计为 18 000 元,经检查,漏记了一个账户的余额。漏记的账户(　　)。

A.为借方余额　　B.为贷方余额　　C.余额为 1 500 元　　D.余额为 3 000 元

三、判断题

1.收入类和费用类这两类账户期末一般无余额。(　　)

2.采用借贷记账法,“借”“贷”两字作为记账符号已失去原来字面上的意义,因此,对于资产和权益这两类不同性质的账户,“借”表示增加,“贷”表示减少。(　　)

3.采用借贷记账法,只要借、贷余额相等,账户记录就不会有错误。(　　)

4.账户记录试算平衡,则说明记账一定正确。(　　)

5.会计分录是指某项经济业务事项表明其应借、应贷账户及金额的记录,简称分录。(　　)

6.编制试算平衡表时,也应包括只有期初余额而没有本期发生额的账户。(　　)

7.借贷记账法既是世界通用的记账方法,也是目前我国法定的记账方法。(　　)

8.应收账款的期末余额等于期初余额加上本期借方发生额减去本期贷方发生额。(　　)

9.记账时,将借贷方向记错,不会影响借贷双方非平衡关系。(　　)

10.在实际工作中,是通过编制记账凭证来确定会计分录的。(　　)

四、简答题

1.什么是复式记账法?

2.简述会计分录的含义。

3.企业经济业务发生后,采用借贷记账法进行核算时,根据什么决定借贷?

4.采用借贷记账法进行核算时,怎样进行试算平衡?

五、业务分析题

丰庭公司 2014 年 6 月共发生以下经济业务,用借贷记账法写出下列发生经济业务的会计分录:

(1)向某公司购入材料 200 000 元,已验收入库,货款未付。

(2)办公室主人张某因出差预借现金 8 000 元。

(3)收到某股东追加投入资本 500 000 元存入银行。

(4)以银行存款发放工资 800 000 元。

(5)已到期的应付票据 50 000 元因无力支付转为应付账款。

(6)本月计提固定资产折旧 5 000 元(其中生产车间用固定资产计提折旧 4 000 元,行政管理部门用固定资产计提折旧 1 000 元);生产车间购买办公用品 5 000 元,用银行存款付讫。

第五章　借贷记账法下主要经济业务的账务处理

1.掌握企业资金的循环与周转过程；
2.掌握核算企业主要经济业务的会计科目；
3.掌握企业主要经济业务的账务处理；
4.掌握企业净利润的计算；
5.掌握企业净利润的分配。

第一节　企业的主要经济业务

不同企业的经济业务各有特点，其生产经营业务流程也不尽相同。本章主要介绍企业的资金筹集、固定资产购置及折旧、材料采购、产品生产、商品销售和利润分配等经济业务。

企业为了能够进行正常的生产经营活动，需要拥有一定的生产经营资金。根据资金来源的不同，可将企业的资金分为权益资金和负债资金。权益资金是由企业所有者投入的资金，负债资金是由供应商、银行等债权人提供的资金。资金来源不同，其账务处理也不相同。

企业尤其是制造企业，在生产过程中需要购置用于生产产品的机器设备、建造厂房，同时还需要购买原材料、聘请生产工人等。为制造产品而损耗的固定资产价值构成产品成本的一部分，为行政管理和组织生产活动而耗费的固定资产则形成期间费用。对材料成本和劳动力的消耗构成产品成本的主要内容。

销售产品是企业实现产品价值和获取收入的过程。产品销售和款项收回是销售环节的重要经济业务。为了推销企业的产品，还可能发生广告费、运输费、包装费等销售费用。

利润是衡量一个企业在一定时期内经营成果的重要指标，它是一定期间各项收入和各项成本费用配比后的最终结果。企业实现利润后，还需按法定或公司章程约定等进行分配。

针对企业生产经营过程中发生的上述经济业务，账务处理的主要内容有：(1)资金筹集业务的账务处理；(2)固定资产购置及折旧业务的账务处理；(3)材料采购业务的账务处理；(4)生产业务的账务处理；(5)销售业务的账务处理；(6)期间费用的账务处理；(7)利润形成与分配业务的账务处理。

第二节　资金筹集业务的账务处理

企业的资金筹集业务按其资金来源通常分为所有者权益筹资和负债筹资。所有者权益筹资形成所有者的权益(通常称为权益资本),包括投资者的投资及其增值,这部分资本的所有者既享有企业的经营收益,也承担企业的经营风险;负债筹资形成债权人的权益(通常称为债务资本),主要包括企业向债权人借入的资金和结算形成的负债资金等,这部分资本的所有者享有按约收回本金和利息的权利。

一、所有者权益筹资业务

(一)所有者投入资本的构成

所有者投入资本按照投资主体的不同可以分为国家资本金、法人资本金、个人资本金和外商资本金等。

所有者投入的资本主要包括实收资本(或股本)和资本公积。实收资本(或股本)是指企业的投资者按照企业章程、合同或协议的约定,实际投入企业的资本金以及按照有关规定由资本公积、盈余公积等转增资本的资金。根据《企业法人登记管理条例》的有关规定,申请开办企业,必须具备与其生产经营和服务规模相适应的资金。投资者既可以用货币出资,也可以用实物、知识产权、土地使用权等非货币资产作价出资。

资本公积是企业收到投资者投入的超出其在企业注册资本(或股本)中所占份额的投资(资本溢价或股本溢价),以及直接计入所有者权益的利得和损失等。资本公积作为企业所有者权益的重要组成部分,主要用于转增资本。

(二)账户设置

企业通常设置以下账户对所有者权益筹资业务进行核算:

1."实收资本(或股本)"账户

"实收资本"账户(股份有限公司一般设置"股本"账户)属于所有者权益类账户,用以核算企业接受投资者投入的实收资本。实收资本的构成比例是投资者参与企业经营决策的基础,同时也是企业进行利润分配或企业清算时确定净资产要求权的依据。

该账户贷方登记所有者投入企业资本金的增加额,借方登记所有者投入企业资本金的减少额。期末余额在贷方,反映企业期末实收资本(或股本)总额。该账户可按投资者的不同设置明细账户,进行明细核算。

企业收到所有者投入的资本后,应按照不同的出资方式进行会计处理。

表 5-1

借　　　　实收资本	贷
	期初余额
实收资本的减少额	实收资本的增加额
	期末余额:期末实收资本总额

2."资本公积"账户

"资本公积"账户属于所有者权益类账户,用以核算企业收到投资者出资额超出其在注册资本或股本中所占份额的部分,以及直接计入所有者权益的利得和损失等。企业在增资扩股时,为了维护原有投资者的利益,新投资者的出资额并不一定全部作为实收资本处理,新投资者通常要付出大于原投资者的出资额才能获得相同的投资比例,其多出的部分即属于资本公积。另外还有部分直接计入所有者权益的利得和损失通过"资本公积"账户进行核算。

该账户借方登记资本公积的减少额,贷方登记资本公积的增加额。期末余额在贷方,反映企业期末资本公积的结余数额。

该账户可按资本公积的来源不同,分别设置"资本溢价(或股本溢价)""其他资本公积"进行明细核算。

表 5-2

借　　资本	公积　　贷
	期初余额
资本公积的减少额	资本公积的增加额
	期末余额:期末资本公积的结余

3."银行存款"账户

在我国,为了便于银行的监督管理,保证企业资金安全,企业与外部单位日常发生的资金结算业务大多通过银行进行办理。企业收到或支出的款项,除法律法规规定以外,都必须通过银行进行结算。

"银行存款"账户属于资产类账户,用以核算企业存入银行或其他金融机构的各种款项,但是银行汇票存款、银行本票存款、信用卡存款、信用证保证金存款、存出投资款、外埠存款等,通过"其他货币资金"账户核算。

该账户借方登记存入的款项,贷方登记提取或支出的存款。期末余额在借方,反映期末企业存在银行或其他金融机构的各种款项结余数款。

该账户应当按照开户银行、存款种类等分别进行明细核算。

表 5-3

借　　银行	存款　　贷
期初余额	
存入的款项	提取或支出的存款
期末余额:期末企业存在银行或企业金融机构的各种款项结余	

(三)账务处理

企业接受投资者投入的资本,借记“银行存款”“固定资产”“无形资产”“长期股权投资”等科目,按其在注册资本或股本中所占份额,贷记“实收资本(或股本)”科目,按其差额,贷记“资本公积——资本溢价(或股本溢价)”科目。

【例 5-1】福厦公司收到公司股东李周的出资款 1 000 000 元,存入银行。

这项经济业务一方面使福厦公司的银行存款增加,应在“银行存款”的借方记入增加额;另一方面,福厦公司收到公司股东的投资款,应记入“实收资本”的贷方。会计分录如下:

借:银行存款　　1 000 000
　贷:实收资本——李周　　1 000 000

【例 5-2】福厦公司接受公司股东张扬投入的设备一台,价值 1 500 000 元,设备投入使用。

这项经济业务中,接受股东投入的设备使福厦公司的固定资产增加,应记入“固定资产”借方;同时,股东投入的设备使所有者权益增加,应记入“实收资本”的贷方。该业务的会计分录如下:

借:固定资产　　1 500 000
　贷:实收资本——张扬　　1 500 000

【例 5-3】钱郑集团以土地使用权对福厦公司进行投资,经各方协商,确认该土地使用权价值为 2 500 000 元。

该项经济业务中,钱郑集团投入的土地使用权使福厦公司的无形资产增加,应记入“无形资产”借方;同时,福厦公司的投资额增加应记入“实收资本”的贷方。该业务的会计分录如下:

借:无形资产　　2 500 000
　贷:实收资本——钱郑集团　　2 500 000

【例 5-4】福漳公司由李敏浩和李一峰两位股东于 2014 年分别出资 5 000 000 元设立,设立时实收资本为 10 000 000 元。2015 年,联华公司有意投资福漳公司,并表示愿意投资福漳公司 8 000 000 元,且仅占福漳公司股份的 1/3。

该项经济业务中,福漳公司的银行存款增加,应在“银行存款”的借方记入增加额;同时,福漳公司收到联华公司约定出资比例的投资款,应记入“实收资本”的贷方,联华公司的投资额超过注册资本中约定比例的部分应记入“资本公积”账户。该项经济业务的会计分录如下:

借:银行存款　　8 000 000
　贷:实收资本——联华公司　　5 000 000
　　资本公积——资本溢价　　3 000 000

案例 5-1 **抽逃出资遭处罚**

2008 年 8 月,66 岁的杨某被杭州市江干区人民法院以抽逃出资罪判处有期徒刑 2 年 6 个月,缓刑 3 年。

2008 年 7 月,杭州江干区工商行政管理局在检查中发现,两家成立于 2008 年 3 月份的公司——杭州某信息工程有限公司和杭州某电梯设备销售有限公司,多达 1 500万元的注册资金不知去向。

执法人员认为,短短三四个月时间,就将大部分资金抽出,这两家公司不仅可能是虚假注册,还有可能涉嫌犯罪,于是,将案件移交江干公安分局经侦大队。经查证,2008 年 3 月,杨某分别向余杭某纸业有限公司借款 1 000 万元。3 月 12 日,杨某通过自己的公司账户以及自己和妻子的个人股票账户,将这笔钱转入杭州某信息工程有限公司进行虚假验资、注册。随后,又将其中的 500 万元资金转账到杭州某电梯设备销售有限公司再一次进行虚假验资、注册。等到验资完成后,他已先后抽逃 1 500 万元的注册资金。

抽逃出资的相关法律规定

《刑法》第一百五十九条:公司发起人、股东违反《公司法》的规定,未交付货币、实物或者未转移财产权,虚假出资,或者在公司成立后又抽逃其出资,数额巨大、后果严重或者有其他严重情节的,处五年以下有期徒刑或者拘役,并处或者单处虚假出资金额或者抽逃出资金额 2%以上 10%以下罚金。

单位犯前款罪的,对单位判处罚金,并对其直接负责的主管人员和其他直接责任人员,处 5 年以下有期徒刑或者拘役。

《公司法》第二百条:公司的发起人、股东虚假出资,未交付或者未按期交付作为出资的货币或者非货币财产的,由公司登记机关责令改正,处以虚假出资金额 5%以上 15%以下的罚款。

二、负债筹资业务

(一)负债筹资的构成

负债筹资主要包括短期借款、长期借款以及结算形成的负债等。

短期借款是指企业为了满足其生产经营对资金的临时性需要而向银行或其他金融机构等外单位借入的偿还期限在一年以内(含一年)的各种借款。短期借款通常用来维持企业正常的生产经营活动或用以偿还企业其他债务。在会计处理上,要反映出资金的借入、利息的发生和偿还本金及利息的情况。

长期借款是指企业向银行或其他金融机构等借入的偿还期限在一年以上(不含一年)的各种借款。长期借款主要用于固定资产的购建、改扩建工程、对外投资等。长期借款具有债务金额大、偿还期限长、还本付息方式多样化等特点。

结算形成的负债主要有应付账款、应付职工薪酬、应交税费等。

(二)账户设置

企业通常设置以下账户对负债筹资业务进行会计核算：

1."短期借款"账户

"短期借款"账户属于负债类账户，用以核算企业的短期借款。短期借款的利息属于财务费用，计入当期损益。对短期借款利息的处理主要有两种方法：一是按月预提，计入费用，通常在短期借款利息按季度或半年度结算，且金额较大时采用；二是实际支付或接到银行计息通知时，直接计入当期损益，通常在按月支付利息或者金额较小时采用。

该账户贷方登记短期借款本金的增加额，借方登记短期借款本金的减少额。期末余额在贷方，反映企业期末尚未归还的短期借款。

该账户可按借款种类、贷款人和币种进行明细核算。

表 5-4

借　　　　　短期借款	贷
	期初余额
偿还(减少)的短期借款	增加的短期借款
	期末余额：期末尚未归还的短期借款

2."长期借款"账户

"长期借款"账户属于负债类账户，用以核算企业的长期借款。长期借款的利息，应区别资本化或费用化，计入在建工程成本或者直接计入当期损益。符合利息资本化条件的借款费用，还应当区分专门借款和一般借款之后分别计算确定。

该账户贷方登记企业借入的长期借款本金，借方登记归还的本金和利息。期末余额在贷方，反映企业期末尚未偿还的长期借款。

该账户可按贷款单位和贷款种类，分别设置"本金""利息调整"等二级科目进行明细核算。

表 5-5

借　　　　　长期借款	贷
	期初余额
偿还(减少)的长期借款本金和利息	企业借入的长期借款本金
	期末余额：期末尚未偿还的长期借款

3."应付利息"账户

"应付利息"账户属于负债类账户，用以核算企业按照合同约定应支付的利息，包括吸收存款、分期付息到期还本的长期借款、企业债券等应支付的利息。

该账户贷方登记企业按合同利率计算确定的应付未付利息，借方登记归还的利息。期末余额在贷方，反映企业期末应付未付的利息。

该账户可按存款人或债权人进行明细核算。

表 5-6

借　　　　应付利息	贷
	期初余额
企业偿还的利息	计算确定的应付未付利息
	期末余额：期末应付未付的利息

4.“财务费用”账户

“财务费用”账户属于损益类账户，用以核算企业为筹集生产经营所需资金而发生的筹资费用，包括利息支出(减利息收入)、汇兑损益、相关的手续费以及企业发生的现金折扣或收到的现金折扣等。为购建或生产满足资本化条件的资产而发生的应予资本化的借款费用，通过“在建工程”“制造费用”等账户核算。

该账户借方登记手续费、利息费用等的增加额，贷方登记应冲减财务费用的利息收入等。期末结转后，该账户无余额。

该账户可按费用项目进行明细核算。

表 5-7

借　　　　财务费用	贷
企业手续费、利息费用等的增加额	应冲减财务费用的利息收入等 期末转入“本年利润”账户的财务费用

(三)账务处理

1.短期借款的账务处理

企业借入各种短期借款时，借记“银行存款”科目，贷记“短期借款”科目；归还借款时做相反的会计分录。资产负债表日，应按计算确定的短期借款利息费用，借记“财务费用”科目，贷记“银行存款”“应付利息”等科目。

【例 5-5】福厦公司于 2014 年 7 月 1 日向银行借入短期借款 60 000 元，期限为 6 个月，年利率为 5%，到期一次还本付息。款项已存入银行。

(1)借入款项时的会计处理

借入款项时，福厦公司的银行存款增加，应记入“银行存款”借方；相应地，福厦公司的短期借款也增加，应记入“短期借款”的贷方。作会计分录如下：

借：银行存款	60 000	
贷：短期借款		60 000

(2)预提利息费用时的会计处理

7 月末(其余各月相同)，预提当月的利息费用 250 元(60 000×5%÷12)。该项业务使福厦公司的财务费用增加，应记入“财务费用”借方；同时，福厦公司应付的利息增加，记入“应付利息”贷方。作会计分录如下：

借:财务费用　　250

　贷:应付利息　　250

(3)偿还借款时的会计处理

借款到期归还本金时,福厦公司的银行存款减少,记入"银行存款"贷方;企业的短期借款也同时减少,记入"短期借款"借方。在本例中,福厦公司偿还本金的同时还一并支付借款利息,因此,企业的应付利息减少,记入"应付利息"借方。作会计分录如下:

借:短期借款　　60 000

　应付利息　　1 500

　贷:银行存款　　61 500

2.长期借款的账务处理

企业借入长期借款,应按实际收到的金额借记"银行存款"科目,按借款本金贷记"长期借款——本金"科目,如存在差额,还应借记"长期借款——利息调整"科目。

资产负债表日,应按确定的长期借款的利息费用,借记"在建工程""制造费用""财务费用""研发支出"等科目;按确定的应付未付利息,贷记"应付利息"科目;按其差额,贷记"长期借款——利息调整"等科目。

企业会计准则关于借款费用处理的有关规定

《企业会计准则第17号——借款费用》规定:企业发生的借款费用,可直接归属于符合资本化条件的资产的购建或者生产的,应当予以资本化,计入相关资产成本;其他借款费用,应当在发生时根据其发生额确认为费用,计入当期损益。符合资本化条件的资产,是指需要经过相当长时间的购建或者生产活动才能达到预定可使用或者可销售状态的固定资产、投资性房地产和存货等资产。

【例5-6】福厦公司于2014年1月1日向银行借入长期借款10 000 000元用于修建厂房,期限为2年,年利率为6%,每年末支付借款利息,到期一次归还本金。款项已存入银行。

(1)借入款项时的会计处理

借入款项时,福厦公司的银行存款增加,应记入"银行存款"借方;相应地,福厦公司的长期借款也增加,应记入"长期借款——本金"的贷方。作会计分录如下:

借:银行存款　　10 000 000

　贷:长期借款——本金　　10 000 000

(2)支付利息费用时的会计处理

2014年12月31日(2015年利息费用的处理相同)计算该笔长期借款的利息=10 000 000×6%=600 000元。该利息费用是为修建厂房而发生,应记入"在建工程"借方;计算的利息记入"应付利息"贷方。实际支付时,应付利息减少,记入"应付利息"借方;相应地,银行存款减少,记入"银行存款"贷方。

①计提利息费用时的会计分录

借:在建工程　　600 000

　贷:应付利息　　600 000

②实际支付利息费用时的会计分录

借:应付利息　600 000

　贷:银行存款　600 000

(3)偿还本金时的会计处理

福厦公司2015年12月31日偿还该笔长期借款本金时的会计分录为:

借:长期借款——本金　10 000 000

　贷:银行存款　10 000 000

第三节　固定资产业务的账务处理

一、固定资产的概念与特征

固定资产是指为生产商品、提供劳务、出租或者经营管理而持有、使用寿命超过一个会计年度的有形资产。

固定资产同时具有以下特征:(1)属于一种有形资产,具有实物形态;(2)为生产商品、提供劳务、出租或者经营管理而持有;(3)使用寿命超过一个会计年度。

二、固定资产的成本

固定资产的(实际)成本是指企业购建某项固定资产达到预定可使用状态前所发生的一切合理、必要的支出。

企业可以通过外购、自行建造、投资者投入、非货币性资产交换、债务重组、企业合并和融资租赁等方式取得固定资产。其取得的方式不同,固定资产成本的具体构成内容及其确定方法也不尽相同。

外购固定资产的成本,包括购买价款、相关税费[2009年1月1日增值税转型改革后,企业购建(包括购进、接受捐赠、实物投资、自制、改扩建和安装)生产用固定资产发生的增值税进项税额可以从销项税额中抵扣],以及使固定资产达到预定可使用状态前所发生的可归属于该项资产的运输费、装卸费、安装费和专业人员服务费等。

自行建造的固定资产成本,一般通过“在建工程”科目对自建的固定资产的成本进行归集和结转。

投资者投入的固定资产成本,应当按照合同或协议约定的价格进行确定。

融资租赁的固定资产成本,应按租赁开始日租赁资产的公允价值与最低租赁付款额现值两者中较低者计算确定。最低租赁付款额是指,租赁期内承租人应支付或可能被要求支付的款项(不包括或有租金或履约成本),加上由承租人或与其有关的第三方担保的资产余值。

三、固定资产的折旧

固定资产折旧是指在固定资产使用寿命内,按照确定的方法对应计折旧额进行的系统分摊。其中，应计折旧额是指应当计提折旧的固定资产的原价扣除其预计净残值后的金额。已计提减值准备的固定资产，还应当扣除已计提的固定资产减值准备累计金额。

预计净残值是指假定固定资产的预计使用寿命已满并处于使用寿命终了时的预期状态，企业目前从该项资产的处置中获得的扣除预计处置费用后的金额。预计净残值率是指固定资产预计净残值额占其原价的比率。企业应当根据固定资产的性质和使用情况，合理确定固定资产的预计净残值。预计净残值一经确定，不得随意变更。

企业应当按月对所有的固定资产计提折旧，但是，已提足折旧仍继续使用的固定资产、单独计价入账的土地和持有待售的固定资产除外。提足折旧是指已经提足该项固定资产的应计折旧额。当月增加的固定资产，当月不计提折旧，从下月起计提折旧；当月减少的固定资产，当月仍计提折旧，从下月起不计提折旧。提前报废的固定资产，不再补提折旧。一般来说，需要计提折旧的固定资产包括：房屋和建筑物；机器设备、仪器仪表、运输工具、工具器具；季节性停用、大修理停用的固定资产；融资租入和以经营租赁方式租出的固定资产。

企业可选用的折旧方法有年限平均法、工作量法、双倍余额递减法和年数总和法等。本书重点介绍年限平均法和工作量法。

年限平均法，又称直线法，是将固定资产的应计折旧额均匀地分摊到固定资产预计使用寿命内的一种方法。各月应计提折旧额的计算公式如下：

$$\text{月折旧额}=(\text{固定资产原价}-\text{预计净残值})\times\text{月折旧率}$$

其中：

$$\text{月折旧率}=\frac{\text{年折旧率}}{12}$$

$$\text{年折旧率}=\frac{1}{\text{预计使用寿命(年)}}\times 100\%$$

工作量法，是根据实际工作量计算每期应计提折旧额的一种方法。计算公式如下：

$$\text{某项固定资产月折旧额}=\text{该项固定资产当月工作量}\times\text{单位工作量折旧额}$$

其中：

$$\text{单位工作量折旧额}=\frac{\text{固定资产原价}\times(1-\text{预计净残值率})}{\text{预计总工作量}}$$

不同的固定资产折旧方法，将影响固定资产使用寿命期间内不同时期的折旧费用。企业应当根据与固定资产有关的经济利益的预期实现方式合理选择折旧方法，固定资产的折旧方法一经确定，不得随意变更。

固定资产在其使用过程中，因所处经济环境、技术环境以及其他环境均有可能发生很大变化，企业至少应当于每年年度终了，对固定资产的使用寿命、预计净残值和折旧方法进行复核。固定资产使用寿命、预计净残值和折旧方法的改变，应当作为会计估计变更。

固定资产的折旧年限

除国务院财政、税务主管部门另有规定外，固定资产计算折旧的最低年限如下：房屋、建筑物为20年；飞机、火车、轮船、机器、机械和其他生产设备为10年；与生产经营活动有关的器具、工具、家具等为5年；飞机、火车、轮船以外的运输工具为4年；电子设备为3年。

四、账户设置

企业通常设置以下账户对固定资产业务进行会计核算：

1.“在建工程”账户

“在建工程”账户属于资产类账户，用以核算企业基建、更新改造等在建工程发生的支出。该账户也用以核算企业购入的需要安装的固定资产。企业在购入需要安装的固定资产时，将与购入资产相关的购买价款、运输费、装卸费等借记“在建工程”科目，贷记“银行存款”等科目；支付安装费用时，借记“在建工程”，贷记“银行存款”“应付职工薪酬”“原材料”等科目。固定资产安装完毕达到预定可使用状态时，按其成本，借记“固定资产”，贷记“在建工程”。

该账户借方登记企业各项在建工程的实际支出，贷方登记工程达到预定可使用状态时转出的成本等。期末余额在借方，反映企业期末尚未达到预定可使用状态的在建工程的成本。

该账户可按“建筑工程”“安装工程”“在安装设备”“待摊支出”以及“单项工程”等进行明细核算。

表 5-8

借　　　　在建工程	贷
期初余额	
各项在建工程的实际支出	工程达到预定可使用状态时转出的成本
期末余额：尚未达到预定可使用状态的在建工程的成本	

2.“工程物资”账户

“工程物资”账户属于资产类账户，用以核算企业为在建工程准备的各种物资的成本，包括工程用材料、尚未安装的设备以及为生产准备的工器具等。对于企业以自营方式建造的固定资产，一般通过“工程物资”账户进行核算，以区别企业日常核算中的存货。

该账户借方登记企业购入工程物资的成本，贷方登记领用工程物资的成本。期末余额在借方，反映企业期末为在建工程准备的各种物资的成本。

该账户可按“专用材料”“专用设备”“工器具”等进行明细核算。

表 5-9

借 工程物资	贷
期初余额	
企业购入的工程物资的成本	企业领用的工程物资的成本
期末余额:在建工程的各种物资的成本	

3."固定资产"账户

"固定资产"账户属于资产类账户,用以核算企业持有的固定资产原价(原始价值)。固定资产的原价一般按照实际成本原则确定。所谓实际成本,是指使固定资产达到预定可使用状态所发生的一切支出,如固定资产的买价、关税、运输费、保险费等,以及为使其达到预定可使用状态的其他支出。

该账户的借方登记固定资产原价的增加,贷方登记固定资产原价的减少。期末余额在借方,反映企业期末固定资产的原价。

该账户可按固定资产类别和项目进行明细核算。

表 5-10

借 固定资产	贷
期初余额	
增加的固定资产的原价	减少的固定资产的原价
期末余额:期末固定资产的原价	

4."累计折旧"账户

"累计折旧"账户属于资产类备抵账户,用以核算企业固定资产计提的累计折旧。累计折旧应当遵循配比的原则,根据固定资产的用途,分别计入成本、费用进行处理。

该账户贷方登记按月提取的折旧额,即累计折旧的增加额,借方登记因减少固定资产而转出的累计折旧。期末余额在贷方,反映期末固定资产的累计折旧额。

该账户可按固定资产的类别或项目进行明细核算。

表 5-11

借 累计折旧	贷
	期初余额
固定资产减少而转出的累计折旧	累计折旧的增加额
	期末余额:期末固定资产的累计折旧额

五、账务处理

（一）固定资产的购入

企业购入不需要安装的固定资产，按应计入固定资产成本的金额，借记“固定资产”“应交税费——应交增值税（进项税额）”科目，贷记“银行存款”等科目。

【例 5-7】福厦公司购入一台不需要安装的机器设备，发票价格为 200 000 元，增值税为 34 000 元，运杂费 4 000 元，包装费 2 000 元。全部款项用银行存款支付。

该项经济业务使福厦公司的固定资产增加，记入“固定资产”借方，应交税费增加，记入“应交税费——应交增值税（进项税额）”借方；同时，银行存款减少，记入“银行存款”贷方。该项业务会计处理如下：

借：固定资产　　206 000

　应交税费——应交增值税（进项税额）　　34 000

　贷：银行存款　　240 000

（二）固定资产的折旧

企业按月计提的固定资产折旧，根据固定资产的用途计入相关资产的成本或者当期损益，借记“制造费用”“销售费用”“管理费用”“研发支出”“其他业务成本”等科目，贷记“累计折旧”科目。

【例 5-8】福厦公司有一台机器设备，原价 42 000 元，预计使用年限为 5 年，该设备报废时的净残值率为 5%。福厦公司采用年限平均法对该设备计提折旧。

(1)计算固定资产的月折旧额

首先，根据公式计算确定该机器设备的年折旧率：

固定资产年折旧率＝(1－预计净残值率)/预计的折旧年限×100%

福厦公司该项经济业务固定资产年折旧率＝(1－5%)/5×100%＝19%

其次，计算确定该机器设备的年折旧额：

固定资产年折旧额＝42 000×19%＝7 980(元)

或者采用以下方法计算固定资产年折旧额：

固定资产年折旧额＝(固定资产原值－固定资产原值×预计净残值率)/预计的折旧年限

福厦公司该项固定资产年折旧额＝(42 000－42 000×5%)/5＝7 980(元)

最后，计算确定该固定资产的月折旧额：

固定资产月折旧额＝固定资产年折旧额/12

福厦公司该项固定资产月折旧额＝7 980/12＝665(元)

(2)每月计提固定资产折旧的会计处理

该项业务使福厦公司每月的制造费用增加，记入“制造费用”借方；同时，累计折旧增加，记入“累计折旧”贷方。会计处理如下：

借：制造费用　　665

　贷：累计折旧　　665

【例 5-9】福厦公司有一台机器设备，原价 360 000 元，该机器预计总工时数为 10 000 小时，预计净残值率为 5%，本月工时为 300 小时。该设备采用工作量法计提折旧。

(1)计算该设备本月应摊销的折旧额

该固定资产单位折旧额＝(360 000－360 000×5%)/10 000＝34.2(元/小时)

当月应摊销的固定资产折旧额＝34.2×300＝10 260(元)

(2)每月计提固定资产折旧的会计处理

该项业务使福厦公司每月的制造费用增加，记入“制造费用”借方；同时，累计折旧增加，记入“累计折旧”贷方。会计分录如下：

借：制造费用　　10 260

　贷：累计折旧　　10 260

第四节　材料采购业务的账务处理

一、材料的采购成本

在材料采购的过程中，一方面，企业购进各种原材料，企业需要计算这种原材料的采购成本；另一方面，企业要按照与供应商签订的契约，支付买价和各种采购费用。

材料的采购成本是指企业物资从采购到入库前所发生的全部支出，包括购买价款、相关税费、运输费、装卸费、保险费、仓储费、运输途中的合理损耗、入库前的整理挑选费用以及其他可归属于采购成本的费用。

在实务中，企业也可以将发生的运输费、装卸费、保险费以及其他可归属于采购成本的费用等先进行归集，期末按照所购材料的存销情况进行分摊。

二、账户设置

企业通常设置以下账户对材料采购业务进行会计核算：

1.“原材料”账户

“原材料”账户属于资产类账户，用以核算企业库存的各种材料，包括原料及主要材料、辅助材料、外购半成品(外购件)、修理用备件(备品备件)、包装材料、燃料等的计划成本或实际成本。企业收到来料加工装配业务的原料、零件等，应当设置备查簿进行登记。

该账户借方登记已验收入库材料的成本，贷方登记发出材料的成本。期末余额在借方，反映企业库存材料的计划成本或实际成本。

该账户可按材料保管地点(仓库)、材料类别、品种和规格等进行明细核算。

表 5-12

借　　　原材料	贷
期初余额	
验收入库的材料成本	领用的原材料成本
期末余额:库存的材料成本	

2."材料采购"账户

"材料采购"账户属于资产类账户,用以核算企业采用计划成本进行材料日常核算而购入材料的采购成本。

该账户借方登记企业采用计划成本进行核算时,采购材料的实际成本以及材料入库时结转的节约差异,贷方登记入库材料的计划成本以及材料入库时结转的超支差异。期末余额在借方,反映企业期末在途材料的采购成本。

该账户可按供应单位和材料品种进行明细核算。

表 5-13

借　　　材料采购	贷
期初余额	
采购材料的实际成本以及材料入库时结转的节约差异	结转入库材料的实际成本以及材料入库时结转的超支差异
期末余额:在途材料的采购成本	

3."材料成本差异"账户

"材料成本差异"账户属于资产类账户,用以核算企业采用计划成本进行日常核算的材料计划成本与实际成本的差额。

该账户借方登记入库材料形成的超支差异以及转出的发出材料应负担的节约差异,贷方登记入库材料形成的节约差异以及转出的发出材料应负担的超支差异。期末余额在借方,反映企业期末库存材料等的实际成本大于计划成本的差异;期末余额在贷方,反映企业期末库存材料等的实际成本小于计划成本的差异。

该账户可以分别设置"原材料""周转材料"等科目,按照类别或品种进行明细核算。

表 5-14

借　　　材料成本差异	贷
期初余额:上期期末库存材料等的实际成本大于计划成本的差异	期初余额:上期期末库存材料等的实际成本小于计划成本的差异
入库材料形成的超支差异以及转出的发出材料应负担的节约差异	入库材料形成的节约差异以及转出的发出材料应负担的超支差异
期末余额:期末库存材料等的实际成本大于计划成本的差异	期末余额:期末库存材料等的实际成本小于计划成本的差异

4."在途物资"账户

"在途物资"账户属于资产类账户,用以核算企业购进尚未到达或尚未验收入库但货款已付的各种材料、商品的实际成本(或进价)。

该账户借方登记购入材料、商品等物资的买价和采购费用(实际采购成本),贷方登记已验收入库的材料、商品等物资应结转的实际采购成本。期末余额在借方,反映企业期末在途材料、商品等物资的采购成本。

该账户可按供应单位和物资品种进行明细核算。

表 5-15

借　　　　在途物资　　　　贷

借方	贷方
期初余额	
购入物资的实际成本	结转验收物资的实际成本
期末余额:在途物资的实际成本	

5."应付账款"账户

"应付账款"账户属于负债类账户,用以核算企业因购买材料、商品和接受劳务等经营活动应支付的款项。应付账款一般在所购买商品所有权发生转移或接受劳务时确认。

该账户贷方登记企业因购入材料、商品和接受劳务等尚未支付的款项,借方登记偿还的应付账款。期末余额一般在贷方,反映企业期末尚未支付的应付账款余额;如果在借方,反映企业期末预付账款余额。

该账户可按债权人进行明细核算。

表 5-16

借　　　　应付账款　　　　贷

借方	贷方
	期初余额
偿还的应付账款	购入材料、商品和接受劳务等尚未支付的款项
期末余额:期末预付账款余额	期末余额:期末尚未支付的应付账款余额

6."应付票据"账户

"应付票据"账户属于负债类账户,用以核算企业购买材料、商品和接受劳务等开出、承兑的商业汇票,包括银行承兑汇票和商业承兑汇票。企业通常应设置"应付票据备查簿",记录企业应付票据的种类、金额、票面利率、签发日期、到期日等,待到票据结清时,再逐笔注销。

该账户贷方登记企业开出、承兑的商业汇票,借方登记企业已经支付或者到期无力支付的商业汇票。期末余额在贷方,反映企业期末尚未到期的商业汇票的票面金额。该账户可按债权人进行明细核算。

表 5-17

借　　　　　　　　应付票据	贷
	期初余额
本期已经支付或者到期无力支付的商业汇票	本期企业开出、承兑的商业汇票
	期末余额：尚未到期的商业汇票的票面金额

如何规范填写票据

1.票据总体上要做到要素齐全、数字正确、字迹清晰、不错漏、不潦草，防止涂改。

2.中文大写金额数字应用正楷或行书填写，如壹、贰、叁、肆、伍、陆、柒、捌、玖、拾、佰、仟、万、亿、元、角、分、零、整(正)等字样。不得用一、二(两)、三、四、五、六、七、八、九、十、百、千、毛、另(或0)填写，不得自造简化字。

3.中文大写金额数字到"元"为止的，在"元"之后，应写"整"(或"正")字，在"角"之后可以不写"整"(或"正")字。大写金额数字有"分"的，"分"后面不写"整"(或"正")字。

4.阿拉伯小写金额数字中有"0"时，中文大写应按照汉语语言规律、金额数字构成和防止涂改的要求进行书写。如￥1 505.50，应写成人民币壹仟伍佰零伍元伍角。

5.为防止变造票据的出票日期，票据的出票日期必须使用中文大写。如1月15日，应写成零壹月壹拾伍日。

7."预付账款"账户

"预付账款"账户属于资产类账户，用以核算企业按照合同规定预付的款项。预付款项情况不多的，也可以不设置该账户，将预付的款项直接记入"应付账款"账户的借方。

该账户的借方登记企业因购货等业务预付的款项，贷方登记企业收到货物后冲销预付款项等。期末余额在借方，反映企业预付的款项。

该账户可按供货单位进行明细核算。

表 5-18

借　　　　　　　　预付账款	贷
期初余额	
企业因购货等业务预付的款项	冲销预付款项
期末余额：企业预付的款项	冲销预付款项

8."应交税费"账户

"应交税费"账户属于负债类账户，用以核算企业按照税法等规定计算应交纳的各种税费，包括增值税、消费税、营业税、所得税、资源税、土地增值税、城市维护建设税、房产税、土地使用税、车船使用税、教育费附加、矿产资源补偿费等，企业代扣代交的个人所得税等，也通过本账户核算。

该账户贷方登记各种应交未交税费的增加额，借方登记实际缴纳的各种税费。期末余额在贷方，反映企业尚未交纳的税费；期末余额在借方，反映企业多交或尚未抵扣的税费。

该账户可按应交的税费项目进行明细核算。

表 5-19

借　　　　应交税费	贷
期初余额：上期期末企业多交或尚未抵扣的税费	期初余额：上期期末企业尚未交纳的税费
企业实际缴纳的各种税费	企业应交未交税费的增加额
期末余额：期末余额企业多交或尚未抵扣的税费	期末余额：期末余额企业尚未交纳的税费

增值税税率

纳税人销售或者进口货物的税率为17%。但纳税人销售或者进口以下货物，税率为13%：(1)粮食、食用植物油；(2)自来水、暖气、冷气、热水、煤气、石油液化气、天然气、沼气、居民用煤炭制品；(3)图书、报纸、杂志；(4)饲料、化肥、农药、农机、农膜。

提供交通运输业服务适用11%的税率，提供现代服务业服务适用6%的税率，提供有形动产租赁服务适用17%的税率。

三、账务处理

材料的日常收发结存可以采用实际成本核算，也可以采用计划成本核算。

(一)实际成本法核算的账务处理

实际成本法下，一般通过“原材料”和“在途物资”等科目进行核算。企业外购材料时，按材料是否验收入库分为以下两种情况：

1.材料已验收入库

如果货款已经支付，发票账单已到，材料已验收入库，按支付的实际金额，借记“原材料”“应交税费——应交增值税(进项税额)”等科目，贷记“银行存款”“预付账款”等科目。

如果货款尚未支付，发票账单已到，材料已经验收入库，按相关发票凭证上应付的金额，借记“原材料”“应交税费——应交增值税(进项税额)”等科目，贷记“应付账款”“应付票据”等科目。

如果货款尚未支付，材料已经验收入库，但月末仍未收到相关发票凭证，按照暂估价入账，即借记“原材料”科目，贷记“应付账款”等科目。下月初编制相反分录予以冲回，收到相关发票账单后再编制会计分录。

【例 5-10】福厦公司于 2015 年 1 月购入甲原材料一批，专用发票记载货款为 10 000 元，增值税税额为 1 700 元，运杂费 300 元。全部款项用银行存款转账支付，材料已验收入库。该公司采用实际成本法核算材料采购。

该项经济业务的会计处理如下：

借：原材料——甲材料　　10 300
　应交税费——应交增值税(进项税额)　　1 700
　贷：银行存款　　12 000

【例 5-11】福厦公司于 2015 年 1 月购入乙原材料一批，专用发票记载货款为 50 000 元，增值税税额为 8 500 元，运杂费 500 元。材料已验收入库，款项尚未支付。该公司采用实际成本法核算材料采购。

该项经济业务的会计处理如下：

借：原材料——乙材料　　50 500
　应交税费——应交增值税(进项税额)　　8 500
　贷：应付账款　　59 000

【例 5-12】福厦公司于 2015 年 1 月 18 日购入丙原材料一批。材料已验收入库，1 月 31 日仍未收到相关发票凭证，款项尚未支付。该公司采用实际成本法核算材料采购。

该笔业务的会计处理如下：

(1)月末的会计处理。假定财务人员根据以往的经验，对丙材料估价为 200 000 元。由于福厦公司在 2015 年 1 月 31 日未收到相关发票凭证，材料已验收入库，则月末的会计处理如下：

借：原材料——丙材料　　200 000
　贷：应付账款　　200 000

(2)下月初的会计处理。2015 年 2 月 1 日编制跟上述相反的会计分录：

借：应付账款　　200 000
　贷：原材料——丙材料　　200 000

2.材料尚未验收入库

如果货款已经支付，发票账单已到，但材料尚未验收入库，按支付的金额，借记“在途物资”“应交税费——应交增值税(进项税额)”等科目，贷记“银行存款”等科目；待验收入库时再编制后续分录。

对于可以抵扣的增值税进项税额，一般纳税人企业应根据收到的增值税专用发票上注明的增值税额，借记“应交税费——应交增值税(进项税额)”科目。

【例 5-13】福厦公司于 2015 年 2 月购入原材料一批，专用发票记载货款为 20 000 元，增值税税额为 3 400 元，运杂费 600 元。款项已经支付，材料尚未验收入库。该公司采用实际成本法核算材料采购。

该项经济业务的会计处理如下：

借：在途物资　　20 600
　应交税费——应交增值税(进项税额)　　3 400
　贷：银行存款　　24 000

待到福厦公司收到该原材料，且验收入库时，再编制如下会计分录：

借：原材料　　20 600
　贷：在途物资　　20 600

(二)计划成本法核算的账务处理

计划成本法下，一般通过“材料采购”“原材料”“材料成本差异”等科目进行核算。企业外购材料时，按材料是否验收入库分为以下两种情况：

1.材料已验收入库

如果货款已经支付，发票账单已到，材料已验收入库，按支付的实际金额，借记“材料采购”科目，贷记“银行存款”科目；按计划成本金额，借记“原材料”科目，贷记“材料采购”科目；按计划成本与实际成本之间的差额，借记（或贷记）“材料采购”科目，贷记（或借记）“材料成本差异”科目。

如果货款尚未支付，材料已经验收入库，按相关发票凭证上应付的金额，借记“材料采购”科目，贷记“应付账款”“应付票据”等科目；按计划成本金额，借记“原材料”科目，贷记“材料采购”科目；按计划成本与实际成本之间的差额，借记（或贷记）“材料采购”科目，贷记（或借记）“材料成本差异”科目。

如果材料已经验收入库，货款尚未支付，月末仍未收到相关发票凭证，按照计划成本暂估入账，即借记“原材料”科目，贷记“应付账款”等科目。下月初编制相反分录予以冲回，收到账单后再编制会计分录。

【例 5-14】福厦公司于 2015 年 2 月购入材料一批，收到的发票账单显示，该批货物价值 50 000 元，货款已通过银行转账支付。该批材料的计划成本为 50 500 元。材料已验收入库。

(1)对于该项经济业务，首先应按照实际支付的金额，借记“材料采购”，贷记“银行存款”。

借：材料采购	50 000	
贷：银行存款		50 000

(2)再按照计划成本，借记“原材料”；按照实际成本，贷记“材料采购”，两者之间的差额贷记“材料成本差异”。

借：原材料	50 500	
贷：材料采购		50 000
材料成本差异		500

【例 5-15】福厦公司于 2015 年 2 月购入材料一批，该批货物价值 60 000 元，货款尚未支付。该批材料的计划成本为 59 500 元。材料合格，已验收入库。

(1)按照该材料的实际成本，借记“材料采购”，贷记“应付账款”。

借：材料采购	60 000	
贷：应付账款		60 000

(2)再按照计划成本，借记“原材料”；按照实际成本，贷记“材料采购”，两者之间的差额借记“材料成本差异”。

借：原材料	59 500	
材料成本差异	500	
贷：材料采购		60 000

【例 5-16】福厦公司于 2015 年 3 月 25 日购入材料一批。材料经检验合格，已验收入库。截至 2015 年 3 月 31 日仍未收到相关的发票凭证，货款尚未支付。该批原材料计划成本为 40 000 元。

(1)2015 年 3 月 31 日应按照计划成本暂估入账。具体账务处理如下：

借：原材料　　40 000

　贷：应付账款　　40 000

(2)2015 年 4 月 1 日再将上述分录予以冲回。

借：应付账款　　40 000

　贷：原材料　　40 000

2.材料尚未验收入库

如果相关发票凭证已到，但材料尚未验收入库，按支付或应付的实际金额，借记“材料采购”科目，贷记“银行存款”“应付账款”等科目；待验收入库时再作后续分录。对于可以抵扣的增值税进项税额，一般纳税人企业应根据收到的增值税专用发票上注明的增值税额，借记“应交税费——应交增值税(进项税额)”科目。

【例 5-17】福厦公司于 2015 年 4 月购入材料一批，收到的发票账单显示，该批货物价值 50 000 元，增值税为 8 500 元，货款通过银行转账支付。该批材料的计划成本为 50 500 元。材料尚未验收入库。

由于该例中，材料尚未验收入库，因此作相应的会计分录如下：

借：材料采购　　50 000

　　应交税费——应交增值税(进项税额)　　8 500

　贷：银行存款　　58 500

等到材料验收入库时，按照例 5-14 进行相应的处理即可。

第五节　生产业务的账务处理

企业产品的生产过程同时也是生产资料的耗费过程。企业在生产过程中发生的各项生产费用，是企业为获得收入而预先垫支并需要得到补偿的资金耗费。这些费用最终都要归集、分配给特定的产品，形成产品的成本。

产品成本的核算是指把一定时期内企业生产过程中所发生的费用，按其性质和发生地点，分类归集、汇总、核算，计算出该时期内生产费用发生总额，并按适当方法分别计算出各种产品的实际成本和单位成本等。

一、生产费用的构成

生产费用是指与企业日常生产经营活动有关的费用，按其经济用途可分为直接材料、直接人工和制造费用。

(一)直接材料

直接材料是指构成产品实体的原材料以及有助于产品形成的主要材料和辅助材料。例如，直接构成产品主要实体的原材料和外购半成品、运杂费、合理损耗等都属于直接材料成本。

(二)直接人工

直接人工是指直接从事产品生产的工人的职工薪酬。例如，支付给生产工人的工资、奖金及各种津贴和补贴等都属于直接人工成本。

(三)制造费用

制造费用是指企业为生产产品和提供劳务而发生的各项间接费用。制造费用的构成通常包括生产车间管理人员的工资及福利费、折旧费、办公费、水电费、季节性和修理期间的停工损失等。

二、账户设置

企业通常设置以下账户对生产费用业务进行会计核算：

1."生产成本"账户

"生产成本"账户属于成本类账户，用以核算企业生产各种产品(产成品、自制半成品等)、自制材料、自制工具、自制设备等发生的各项生产成本。

该账户借方登记应计入产品生产成本的各项费用，包括直接计入产品生产成本的直接材料费、直接人工费和其他直接支出，以及期末按照一定的方法分配计入产品生产成本的制造费用；贷方登记完工入库产成品应结转的生产成本。期末余额在借方，反映企业期末尚未加工完成的在产品成本。

该账户可按基本生产成本和辅助生产成本进行明细分类核算。基本生产成本应当分别按照基本生产车间和成本核算对象(如产品的品种、类别、订单、批别、生产阶段等)设置明细账(或成本计算单)，并按照规定的成本项目设置专栏。

表 5-20

借　　生产成本	贷
期初余额	
(1)直接材料 (2)直接人工 (3)其他直接支出 (4)制造费用	完工验收入库产成品成本
期末余额：企业期末在产品成本	

2."制造费用"账户

"制造费用"账户属于成本类账户，用以核算企业生产车间(部门)为生产产品和提供劳务而发生的各项间接费用。

该账户借方登记实际发生的各项制造费用，贷方登记期末按照一定标准分配转入"生产成本"账户借方的应计入产品成本的制造费用。期末结转后，该账户一般无余额。

该账户可按不同的生产车间、部门和费用项目进行明细核算。

表 5-21

借　　制造费用	贷
生产车间发生的各项间接费用	期末分配转入"生产成本"账户

3."库存商品"账户

"库存商品"账户属于资产类账户,用以核算企业库存的各种商品的实际成本(或进价)或计划成本(或售价),包括库存产成品、外购商品、存放在门市部准备出售的商品、发出展览的商品以及寄存在外的商品等。

该账户借方登记验收入库的库存商品成本,贷方登记发出的库存商品成本。期末余额在借方,反映企业期末库存商品的实际成本(或进价)或计划成本(或售价)。

该账户可按库存商品的种类、品种和规格等进行明细核算。

表 5-22

借　　　　库存商品	贷
期初余额 验收入库的商品实际成本	发出的商品实际成本
期末余额:结存的商品实际成本	

4."应付职工薪酬"账户

"应付职工薪酬"账户属于负债类账户,用以核算企业根据有关规定应付给职工的各种薪酬。

该账户借方登记本月实际支付的职工薪酬数额;贷方登记本月计算的应付职工薪酬总额,包括各种工资、奖金、津贴和福利费等。期末余额在贷方,反映企业应付未付的职工薪酬。

该账户可按"工资""职工福利""社会保险费""住房公积金""工会经费""职工教育经费""非货币性福利""辞退福利""股份支付"等进行明细核算。

表 5-23

借　　　　应付职工薪酬	贷
	期初余额
实际支付的职工薪酬	计算分配的职工薪酬
	期末余额:期末应付未付的职工薪酬

三、账务处理

(一)材料费用的核算

在确定材料费用时,应根据领料凭证区分车间、部门和不同用途,随后按照确定的结果将发出材料的成本借记"生产成本""制造费用""管理费用"等科目,贷记"原材料"等科目。

直接用于某种产品生产的材料费用,应直接计入该产品生产成本明细账中的直接材料费用项目;由多种产品共同耗用、共同负担的材料费用,应选择适当的标准在这些产品之间进行分配,按分担的金额计入相应的成本计算对象(生产产品的品种、类别等);为提供生产条件等间接消耗的各种材料费用,应先通过"制造费用"科目进行归集,期末再同其他间接费用一起按照一定的标准分配计入有关产品成本;行政管理部门领用的材料费用,应记入“管理费用”科目。

【例 5-18】福厦公司生产 A 产品和 B 产品。2015 年 5 月领用甲材料 50 000 元，领用乙材料 20 000 元，共计 70 000 元。其中生产 A 产品领用甲材料 30 000 元，领用乙材料 10 000 元；生产 B 产品领用甲材料 20 000 元，领用乙材料 10 000 元。

该业务领用原材料生产产品，使生产成本增加，原材料减少，应借记“生产成本”，贷记“原材料”。该业务的会计处理如下：

借：生产成本——A 产品　　40 000
　　　　　　——B 产品　　30 000
　贷：原材料——甲材料　　50 000
　　　　　　——乙材料　　20 000

【例 5-19】福厦公司 A、B 两种产品均在第一生产车间生产，2015 年 5 月为生产 A、B 两种产品，第一生产车间间接耗费丙材料 30 000 元。

丙材料是车间的一般耗用，应借记“制造费用”；同时，消耗丙材料导致丙材料减少，贷记“原材料”。

借：制造费用——第一生产车间　　30 000
　贷：原材料——丙材料　　30 000

（二）职工薪酬的核算

职工薪酬是指企业为获得职工提供的服务，或解除劳动关系而给予各种形式的报酬或补偿，具体包括：短期薪酬、离职后福利、辞退福利和其他长期职工福利（如五险一金等）。企业提供给职工配偶、子女、受赡养人、已故员工遗属及其他受益人等的福利，也属于职工薪酬。

对于短期职工薪酬，企业应当在职工为其提供服务的会计期间，按实际发生额确认为负债，并计入当期损益或相关资产成本。企业应当根据职工提供服务的受益对象，分别按下列情况处理：

1.应由生产产品、提供劳务负担的短期职工薪酬，计入产品成本或劳务成本。其中，生产工人的短期职工薪酬应借记“生产成本”科目，贷记“应付职工薪酬”科目；生产车间管理人员的短期职工薪酬属于间接费用，应借记“制造费用”科目，贷记“应付职工薪酬”科目。

当企业采用计件工资制时，生产工人的短期职工薪酬属于直接费用，应直接计入有关产品的成本。当企业采用计时工资制时，只生产一种产品的生产工人的短期职工薪酬也属于直接费用，应直接计入产品成本；生产多种产品的生产工人的短期职工薪酬，则需采用一定的分配标准（实际生产工时或定额生产工时等）分配计入产品成本。

2.应由在建工程、无形资产负担的短期职工薪酬，计入建造固定资产或无形资产成本。

五险一金

“五险”指的是五种保险，包括养老保险、医疗保险、失业保险、工伤保险和生育保险；“一金”指的是住房公积金。其中养老保险、医疗保险和失业保险三种险和住房公积金是由企业和个人共同缴纳的保费，工伤保险和生育保险则完全是由企业承担的，个人不需要缴纳。

3.除上述两种情况之外的其他短期职工薪酬应计入当期损益。如企业行政管理部门人员和专设销售机构销售人员的短期职工薪酬均属于期间费用，应分别借记“管理费用”“销售费用”等科目，贷记“应付职工薪酬”科目。

【例 5-20】福厦公司第一生产车间生产 A 产品和 B 产品，2015 年 5 月生产 A 产品的工人工资为 150 000 元，生产 B 产品的工人工资为 200 000 元。

为生产产品应付给工人的工资，应借记“生产成本”，贷记“应付职工薪酬”。具体处理如下：

借：生产成本——A 产品　　150 000
　　　　　　——B 产品　　200 000
　贷：应付职工薪酬　　350 000

【例 5-21】福厦公司第一生产车间 2015 年 5 月共支付管理人员薪酬 180 000 元。

生产车间管理人员的职工薪酬属于间接费用，应借记“制造费用”科目，贷记“应付职工薪酬”科目。

借：制造费用　　180 000
　贷：应付职工薪酬　　180 000

【例 5-22】2015 年 5 月福厦公司新建厂房发生劳务费用 200 000 元，该厂房尚处建设中。

新建厂房发生的劳务费用，应计入“在建工程”。该业务处理如下：

借：在建工程　　200 000
　贷：应付职工薪酬　　200 000

【例 5-23】福厦公司 2015 年 5 月应支付给管理部门和销售部门的工资分别为350 000元、1 150 000 元。

管理部门的工资支出应借记“管理费用”，销售部门的工资支出应借记“销售费用”，贷方记“应付职工薪酬”科目。

借：管理费用　　350 000
　　销售费用　　1 150 000
　贷：应付职工薪酬　　1 500 000

（三）制造费用的归集与分配

企业发生的制造费用，应当按照合理的分配标准按月分配计入各成本核算对象的生产成本。企业可以采取的分配标准包括机器工时、人工工时、生产工人工资、计划分配率等。

企业发生制造费用时，借记“制造费用”科目，贷记“累计折旧”“银行存款”“应付职工薪酬”等科目；结转或分摊时，借记“生产成本”等科目，贷记“制造费用”科目。

【例 5-24】福厦公司 A、B 两种产品均在第一生产车间生产。2015 年 5 月第一生产车间机器设备共计提折旧 24 000 元。假定该间接费用按照 A、B 两种产品机器工时进行分配，其中 A 产品机器工时为 1 600 小时，B 产品机器工时为 1 400 小时。

机器设备计提的折旧应记入“制造费用”的借方，同时贷记“累计折旧”。该业务处理如下：

借：制造费用　　24 000
　贷：累计折旧　　24 000

【例 5-25】5 月 31 日对福厦公司的 A、B 两种产品的制造费用进行归集，并按 A、B 两种产品的机器工时比例进行分配。

(1)对 5 月份 A、B 产品的制造费用进行归集。

5 月 A、B 两种产品的制造费用总额＝30 000＋24 000＝54 000(元)

(2)分配制造费用。将当月发生的制造费用按机器工时平均分摊至 A、B 两种产品。具体处理如下：

制造费用分配率＝待分配制造费用总和/机器工时＝54 000/(1 600＋1 400)＝18(元/小时)

A 产品应分摊的制造费用＝1 600×18＝28 800(元)

B 产品应分摊的制造费用＝1 400×18＝25 200(元)

借：生产成本——A 产品　　28 800
　　　　　　——B 产品　　25 200
　贷：制造费用　　54 000

(四)完工产品生产成本的计算与结转

产品生产成本计算是指将企业生产过程中为制造产品所发生的各种费用按照成本计算对象进行归集和分配，以便计算各种产品的总成本和单位成本。有关产品成本信息是进行库存商品计价和确定销售成本的依据，产品生产成本计算是会计核算的一项重要内容。

企业应设置产品生产成本明细账，用来归集应计入各种产品的生产费用。通过对材料费用、职工薪酬和制造费用的归集和分配，企业各月生产产品所发生的生产费用应记入“生产成本”科目中。

如果月末某种产品全部完工，该种产品生产成本明细账所归集的费用总额，就是该种完工产品的总成本，用完工产品总成本除以该种产品的完工总产量，即可计算出该种产品的单位成本。如果月末某种产品全部未完工，该种产品生产成本明细账所归集的费用总额就是该种产品在产品的总成本。

如果月末某种产品一部分完工，一部分未完工，这时归集在产品成本明细账中的费用总额还要采取适当的分配方法在完工产品和在产品之间进行分配，然后才能计算出完工产品的总成本和单位成本。完工产品成本的基本计算公式为：

完工产品生产成本＝期初在产品成本＋本期发生的生产费用－期末在产品成本

当产品生产完成并验收入库时，借记“库存商品”科目，贷记“生产成本”科目。

【例 5-25】福厦公司 2015 年 6 月初，“生产成本——A 产品”期初余额为 20 000 元，6 月份为生产 A 产品共发生成本 70 000 元。6 月 30 日 A 产品全部完工，验收入库。

首先，计算完工产品的生产成本。完工产品生产成本＝期初在产品成本＋本期发生的生产费用－期末在产品成本，A 产品完工成本＝20 000＋70 000－0＝90 000(元)。

然后，对完工的 A 产品成本进行账务处理。编制会计分录如下：

借：库存商品——A 产品　　90 000
　贷：生产成本——A 产品　　90 000

【例 5-26】福厦公司 2015 年 6 月初，“生产成本——A 产品”期初余额为 20 000 元，6

月份为生产A产品共发生成本70 000元。6月30日，一部分A产品尚未完工，未完工产品成本为10 000元。已完工A产品，经验收合格入库。

首先，计算完工产品的生产成本。完工产品生产成本＝期初在产品成本＋本期发生的生产费用－期末在产品成本，A产品完工成本＝20 000＋70 000－10 000＝80 000(元)。

然后，对完工的A产品成本进行账务处理。编制会计分录如下：

借：库存商品——A产品　　80 000

　贷：生产成本——A产品　　80 000

第六节　销售业务的账务处理

销售业务的账务处理涉及商品销售、其他销售等业务收入、成本、费用和相关税费的确认与计量等内容。

一、商品销售收入的确认与计量

企业销售商品收入的确认，必须同时符合以下条件：(1)企业已将商品所有权上的主要风险和报酬转移给购货方；(2)企业既没有保留通常与商品所有权相联系的继续管理权，也没有对已售出的商品实施控制；(3)收入的金额能够可靠地计量；(4)相关的经济利益很可能流入企业；(5)相关的已发生或将发生的成本能够可靠地计量。

二、账户设置

企业通常设置以下账户对销售业务进行会计核算：

1.“主营业务收入”账户

“主营业务收入”账户属于损益类账户，用以核算企业确认的销售商品、提供劳务等主营业务的收入。对于某一具体的企业而言，一项业务究竟应划分为主营业务收入还是其他业务收入，应根据企业的具体情况来定。一般营业执照上注明的主营业务所带来的收入，皆应确认为主营业务收入；而营业执照上列明的兼营业务取得的收入，即为其他业务收入。

该账户贷方登记企业实现的主营业务收入，即主营业务收入的增加额；借方登记期末转入“本年利润”账户的主营业务收入(按净额结转)，以及发生销售退回和销售折让时应冲减本期的主营业务收入。期末结转后，该账户无余额。

该账户应按照主营业务的种类设置明细账户，进行明细分类核算。

表 5-24

借　　　　主营业务收入	贷
发生的销售退回等 期末结转“本年利润”账户	主营业务收入的增加额

2.“其他业务收入”账户

“其他业务收入”账户属于损益类账户，用以核算企业确认的除主营业务活动以外的其他经营活动实现的收入，包括出租固定资产、出租无形资产、出租包装物和商品、销售材料等。

该账户贷方登记企业实现的其他业务收入，即其他业务收入的增加额；借方登记期末转入“本年利润”账户的其他业务收入。期末结转后，该账户无余额。

该账户可按其他业务的种类设置明细账户，进行明细分类核算。

表 5-25

借　　　　其他业务收入	贷
期末结转“本年利润”账户	其他业务收入的增加额

3.“应收账款”账户

“应收账款”账户属于资产类账户，用以核算企业因销售商品、提供劳务等经营活动应收取的款项。

该账户借方登记由于销售商品以及提供劳务等发生的应收账款，包括应收取的价款、税款和代垫款等；贷方登记已经收回的应收账款。期末余额通常在借方，反映企业尚未收回的应收账款；期末余额如果在贷方，反映企业预收的账款。

该账户应按不同的债务人进行明细分类核算。

表 5-26

借　　　　应收账款	贷
期初余额：上期期末企业尚未收回的应收账款	期初余额：上期期末企业预收的账款
销售商品以及提供劳务等发生的应收账款	已收回的应收账款
期末余额：期末余额企业尚未收回的应收账款	期末余额：期末余额企业预收的账款

4.“应收票据”账户

“应收票据”账户属于资产类账户，用以核算企业因销售商品、提供劳务等而收到的商业汇票。

该账户借方登记企业收到的应收票据，贷方登记票据到期收回的应收票据；期末余额在借方，反映企业持有的商业汇票的票面金额。

该账户可按开出、承兑商业汇票的单位进行明细核算。

表 5-27

借　　　　应收票据	贷
期初余额	
应收票据的增加	收回应收票据
期末余额：企业持有的商业汇票的金额	

5.“预收账款”账户

“预收账款”账户属于负债类账户，用以核算企业按照合同规定预收的款项。预收账款情况不多的，也可以不设置本账户，将预收的款项直接记入“应收账款”账户。预收账款既是企业的一项负债，也是企业的一项未实现的收入。

该账户贷方登记企业向购货单位预收的款项等，借方登记销售实现时按实现的收入转销的预收款项等。期末余额在贷方，反映企业预收的款项；期末余额在借方，反映企业已转销但尚未收取的款项。

该账户可按购货单位进行明细核算。

表 5-28

借　　预收账款	贷
期初余额：上期期末企业已转销且尚未收取的款项	期初余额：上期期末企业预收的款项
减少的预收账款	增加的预收账款
期末余额：期末余额企业已转销但尚未收取的款项	期末余额：期末余额企业预收的款项

6.“主营业务成本”账户

“主营业务成本”账户属于损益类账户，用以核算企业确认销售商品、提供劳务等主营业务收入时应结转的成本。

该账户借方登记主营业务发生的实际成本（即本期已销售产品的实际生产成本），贷方登记期末转入“本年利润”账户的主营业务成本。期末结转后，该账户无余额。

该账户可按主营业务的种类设置明细账户，进行明细分类核算。

表 5-29

借　　主营业务成本	贷
本期已售产品的实际生产成本	期末转入“本年利润”账户的主营业务成本

7.“其他业务成本”账户

“其他业务成本”账户属于损益类账户，用以核算企业确认的除主营业务活动以外的其他经营活动所发生的支出，包括销售材料的成本、出租固定资产的折旧额、出租无形资产的摊销额、出租包装物的成本或摊销额等。

该账户借方登记其他业务的支出额，贷方登记期末转入“本年利润”账户的其他业务支出额。期末结转后，该账户无余额。

该账户可按其他业务的种类设置明细账户，进行明细分类核算。

表 5-30

借 其他业务成本	贷
实际发生的其他业务成本	期末转入“本年利润”账户的其他业务成本

8.“营业税金及附加”账户

“营业税金及附加”账户属于损益类账户，用以核算企业经营活动发生的营业税、消费税、城市维护建设税、资源税和教育费附加等相关税费。需注意的是，房产税、车船使用税、土地使用税、印花税通过“管理费用”账户核算，但与投资性房地产相关的房产税、土地使用税通过该账户核算。

该账户借方登记企业应按规定计算确定的与经营活动相关的税费，贷方登记期末转入“本年利润”账户的与经营活动相关的税费。期末结转后，该账户无余额。

表 5-31

借 营业税金及附加	贷
计算确定的与经营活动相关的税费	期末转入“本年利润”账户的与经营活动相关的税费

三、账务处理

(一)主营业务收入的账务处理

企业销售商品或提供劳务实现的收入，应按实际收到、应收或者预收的金额，借记“银行存款”“应收账款”“应收票据”“预收账款”等科目，按确认的营业收入，贷记“主营业务收入”科目。

对于增值税销项税额，一般纳税人应贷记“应交税费——应交增值税（销项税额）”科目，小规模纳税人应贷记“应交税费——应交增值税”科目。

【例 5-27】福厦公司 2015 年 7 月销售甲产品 10 000 件，单价为 50 元，增值税税率为 17%。款项已收存银行。

对于该项业务，销售商品收到的款项，应记入“银行存款”的借方，企业销售出商品应记入“主营业务收入”贷方，同时对增值税销项税额进行处理，记入“应交税费——应交增值税（销项税额）”贷方。

借：银行存款	585 000	
贷：主营业务收入		500 000
应交税费——应交增值税（销项税额）		85 000

【例 5-28】福厦公司 2015 年 7 月销售甲产品 1 500 件给鸿运公司，单价为 60 元，增值税税率为 17%，商品已发出，收入已确认，货款尚未收到。

对于该项销售业务，由于福厦公司尚未收到货款，应记入“应收账款”借方，销售商品收入记入“主营业务收入”贷方，同时对增值税销项税额进行处理，记入“应交税费——应交增值税（销项税额）”贷方。

借：应收账款——鸿运公司　　105 300
　贷：主营业务收入　　90 000
　　应交税费——应交增值税（销项税额）　　15 300

（二）主营业务成本的账务处理

期（月）末，企业应根据本期（月）销售各种商品、提供各种劳务等实际成本，计算应结转的主营业务成本，借记“主营业务成本”科目，贷记“库存商品”、“劳务成本”等科目。

采用计划成本或售价核算库存商品的，平时的营业成本按计划成本或售价结转，月末，还应结转本月销售商品应分摊的产品成本差异或商品进销差价。

【例 5-29】福厦公司 2015 年 7 月 31 日结转当月销售的甲产品生产成本 450 000 元。

该项经济业务的会计处理如下：

借：主营业务成本　　450 000
　贷：库存商品——甲产品　　450 000

（三）其他业务收入与成本的账务处理

主营业务和其他业务的划分并不是绝对的，一个企业的主营业务可能是另一个企业的其他业务，即便在同一个企业，不同期间的主营业务和其他业务的内容也不是固定不变的。

当企业发生其他业务收入时，借记“银行存款”“应收账款”“应收票据”等科目，按确定的收入金额，贷记“其他业务收入”科目，同时确认有关税金；在结转其他业务收入的同一会计期间，企业应根据本期应结转的其他业务成本金额，借记“其他业务成本”科目，贷记“原材料”“累计折旧”“应付职工薪酬”等科目。

【例 5-30】福厦公司 2015 年 7 月 18 日将库存过多的原材料 A 销售给大地公司，共销售 A 材料 5 000 千克，每千克 10 元，增值税税率为 17%，款项已收存银行。该 A 材料购入成本为 8 元每千克。

（1）进行销售的会计处理。由于福厦公司销售的是原材料，因此，应记入“其他业务收入”的贷方，应缴纳的增值税额记入“应交税费——应交增值税（销项税额）”。收到的款项记入“银行存款”借方。

借：银行存款　　58 500
　贷：其他业务收入　　50 000
　　应交税费——应交增值税（销项税额）　　8 500

（2）结转相应的销售成本。会计分录如下：

借：其他业务成本　　40 000
　贷：原材料——A 材料　　40 000

第七节　期间费用的账务处理

一、期间费用的构成

期间费用是指企业日常活动中不能直接归属于某个特定成本核算对象的，在发生时应直接计入当期损益的各种费用。期间费用包括管理费用、销售费用和财务费用。

管理费用是指企业为组织和管理企业生产经营活动所发生的各种费用。例如公司筹办期间发生的筹办费用、董事会费、聘请中介机构费用、咨询费、诉讼费、房产税、技术转让费、矿产资源补偿费、行政管理人员的工资薪金等。

销售费用是指企业销售商品和材料、提供劳务的过程中发生的各种费用。例如企业为销售商品发生的广告费、包装费、展览费、预计产品质量损失、运输费、装卸费以及为销售商品而专设的销售机构发生的职工薪酬、业务费、折旧费等。

财务费用是指企业为筹集生产经营所需资金等而发生的筹资费用。例如利息支出及手续费支出、汇兑差异及支付的现金折扣等。

二、账户设置

企业通常设置以下账户对期间费用业务进行会计核算：

1."管理费用"账户

"管理费用"账户属于损益类账户，用以核算企业为组织和管理企业生产经营所发生的管理费用。

该账户借方登记发生的各项管理费用，贷方登记期末转入"本年利润"账户的管理费用额。期末结转后，该账户无余额。

该账户可按费用项目设置明细账户，进行明细分类核算。

表 5-32

借　　　　　管理费用	贷
企业发生的各项管理费用	期末转入"本年利润"账户的管理费用

2."销售费用"账户

"销售费用"账户属于损益类账户，用以核算企业发生的各项销售费用。

该账户借方登记发生的各项销售费用，贷方登记期末转入"本年利润"账户的销售费用额。期末结转后，该账户无余额。该账户可按费用项目设置明细账户，进行明细分类核算。

表 5-33

借　　　　　销售费用	贷
企业发生的各项销售费用	期末转入"本年利润"账户的销售费用

3."财务费用"账户

"财务费用"账户属于损益类账户，用以核算企业为筹集生产经营所需资金等而发生的筹资费用，包括利息支出(减利息收入)、汇兑损益以及相关的手续费、企业发生的现金折扣或收到的现金折扣等。为购建或生产满足资本化条件的资产发生的应予以资本化的借款费用，通过"在建工程""制造费用"等账户核算。

该账户借方登记手续费、利息费用等的增加额，贷方登记应冲减财务费用的利息收入等。期末结转后，该账户无余额。该账户可按费用项目进行明细核算。

表 5-34

借	财务费用 贷
企业发生的各项财务费用	(1)冲减财务费用的利息收入 (2)期末转入“本年利润”账户的财务费用

三、账务处理

(一)管理费用的账务处理

企业在筹建期间内发生的开办费，包括人员工资、办公费、培训费、差旅费、印刷费、注册登记费以及不计入固定资产成本的借款费用等，在实际发生时，借记“管理费用”科目，贷记“应付利息”“银行存款”等科目。

行政管理部门人员的职工薪酬，借记“管理费用”科目，贷记“应付职工薪酬”科目。

行政管理部门计提的固定资产折旧，借记“管理费用”科目，贷记“累计折旧”科目。

行政管理部门发生的办公费、水电费、业务招待费、聘请中介机构费、咨询费、诉讼费、技术转让费、企业研究费用，借记“管理费用”科目，贷记“银行存款”“研发支出”等科目。

【例 5-31】福厦公司 2015 年 8 月管理部门发生业务招待费 25 000 元、水电费 3 000 元、办公费 32 000 元。以上款项皆已通过银行存款支付。

管理部门发生的业务招待费、水电费、办公费，都应记入“管理费用”借方，支付的款项记入“银行存款”贷方。

借：管理费用——业务招待费 25 000
——水电费 3 000
——办公费 32 000
贷：银行存款 60 000

(二)销售费用的账务处理

企业在销售商品过程中发生的包装费、保险费、展览费和广告费、运输费、装卸费等费用，借记“销售费用”科目，贷记“库存现金”“银行存款”等科目。

企业发生的为销售本企业商品而专设的销售机构的职薪酬、业务费等费用，借记“销售费用”科目，贷记“应付职工薪酬”“银行存款”“累计折旧”等科目。

【例 5-32】福厦公司 2015 年 8 月销售分部发生运输费 50 000 元、保险费 20 000 元、广告费 30 000 元，上述款项皆通过银行存款转账支付。

销售部门发生的运输费、保险费、广告费都应记入“销售费用”借方，转账支付的款项记入“银行存款”贷方。

借：销售费用——运输费 50 000
——保险费 20 000
——广告费 30 000
贷：银行存款 100 000

(三)财务费用的账务处理

企业发生的财务费用,借记“财务费用”科目,贷记“银行存款”“应付利息”等科目。发生的应冲减财务费用的利息收入、汇兑损益、现金折扣,借记“银行存款”“应付账款”等科目,贷记“财务费用”科目。

【例 5-33】福厦公司 2015 年 8 月支付银行办理业务的手续费 1 000 元。

企业支付给银行的手续费用应记入“财务费用”借方,支付的款项记入“银行存款”贷方。

借:财务费用	1 000	
贷:银行存款		1 000

第八节　利润形成与分配业务的账务处理

一、利润形成的账务处理

(一)利润的形成

利润是指企业在一定会计期间的经营成果,包括收入减去费用后的净额、直接计入当期损益的利得和损失等。利润由营业利润、利润总额和净利润三个层次构成。

1.营业利润

营业利润这一指标能够比较恰当地反映企业管理者的经营业绩,其计算公式如下:

营业利润=营业收入-营业成本-营业税金及附加 -销售费用-管理费用-财务费用-资产减值损失+公允价值变动收益(-公允价值变动损失)+投资收益(-投资损失)

其中,

营业收入=主营业务收入+其他业务收入

营业成本=主营业务成本+其他业务成本

2.利润总额

利润总额,又称税前利润,是营业利润加上营业外收入减去营业外支出后的金额,其计算公式如下:

利润总额=营业利润+营业外收入-营业外支出

3.净利润

净利润,又称税后利润,是利润总额扣除所得税费用后的净额,其计算公式如下:

净利润=利润总额-所得税费用

(二)账户设置

企业通常设置以下账户对利润形成业务进行会计核算:

1.“本年利润”账户

“本年利润”账户属于所有者权益类账户,用以核算企业当期实现的净利润(或发生的净亏损)。企业期(月)末结转利润时,应将各损益类账户的金额转入本账户,结平各损益类账户。

该账户贷方登记企业期(月)末转入的主营业务收入、其他业务收入、营业外收入和投资收益等;借方登记企业期(月)末转入的主营业务成本、营业税金及附加、其他业务成本、管理费用、财务费用、销售费用、营业外支出、投资损失和所得税费用等。上述结转完成后,余额如在贷方,即为当期实现的净利润;余额如在借方,即为当期发生的净亏损。年度终了,应将本年收入和支出相抵后结出的本年实现的净利润(或发生的净亏损),转入"利润分配——未分配利润"账户贷方(或借方),结转后本账户无余额。

表 5-35

借　　　　本年利润　　　　贷

借	贷
期末转入的支出: (1)主营业务成本 (2)营业税金及附加 (3)其他业务成本 (4)管理费用 (5)财务费用 (6)销售费用 (7)资产减值损失 (8)营业外支出 (9)所得税费用	期末转入的收入: (1)主营业务收入 (2)其他业务收入 (3)公允价值变动损益 (4)投资收益 (5)营业外收入
期末余额:净亏损	期末余额:净利润

2."投资收益"账户

"投资收益"账户属于损益类账户,用以核算企业确认的投资收益或投资损失。

该账户贷方登记实现的投资收益和期末转入"本年利润"账户的投资净损失;借方登记发生的投资损失和期末转入"本年利润"账户的投资净收益。期末结转后,该账户无余额。

该账户可按投资项目设置明细账户,进行明细分类核算。

表 5-36

借　　　　投资收益　　　　贷

借	贷
(1)企业发生的投资损失 (2)期末转入"本年利润"账户的投资净收益	(1)企业实现的投资收益 (2)期末转入"本年利润"账户的投资净损失

3."营业外收入"账户

"营业外收入"账户属于损益类账户,用以核算企业发生的各项营业外收入,主要包括非流动资产处置利得、非货币性资产交换利得、债务重组利得、政府补助、盘盈利得、捐赠利得等。

该账户贷方登记营业外收入的实现,即营业外收入的增加额;借方登记会计期末转入"本年利润"账户的营业外收入额。期末结转后,该账户无余额。

该账户可按营业外收入项目设置明细账户，进行明细分类核算。

表 5-37

借	营业外收入　　　　　贷
期末转入"本年利润"账户的营业外收入额	增加的营业外收入

4."营业外支出"账户

"营业外支出"账户属于损益类账户，用以核算企业发生的各项营业外支出，包括非流动资产处置损失、非货币性资产交换损失、债务重组损失、公益性捐赠支出、非常损失、盘亏损失等。

该账户借方登记营业外支出的发生，即营业外支出的增加额；贷方登记期末转入"本年利润"账户的营业外支出额。期末结转后，该账户无余额。

该账户可按支出项目设置明细账户，进行明细分类核算。

表 5-38

借	营业外支出　　　　　贷
营业外支出的增加额	期末转入"本年利润"账户的营业外支出额

5."所得税费用"账户

"所得税费用"账户属于损益类账户，用以核算企业确认的应从当期利润总额中扣除的所得税费用。

该账户借方登记企业应计入当期损益的所得税；贷方登记企业期末转入"本年利润"账户的所得税。期末结转后，该账户无余额。

表 5-39

借	所得税费用　　　　　贷
应计入当期损益的所得税	期末转入"本年利润"账户的所得税

(三)账务处理

会计期末(月末或年末)结转各项收入时，借记"主营业务收入""其他业务收入""营业外收入"等科目，贷记"本年利润"科目；结转各项支出时，借记"本年利润"科目，贷记"主营业务成本""营业税金及附加""其他业务成本""管理费用""财务费用""销售费用""资产减值损失""营业外支出""所得税费用"等科目。

【例 5-34】福厦公司 2015 年年末将本期实现的各项收入进行结转。其中：主营业务收入 780 000 元、其他业务收入 150 000 元、营业外收入 40 000 元、投资收益 30 000 元。

该业务处理如下：

借：主营业务收入　　780 000
　　其他业务收入　　150 000
　　营业外收入　　40 000
　　投资收益　　30 000
　贷：本年利润　　1 000 000

【例 5-35】福厦公司 2015 年年末将本期各项费用支出进行结转。其中：主营业务成本 320 000 元、其他业务成本 50 000 元、营业税金及附加 40 000 元、管理费用 30 000 元、销售费用 30 000 元、财务费用 10 000 元、营业外支出 20 000 元。

该项经济业务的会计处理如下：

借：本年利润　　500 000
　贷：主营业务成本　　320 000
　　　其他业务成本　　50 000
　　　营业税金及附加　　40 000
　　　管理费用　　30 000
　　　销售费用　　30 000
　　　财务费用　　10 000
　　　营业外支出　　20 000

二、利润分配的账务处理

利润分配是指企业根据国家有关规定和企业章程、投资者协议等，对企业当年可供分配利润指定其特定用途和分配给投资者的行为。利润分配的过程和结果不仅关系到每个股东的合法权益是否得到保障，而且还关系到企业的未来发展。

(一)利润分配的顺序

企业向投资者分配利润，应按一定的顺序进行。按照我国《公司法》的有关规定，利润分配应按下列顺序进行：

1.计算可供分配的利润

企业在利润分配前，应根据本年净利润(或亏损)与年初未分配利润(或亏损)、其他转入的金额(如盈余公积弥补的亏损)等项目，计算可供分配的利润，即：

可供分配的利润＝净利润(或亏损)＋年初未分配利润－弥补以前年度的亏损＋其他转入的金额

如果可供分配的利润为负数(即累计亏损)，则不能进行后续分配；如果可供分配利润为正数(即累计盈利)，则可进行后续分配。

2.提取法定盈余公积

按照《公司法》的有关规定，公司应当按照当年净利润(抵减年初累计亏损后)的 10％提取法定盈余公积，提取的法定盈余公积累计额超过注册资本 50％以上的，可以不再提取。

3.提取任意盈余公积

公司提取法定盈余公积后，经股东会或者股东大会决议，还可以从净利润中提取任意盈余公积。

4.向投资者分配利润(或股利)

企业可供分配的利润扣除提取的盈余公积后,形成可供投资者分配的利润,即:

可供投资者分配的利润=可供分配的利润-提取的盈余公积

企业可采用现金股利、股票股利和财产股利等形式向投资者分配利润(或股利)。

(二)账户设置

企业通常设置以下账户对利润分配业务进行会计核算:

1."利润分配"账户

"利润分配"账户属于所有者权益类账户,用以核算企业利润的分配(或亏损的弥补)和历年分配(或弥补)后的余额。

该账户借方登记实际分配的利润额,包括提取的盈余公积和分配给投资者的利润,以及年末从"本年利润"账户转入的全年发生的净亏损;贷方登记用盈余公积弥补的亏损额等其他转入数,以及年末从"本年利润"账户转入的全年实现的净利润。年末,应将"利润分配"账户下的其他明细账户的余额转入"未分配利润"明细账户,结转后,除"未分配利润"明细账户可能有余额外,其他各个明细账户均无余额。"未分配利润"明细账户的贷方余额为历年累积的未分配利润(即可供以后年度分配的利润),借方余额为历年累积的未弥补亏损(即留待以后年度弥补的亏损)。

该账户应当分别"提取法定盈余公积""提取任意盈余公积""应付现金股利或利润""转作股本的股利""盈余公积补亏"和"未分配利润"等进行明细核算。

表 5-40

借　　　　　　　　　　利润分配　　　　　　　　　　贷

借	贷
期初余额:上期期末未弥补的亏损	期初余额:上期期末未分配的利润
(1)分配的利润 (2)提取法定盈余公积 (3)提取任意盈余公积 (4)应付现金股利或利润 (5)年末转入的亏损	(1)盈余公积弥补亏损 (2)从"本年利润"账户转入的全年实现的净利润
期末余额:本期期末未弥补的亏损	期末余额:本期期末未分配的利润

2."盈余公积"账户

"盈余公积"账户属于所有者权益类账户,用以核算企业从净利润中提取的盈余公积。根据《公司法》的有关规定,盈余公积可用于转增资本,也可用于弥补公司的亏损。若盈余公积用于转增资本,所留存的盈余公积不得少于转增前公司注册资本的25%。

该账户贷方登记提取的盈余公积,即盈余公积的增加额,借方登记实际使用的盈余公积,即盈余公积的减少额。期末余额在贷方,反映企业结余的盈余公积。该账户应当分别按"法定盈余公积""任意盈余公积"进行明细核算。

表 5-41

借　　　　盈余公积	贷
盈余公积的减少额	盈余公积的增加额
	期末余额:企业结余的盈余公积

3."应付股利"账户

"应付股利"账户属于负债类账户,用以核算企业分配的现金股利或利润。

该账户贷方登记应付给投资者股利或利润的增加额;借方登记实际支付给投资者的股利或利润,即应付股利的减少额。期末余额在贷方,反映企业应付未付的现金股利或利润。

该账户可按投资者进行明细核算。

表 5-42

借　　　　应付股利	贷
	期初余额
支付给投资者的股利或利润	应付给投资者的股利或利润
	期末余额:企业应付未付的现金股利或利润

(三)账务处理

1.净利润转入利润分配

会计期末,企业应将当年实现的净利润转入"利润分配——未分配利润"科目,即借记"本年利润"科目,贷记"利润分配——未分配利润"科目,如为净亏损,则编制相反会计分录。

结转前,如果"利润分配——未分配利润"明细科目的余额在借方,上述结转当年所实现净利润的分录同时反映了当年实现的净利润自动弥补以前年度亏损的情况。因此,在用当年实现的净利润弥补以前年度亏损时,不需另行编制会计分录。

【例 5-36】福厦公司 2015 年年末将本年实现的净利润 500 000 元,结转到"利润分配"账户。

福厦公司当年实现的净利润为正,应借记"本年利润"科目,贷记"利润分配——未分配利润"科目,相应的会计处理如下:

借:本年利润　　　　500 000
　贷:利润分配——未分配利润　　　　500 000

2.提取盈余公积

企业提取的法定盈余公积,借记"利润分配——提取法定盈余公积"科目,贷记"盈余公积——法定盈余公积"科目;提取的任意盈余公积,借记"利润分配——提取任意盈余公积"科目,贷记"盈余公积——任意盈余公积"科目。

【例 5-37】福厦公司 2015 年全年实现净利润 500 000 元,企业无以前年度亏损,分别按净利润的 10%和 5%提取法定盈余公积和任意盈余公积。

首先,计算应提取的法定盈余公积和任意盈余公积。

应提取的法定盈余公积＝500 000×10％＝50 000(元)

应提取的任意盈余公积＝500 000×5％＝25 000(元)

然后，进行相应的会计处理如下：

借：利润分配——提取法定盈余公积　　50 000
　　　　　——提取任意盈余公积　　25 000
　贷：盈余公积——法定盈余公积　　50 000
　　　　　　——任意盈余公积　　25 000

3.向投资者分配利润或股利

企业根据股东大会或类似机构审议批准的利润分配方案，按应支付的现金股利或利润，借记“利润分配——应付现金股利”科目，贷记“应付股利”等科目；以股票股利转作股本的金额，借记“利润分配——转作股本股利”科目，贷记“股本”等科目。

董事会或类似机构通过的利润分配方案中拟分配的现金股利或利润，不做账务处理，但应在附注中披露。

【例 5-38】福厦公司决定向投资者分配现金股利 25 000 元。

该项经济业务的会计处理如下：

借：利润分配——应付现金股利　　25 000
　贷：应付股利　　25 000

4.盈余公积补亏

企业发生的亏损，除用当年实现的净利润弥补外，还可使用累积的盈余公积弥补。以盈余公积弥补亏损时，借记“盈余公积”科目，贷记“利润分配——盈余公积补亏”科目。

【例 5-39】福漳公司 2015 年利用盈余公积 300 000 元弥补以前年度发生的亏损。

该项经济业务的会计处理如下：

借：盈余公积　　300 000
　贷：利润分配——盈余公积补亏　　300 000

5.企业未分配利润的形成

年度终了，企业应将“利润分配”科目所属其他明细科目的余额转入该科目“未分配利润”明细科目，即借记“利润分配——未分配利润”“利润分配——盈余公积补亏”等科目，贷记“利润分配——提取法定盈余公积”“利润分配——提取任意盈余公积”“利润分配——应付现金股利”“利润分配——转作股本股利”等科目。

结转后，“利润分配”科目中除“未分配利润”明细科目外，所属其他明细科目无余额。“未分配利润”明细科目的贷方余额表示累积未分配的利润，该科目如果出现借方余额，则表示累积未弥补的亏损。

【例 5-40】福厦公司 2015 年提取法定盈余公积 50 000 元，提取任意盈余公积 25 000 元，向投资者分配现金股利 25 000 元，财务人员结转“利润分配”明细科目的余额。

该业务的会计处理如下：

借：利润分配——未分配利润　　100 000
　贷：利润分配——提取法定盈余公积　　50 000
　　　　　　——提取任意盈余公积　　25 000
　　　　　　——应付现金股利　　25 000

练习题

一、单项选择题

1.在企业为生产商品所持有的下列各种资产中,不属于固定资产的是(　　)。

A.机器设备　　B.房屋及建筑物　　C.库存商品　　D.运输工具

2.下列各项中,不属于负债的是(　　)。

A.应付票据　　B.预付账款　　C.应付职工薪酬　　D.预收账款

3.根据有关规定,企业用盈余公积转增资本后,其留存额不得少于注册资本的(　　)。

A.25%　　B.10%　　C.50%　　D.20%

4.下列各项中,构成职工薪酬主要内容的是(　　)。

A.福利费与外购材料　　B.福利费与税费

C.工资与外购材料　　D.工资与福利费

5.下列各项中,不计入产品生产成本的是(　　)。

A.直接材料　　B.直接人工　　C.管理费用　　D.制造费用

6.某企业销售一批商品,增值税专用发票注明的价款为60万元,适用的增值税税率为17%,为购买方代垫的运杂费为2万元,款项尚未收回,则企业确认的应收账款为(　　)。

A.60万元　　B.70.2万元　　C.72.2万元　　D.62万元

7.下列利润分配的顺序中,正确的是(　　)。

A.提取任意盈余公积、提取法定盈余公积、分配普通股股利

B.提取法定盈余公积、分配普通股股利、提取任意盈余公积

C.分配普通股股利、提取法定盈余公积、提取任意盈余公积

D.提取法定盈余公积、提取任意盈余公积、分配普通股股利

8.股份有限公司发行股票的溢价收入应记入(　　)。

A.资本公积　　B.营业外收入　　C.盈余公积　　D.实收资本

9.在下列各项中,期末一般应没有余额的账户是(　　)。

A.固定资产　　B.制造费用　　C.无形资产　　D.库存商品

10.工业企业结转的销售原材料的实际成本,应计入(　　)。

A.营业外支出　　B.其他业务成本　　C.主营业务成本　　D.销售费用

二、多项选择题

1.下列内容属于企业的应收款项的有(　　)。

A.其他应收款　　B.预收账款　　C.应收票据　　D.应收账款

E.预付账款

2.企业销售商品而发生的应收账款,其入账价值应当包括(　　)。

A.代购买方垫付的运杂费　　B.销售商品的价款

C.代购买方垫付的包装费　　D.增值税销项税额

E.采购人员差旅费

3.下列项目中，一般纳税人企业应计入存货成本的有(　　)。

A.支付的增值税

B.自制存货在生产过程中发生的直接费用

C.采购人员的差旅费

D.购入存货支付的关税

E.存货采购过程中支付的保险费

4.下列各项中，不属于企业固定资产的有(　　)。

A.机器设备　　B.在建工程　　C.库存商品　　D.房屋及建筑物

E.融资租出固定资产

5.下列各项中，影响固定资产折旧额计算的因素有(　　)。

A.固定资产原始价值　　B.固定资产预计处置收入

C.固定资产预计使用寿命　　D.固定资产预计净残值

E.固定资产的无形损耗

6.下列项目不可在职工福利费中开支的有(　　)。

A.职工的医药费　　B.职工困难补助　　C.职工退休金　　D.职工教育经费

E.福利人员工资

7.留存收益的内容包括(　　)。

A.法定盈余公积　　B.资本公积　　C.任意盈余公积　　D.实收资本

E.未分配利润

8.法定盈余公积可用于(　　)。

A.归还投资　　B.转增资本

C.分配股利　　D.兴建职工集体福利设施

E.弥补亏损

9.企业的净利润应进行下列分配(　　)。

A.提取法定盈余公积　　B.支付银行借款利息

C.计算缴纳所得税　　D.向投资者分配利润

E.提取任意盈余公积

10.下列各项费用中，直接计入当期损益的有(　　)。

A.销售费用　　B.制造费用　　C.财务费用　　D.管理费用

E.直接材料

三、判断题

1.一般而言，固定资产的原始价值越高和使用寿命越短，企业计算出来的各期应分摊的折旧额就越多，反之则越少。(　　)

2.企业采用不同的折旧方法时，不会对各期的利润产生影响。(　　)

3.企业签发支票支付购货款时，应通过“应付票据”账户核算。(　　)

4.年末结账后，“利润分配”账户贷方余额为企业的未分配利润。(　　)

5.企业发生的办公费和差旅费都应计入企业的管理费用。（　　）

6.在一定的范围内，成本与费用之间可以相互转化。（　）

7.企业本年度的利润分配完毕之后，“利润分配”科目应无余额。（　　）

8.固定资产提足折旧后，不论能否继续使用，均不再计提折旧，提前报废的固定资产则应补提折旧。（　）

9.用盈余公积弥补亏损不会使所有者权益总额发生变动。（　　）

10.企业发生的营业外支出不作为费用加以认定，而是直接计入企业的当期损益。（　　）

四、业务处理题

1.目的：练习筹资业务的核算

资料：奔腾公司于 2015 年 1 月 1 日成立。成立之初由王阳和李贝两人投资，发生如下经济业务：

(1)2015 年 1 月 1 日，王阳以银行存款 400 000 元投资奔腾公司，款项已存入公司的开户行。

(2)2015 年 1 月 1 日，李贝以生产线作价投资，该生产线价值为 341 880 元，增值税专用发票注明进项税额为 58 120 元。该生产线已支付使用。

(3)2015 年 1 月 5 日，吴鹏意欲加入该公司，经协商，吴鹏出资 400 000 元，占公司股份的 20%。公司注册资本增加到 1 000 000 元。

(4)2015 年 1 月 10 日，向银行借入三年期长期借款 1 000 000 元，年利率为 8%，用于生产用房的建设，到期一次还本付息。

要求：编制上述业务的会计分录。

2.目的：练习材料采购业务的核算

资料：晋泉公司原材料按实际成本核算。2015 年 9 月份公司发生如下材料采购业务：

(1)购入甲材料 6 000 吨，每吨 15 元，增值税税率为 17%，款项已通过银行存款支付，材料验收入库。

(2)购入乙材料 100 000 千克，每千克 20 元，增值税税率为 17%，款项已通过银行存款支付，材料尚未入库。

(3)用银行存款 4 000 元支付购买乙材料的运输费。

(4)购买丙材料 5 000 吨，每吨 20 元，增值税税率为 17%，材料已验收入库，款项尚未支付。

(5)收到 8 月份已预付账款的丁材料，发票显示丁材料 4 000 吨，单价 25 元，增值税进项税额为 17 000 元。8 月份预付账款 80 000 元，其余款项通过银行存款支付。材料经检验合格。

要求：编制上述业务的会计分录。

3.目的：练习固定资产购置业务的核算

资料：汇富公司 2015 年 8 月份发生固定资产业务如下：

(1)购入不需要安装的生产设备 D 一台。该设备买价 600 000 元，增值税进项税额为 102 000 元，包装费和运输费共计 8 000 元。相应的款项已通过银行存款支付。假定按照运输费用金额和扣除率计算的进项税额不予考虑。设备已交付使用。

(2)购入需安装的生产线 E。该生产线买价为 500 000 元,增值税进项税额为 85 000 元,包装费和运输费共计 5 000 元。相应的款项已通过银行存款支付。假定按照运输费用金额和扣除率计算的进项税额不予考虑。

(3)委托安装公司对 E 生产线进行安装和调试,共发生安装费用 6 000 元,调试费用 4 000 元。款项已通过银行存款转账支付。

(4)8 月 31 日 E 生产线安装完毕并交付使用。

要求:编制上述业务的会计分录。

4.目的:练习生产过程业务的核算

资料:华兴工厂第一车间 8 月份生产 A、B 两种产品,发生下列经济业务:

(1)本月投产 A 产品 100 件、B 产品 50 件,生产 A 产品领用甲材料 10 000 元,生产 B 产品领用乙材料 8 000 元;两种产品生产共同领用丙材料 4 500 元,共同领用材料按产品投产量比例分配。

(2) 用现金购买办公用品 450 元,其中车间办公用品 200 元,企业管理部门办公用品 250 元。

(3)以银行存款支付水电费 1 000 元,其中车间水电费 700 元,企业管理部门水电费 300 元。

(4)A 产品生产工人薪酬 5 000 元,B 产品生产工人薪酬 2 500 元,管理人员薪酬 4 000元,其中车间管理人员薪酬 2 500 元,企业管理部门人员工资 1 500 元。

(5) 领用丙材料 6 000 元,其中车间一般消耗 5 500 元,企业管理部门消耗 500 元。

(6) 开出转账支票支付固定资产日常修理费 4 000 元,其中车间设备的修理费 3 000 元,企业管理部门设备的修理费 1 000 元。

(7) 提取本月固定资产折旧 12 000 元,其中车间使用固定资产应计提折旧 7 000 元,企业管理部门用固定资产应计提折旧 5 000 元。

(8)将本月发生的制造费用按 A、B 两种产品生产工时比例进行分配。已知 A、B 两种产品所耗工时分别是 1 000 小时、5 00 小时。

(9) 本月投产的两种产品全部完工验收入库,结转入库产品成本。

要求:编制上述业务的会计分录。

5.目的:练习销售业务的核算

资料:海峡公司 2015 年 11 月发生如下经济业务:

(1)4 日,向甲工厂出售 A 产品 500 件,每件售价 60 元,增值税率 17%。货款已收到,存入银行。

(2)7 日,向乙公司出售 B 产品 300 件,每件售价 150 元,增值税率 17%。货款尚未收到。

(3)15 日,收到乙公司支付的 B 产品的货款和增值税款,存入银行。

(4)17 日预收购货单位丙工厂货款 30 000 元,预收丁工厂货款 60 000 元,预收货款均存入银行。

(5)20 日,向丙工厂提供 A 产品 400 件,每件售价 60 元,增值税税率,货款抵付前收的预收款,多收的款项用现金退回。

(6)22日,向丁工厂提供B产品400件,每件售价150元,增值税税率,货款抵付前收的预收款,不足的款项丁工厂用银行存款转账支付。

(7)25日,向戊公司出售A产品100件,每件售价60元,增值税率17%。戊公司签发一张商业汇票以支付货款和增值税。

(8)30日,按出售的两种产品的实际成本结转销售成本(A产品每件40元,B产品每件100元)。

(9)30日,按本月流转税的一定比例计提应交城建税为5 000元,应交教育费附加960元。

要求:编制上述经济业务的会计分录。

6.目的:练习利润形成及利润分配的核算

资料:东南工厂2015年12月份发生的部分经济业务如下:

(1)发生一笔无法偿还的应付账款3 000元,经批准转作营业外收入。

(2)因销售产品出借给大华公司包装物一批,收取大华公司交来的包装物押金1 000元,存入银行。

(3)大华公司因将包装物丢失,未能返还包装物,没收其全部押金1 000元。

(4)出售多余甲材料一批,取得价款收入1 500元,收取销项税255元,存入银行。

(5)结转甲材料的销售成本,其账面价值为1 000元。

(6)以现金支付出售甲材料的搬运费120元。

(7)接银行通知,已收取出租固定资产的租金收入850元。

(8)企业因火灾造成乙材料净损失7 200元。

(9)以银行存款支付违约罚款500元。

(10)收到股利收入2 000元,存入银行。

(11)30日,结转本月实现的有关收入及费用。假设12月末,各有关损益类账户的本月发生额如下:

主营业务收入	85 000元	主营业务成本	48 000元	销售费用	4 200元
营业税金及附加	1 500元	管理费用	1 300元	财务费用	800元
营业外收入	3 600元	营业外支出	9 000元	其他业务收入	4 200元
其他业务成本	3 000元	投资收益	2 000元		

(12)按以上利润总额的25%计提本月应交所得税。

(13)结转所得税到"本年利润"账户。

(14)假设12月初,"本年利润"账户的贷方余额为250 000元。分别按当年净利润的10%比例提取法定盈余公积金。

(15)按当年净利润的50%的比例向投资者分配利润。

要求:根据资料编制会计分录。

7.目的:借贷记账法综合练习

资料:长海公司2015年12月发生如下经济业务:

(1)为生产产品耗用A材料50 000元,耗用B材料55 000元,车间一般性使用消耗

C 材料 5 000 元。

(2)为生产产品需支付生产工人工资 30 000 元，需支付生产车间管理人员工资 8 000 元。

(3)公司用银行存款支付生产车间水电费 2 000 元。

(4)公司计提生产车间固定资产折旧 5 000 元。

(5)应支付给公司销售部门的工资为 10 000 元。

(6)用银行存款支付管理部门业务招待费 1 500 元。

(7)计提管理部门使用的固定资产折旧费 1 500 元。

(8)用银行存款支付广告费 50 000 元。

(9)用银行存款支付本月应负担的银行借款利息 3 000 元。

(10)公司将取得的主营业务收入 800 000 元，其他业务收入 30 000 元，营业外收入 20 000 元；主营业务成本 250 000 元，其他业务成本 20 000 元，营业外支出 30 000 元，管理费用 30 000 元，财务费用 30 000 元，销售费用 90 000 元转入“本年利润”账户。

(11)假定长海公司 2015 年实现净利润 400 000 元。请按净利润的 10%提取法定盈余公积。

(12)公司决定将净利润的 30%以现金股利的形式发放给投资者。

要求：编制上述业务的会计分录。

8.目的：借贷记账法综合练习

资料：福厦公司 2015 年 3 月 1 日各账户的期初余额如下表所示。

账户余额表

2015 年 3 月 1 日　　单位：元

会计科目	总分类科目		明细分类科目	
	借方余额	贷方余额	借方余额	贷方余额
库存现金	9 000			
银行存款	111 000			
应收账款	30 000			
——三鼎公司			30 000	
原材料	80 000			
——A 材料			60 000	
——B 材料			20 000	
生产成本	12 000			
——甲产品			7 000	
——乙产品			5 000	
库存商品	20 000			
固定资产	300 000			

续表

会计科目	总分类科目		明细分类科目	
	借方余额	贷方余额	借方余额	贷方余额
累计折旧		50 000		
短期借款		40 000		
应付账款		20 000		
——长康公司				16 000
——天奇公司				4 000
应付职工薪酬		60 000		
实收资本		380 000		
本年利润		12 000		
合计	562 000	562 000		

附:A 材料 2 000 千克,单价 30 元/千克,金额 60 000 元;B 材料 1 000 千克,单价 20 元/千克,金额 20 000 元。甲产品生产成本 7 000 元包括:原材料 3 500 元,人工费用2 000 元,分摊的制造费用 1 500 元;乙产品生产成本 5 000 元包括:原材料 2 500 元,人工费用 1 500元,分摊的制造费用 1 000 元。

福厦公司 2015 年 3 月份发生的经济业务如下:

(1)1 日,收到三鼎公司通过银行支付的货款 20 000 元。

(2)2 日,以银行存款偿还银行的短期借款 40 000 元。

(3)5 日,领用 A 材料 500 千克,计 15 000 元,其中:生产甲产品耗用 300 千克,计 9 000元;生产乙产品耗用 200 千克,计 6 000 元。耗用 B 材料 200 千克,计 4 000 元,其中:车间一般性耗用 100 千克,计 2000 元,行政管理部门耗用 100 千克,计 2 000 元。

(4)6 日,以银行存款 50 000 元发放职工工资。

(5)10 日,收到锦乐公司投资的全新机器设备一台,计 30 000 元。

(6)10 日,销售甲乙两种产品给三鼎公司,其中:甲产品 30 件,单价 2 000 元/件;乙产品 20 件,单价 1 000 元/件。货款 80 000 元已收到,存入银行。

(7)12 日,向天奇公司购进甲材料 1 500 千克,单价 30 元/千克,计 45 000 元,如数验收入库,尚未支付货款。

(8)12 日,以银行存款支付 3 000 元购买办公用品。其中:车间领用 1 400 元,行政管理部门领用 1 600 元。

(9)15 日,以银行存款支付之前欠长康公司的货款 15 000 元。

(10)15 日,销售甲乙两种产品给三鼎公司,其中:甲产品 20 件,单价 2000 元/件;乙产品 30 件,单价 3 000 元/件。货款尚未收到。

(11)16 日,领用 A 材料 1 000 千克,计 30 000 元,其中:生产甲产品耗用 600 千克,计 18 000 元;生产乙产品耗用 400 千克,计 12 000 元。领用 B 材料 200 千克,计 4 000 元,其中:生产甲产品耗用 100 千克,计 2 000 元;生产乙产品耗用 100 千克,计 2 000 元。

(12)18 日,借入短期借款 30 000 元,存入银行。

(13)20 日,向长康公司购进 B 材料 1 500 千克,单价 20 元/千克,计 30 000 元,如数验收入库,尚未支付货款。

(14)22 日,以银行存款支付之前欠天奇公司的货款 12 000 元。

(15)25 日,锦乐公司以银行存款投入 50 000 元。

(16)28 日,以银行存款支付之前欠长康公司的货款 30 000 元。

(17)31 日,计提固定资产折旧 12 000 元,其中:生产车间计提 6 800 元,行政管理部门计提 5 200 元。

(18)31 日,分配本月工资费用 50 000 元,生产车间工人工资 30 000 元(甲产品 20 000元,乙产品 10 000 元),生产车间管理人员工资 8 000 元,行政管理人员工资 12 000 元。

(19)31 日,按职工工资总额 35%计提社会保险费,生产车间工人工资计提 10 500 元(甲产品 7 000 元,乙产品 3 500 元),生产车间管理人员工资计提 2 800 元,行政管理人员工资计提 4 200 元。

(20)31 日,以银行存款支付产品广告费 6 000 元。

(21)31 日,按生产工人工资比例(2∶1)分配结转制造费用 21 000 元。

(22)31 日,甲产品、乙产品各 100 件全部完工,结转已完工入库产品的生产成本 122 500元(甲产品:77 000 元,乙产品 45 500 元)。

(23)31 日,结转本月已销售产品的生产成本 61 250 元(甲产品:38 500 元,乙产品:22 750元)。

(24)31 日,结转主营业务收入 150 000 元(甲产品:100 000 元,乙产品:50 000 元)。

(25)31 日,结转主营业务成本 61 250 元,管理费用 25 000 元,销售费用 6 000 元。

要求:编制上述业务的会计分录。

第六章　会计凭证

基本要求

1.了解会计凭证的概念与作用；
2.了解会计凭证的传递；
3.熟悉原始凭证与记账凭证的种类；
4.熟悉会计凭证的保管；
5.掌握原始凭证的填制；
6.掌握记账凭证的填制；
7.掌握原始凭证与记账凭证的审核。

第一节　会计凭证概述

一、会计凭证的概念与作用

(一)会计凭证的概念

会计凭证是指记录经济业务发生或者完成情况的书面证明，用以明确经济责任，同时也是登记账簿的依据。

会计信息强调真实、可靠，因此，每一笔会计记录都要有真凭实据，即会计凭证。会计凭证是真实可靠的会计信息的源头。会计凭证的填制与审核作为会计工作的初始环节，对于如实反映和有效监督企业的经济业务，保证会计信息的真实、可靠具有重要意义。

在任何企业中，每一项经济业务的发生都必须由其经办人员自行填制或从企业外部取得会计凭证。在会计凭证中，需对经济业务的发生日期、内容、数量、金额等进行记录，并由经办人员在会计凭证上签名或者盖章，据此明确其对经济业务的真实性、合法性与合理性，以及会计凭证的正确性所负的经济责任。会计凭证经过会计部门审核无误后，才能够据以登记会计账簿，进行后续的会计处理。

(二)会计凭证的作用

会计凭证的作用主要体现在以下三个方面：

1.记录经济业务，提供记账依据

经济业务一旦发生，就必须按照规定及时填制或取得会计凭证，真实客观地对经济业务发生或完成的时间、经济业务的内容等情况加以记录。经过规定的程序后，记录经济业务的会计凭证最终将汇集到会计部门，会计人员按一定的方法对会计凭证进行整理、分类、汇总后，就能够凭以登记账簿。

2.明确经济责任，强化内部控制

利用会计凭证的签章可以明确各个经办人员的经济责任。按照规定，会计凭证在填制或取得的过程中，必须由经办人员签字或盖章，借以明确经济责任，表明其对经济业务的真实性、合法性与合理性以及会计凭证的正确性负责。虚构经济业务、伪造会计凭证等舞弊行为一经发现，将受到公司规章制度的惩处，甚至受到国家法律的制裁，相关会计凭证上的签名或盖章明确了惩处及制裁的对象为其经办人员。因此，上述规定有效地防止了经办人员的舞弊行为，强化了内部控制。同时，利用会计凭证的传递可以使得各个经办人员相互监督。按照规定，只有经过审核无误的会计凭证，才能够作为记账依据。因此，在会计凭证传递的每一个环节中，经办人员都会对所接收的会计凭证进行审核。通过审核，经办人员能够及时发现存在的问题。因此，会计凭证的传递强化了内部控制。

3.监督经济活动，控制经济运行。

会计凭证的这一作用主要是通过会计凭证的审核来实现的。会计凭证是记录经济业务的书面证明，因此，会计凭证的审核，不仅是对会计凭证的正确性的监督，也是对所记录的经济业务的真实性、合理性以及合法性的监督。通过审核会计凭证，可以检查各项经济业务是否存在铺张浪费、违法乱纪等行为。针对发现的问题，企业可以采取措施予以解决，从而使得经济活动回归正常轨道。

二、会计凭证的种类

会计凭证按照填制程序和用途可分为原始凭证和记账凭证。

(一)原始凭证

原始凭证，又称单据，是指在经济业务发生或完成时填制或取得的，用以记录或证明经济业务的发生或完成情况的原始凭据。

经济业务发生时，一般会产生含有财务信息的数据，这些数据首先应当用相应的原始凭证记录下来。这样的原始凭证既可以作为经济业务完成情况的书面证明，又可以作为会计编制记账凭证、进行加工处理的依据。

经济业务可以分为对外交易和对内交易两类。任何一种交易的发生，都应当取得相应的足以作为证明的原始凭证。

(二)记账凭证

记账凭证，又称记账凭单，是指会计人员根据审核无误的原始凭证，按照经济业务的内容加以归类，并确定会计分录后所填制的会计凭证，同时也是登记账簿的直接依据。

记账凭证上载有会计分录是其与原始凭证的本质区别。原始凭证上所载的可以用货币计量的内容称为经济数据。会计部门接受原始凭证，表明会计部门将可能进入会计信息系统加以处理的经济数据全部收集，其中，只有经过会计人员审核无误的原始凭证上所载有的经济数据才能最终进入会计信息系统。经济数据无法直接进入会计信息系统，因此，需要用会计特有的方式——会计分录将经济数据转化为能够进入会计信息系统的会计信息。尽管会计分录作为信息依然有待加工,但是从经济数据到会计信息的转换是具有决定性意义的过程。会计分录首先就填写在记账凭证上。

第二节　原始凭证

一、原始凭证的种类

原始凭证可以按照取得来源、格式、填制的手续和内容进行分类。

(一)按取得的来源分类

原始凭证按照取得的来源可分为自制原始凭证和外来原始凭证。

1.自制原始凭证

自制原始凭证是指由本单位有关部门和人员,在执行或完成某项经济业务时填制的,仅供本单位内部使用的原始凭证。企业仓库保管人员在验收材料入库时所填制的“收料单”、生产车间领用材料时所填制的“领料单”和职工出差借款所填制的“借款单”等都属于自制原始凭证。其一般格式如表 6-1、表 6-2 所示。

表 6-1　收料单

供货单位:勤业公司　　　　凭证编号:119

发票编号:92105　　　　2015 年 12 月 7 日　　　　收料仓库:1 号库

材料类别	材料编号	材料名称及规格	计量单位	数量		金额(元)			
				请领	实发	单价	买价	运杂费	合计
钢材	30200	11 mm 圆钢	kg	100	100	0.75	75.00	25.00	100.00
备注:								合计	100.00

仓管员　　　　收料

表 6-2　领料单

领料单位:机钳车间　　　　凭证编号:1015

用途:A 产品　　　　2015 年 12 月 10 日　　　　领料仓库:1 号库

材料类别	材料编号	材料名称及规格	计量单位	数量		单价	金额
				请领	实发		
钢材	30200	11 mm 圆钢	kg	50	50	1	50.00
备注:						合计	50.00

记账　　　　发料　　　　领料部门主管　　　　领料

2.外来原始凭证

外来原始凭证是指在经济业务发生或完成时,从其他单位或个人直接取得的原始凭证。购货时从销货单位处取得的“增值税专用发票”、出差出行时购买的机票、火车票等都属于外来原始凭证。其一般格式如表 6-3 所示。

表 6-3　增值税专用发票

2015 年 12 月 11 日　　　　发票联　　　　No.6999876

<table>
<tr><td rowspan="2">购货单位</td><td>名称</td><td colspan="3">勤业公司</td><td>纳税人登记号</td><td colspan="2">350022100122134</td><td rowspan="7">第一联</td></tr>
<tr><td>地址</td><td colspan="3">勤业市和平路 120 号</td><td>开户银行及账号</td><td colspan="2">工商行三家村支行
343246088-96</td></tr>
<tr><td colspan="2">商品或劳务名称</td><td>计量单位</td><td>数量</td><td>单价</td><td>金额</td><td>税率(%)</td><td>税额</td></tr>
<tr><td colspan="2">20mm 圆钢</td><td>kg</td><td>2 000</td><td>4.0</td><td>8 000.00</td><td>17</td><td>1 360.00</td></tr>
<tr><td colspan="2">合计</td><td></td><td></td><td></td><td>8 000.00</td><td>17</td><td>1 360.00</td></tr>
<tr><td colspan="2">价税合计(大写)</td><td colspan="4">零佰零拾零万玖仟叁佰陆拾零元零角零分</td><td colspan="2">￥9 360.00</td></tr>
<tr><td rowspan="2">销货单位</td><td>名称</td><td colspan="3">鹭岛五金公司</td><td>纳税人登记号</td><td colspan="2">350022100566598</td></tr>
<tr><td>地址</td><td colspan="3">鹭岛市天鹅路 115 号</td><td>开户银行及账号</td><td colspan="2">工商行三家村支行
343468642－56</td><td></td></tr>
<tr><td colspan="8">备注：</td><td></td></tr>
</table>

收款人：高天　　　　开票单位(未盖章无效)：王静

(二)按照格式分类

原始凭证按照格式的不同可分为通用凭证和专用凭证。

1.通用凭证

通用凭证是指由有关部门统一印制、在一定范围内使用的具有统一格式和使用方法的原始凭证。乘坐火车时购买的“火车票”、招待宾客在酒店就餐时取得的“服务业专用发票”等都属于通用凭证。

2.专用凭证

专用凭证是指由单位自行印制、仅在本单位内部使用的原始凭证。材料验收入库时所填制的“收料单”、生产车间领用材料时所填制的“领料单”和产成品完工入库时填制的“产品入库单”等都属于专用凭证。其一般格式如表 6-4 所示。

表 6-4　产品入库单

凭证编号：015

交库单位：第四车间　　　　2015 年 12 月 28 日　　　　仓库：第一仓库

<table>
<tr><td rowspan="2">产品编号</td><td rowspan="2">产品名称</td><td rowspan="2">计量单位</td><td rowspan="2">规格</td><td rowspan="2">交付数量</td><td colspan="2">检验结果</td><td rowspan="2">实收数量</td><td rowspan="2">单价</td><td rowspan="2">金额</td></tr>
<tr><td>合格</td><td>不合格</td></tr>
<tr><td>2021</td><td>电风扇</td><td>台</td><td>D103</td><td>1 000</td><td>1 000</td><td>—</td><td>1 000</td><td>135.00</td><td>135 000.00</td></tr>
<tr><td colspan="10">备注：</td></tr>
</table>

记账：王明　　检验：刘闯　　仓库：李军　　经手：苏天

(三)按填制的手续和内容分类

原始凭证按照填制的手续和内容可分为一次凭证、累计凭证和汇总凭证。

1.一次凭证

一次凭证是指一次填制完成，只记录一笔经济业务且仅一次有效的原始凭证。大部分自制原始凭证和所有的外来原始凭证都属于一次凭证。如：付出现金时收到的收据、职工出差借款填制的“借款单”等。

2.累计凭证

累计凭证是指在一定时期内对多次发生的同类型经济业务进行记录且多次有效的原始凭证。累计凭证一定属于自制原始凭证。在大部分的企业中，普遍存在一些经常重复发生的经济业务，例如工业企业中生产车间向仓库领用材料。对于这样的业务，如果在每次发生时通过填制一次凭证分别加以记录，将会形成大量的原始凭证，增加后续会计处理的工作量，造成企业资源浪费。因此，通常采用累计凭证对此类经济业务加以记录。累计凭证是随着经济业务的陆续发生而分次填制的。使用累计凭证不仅可以减少凭证数量和简化填制手续，还能够随时将累计发生数与计划数进行比较，便于控制管理。工业企业所使用的“限额领料单”就是一种常见的累计凭证，其一般格式如表 6-5 所示。

表 6-5　限额领料单

2015 年 12 月　　　　编号：1109

领料单位：三车间　　用途：B 产品　　计划产量：3 000 台

材料编号：30500　　名称规格：14 mm 圆钢　　计量单位：kg

单价：2.00 元　　消耗定量：0.2 kg/台　　领用限额：600

日期	请领		实发				
	数量	领料单位负责人	数量	累计	发料人	领料人	限额结余
12-1	200	张三	200	200	李四	王五	400
12-11	200	张三	200	400	李四	王五	200
12-21	200	张三	200	600	李四	王五	0
累计实发金额	￥1 200.00						

供应部门负责人(签章)　　生产计划部门负责人(签章)　　仓库负责人(签章)

3.汇总凭证

汇总凭证是指对一定时期内反映经济业务内容相同的若干张原始凭证，按照一定标准进行汇总后填制的原始凭证。汇总凭证只能针对相同的经济业务内容进行汇总，即一张汇总凭证不能汇总两种或两种以上的经济业务内容。收料汇总表、发料汇总表、工资汇总表、商品销售汇总表等都属于汇总凭证。发料汇总表的一般格式如表 6-6 所示。

表 6-6　发料凭证汇总表

2015 年 12 月　　　　第 1 号 附件 35 张

日期	领料单张数	贷方科目	借方科目	
		材料物资	销售费用	管理费用
1-10	12	144 000.00	56 000.00	88 000.00
11-20	13	169 000.00	73 000.00	96 000.00
21-31	10	100 000.00	42 000.00	58 000.00
合计	35	413 000.00	171 000.00	242 000.00

会计主管：××　　记账：××　　复核：××　　填制：××

二、原始凭证的基本内容

原始凭证的格式和内容因其所记录经济业务和企业经营管理需求的不同而有所差异,因此,不同类型的原始凭证在格式和内容上不可能完全相同。例如,收料单与领料单的内容存在明显的差别,前者记录的是某种原材料收入的数量和金额,而后者则记录了领用某种原材料的数量和金额。但是,所有原始凭证都必须客观、真实地记录和反映经济业务的发生、完成情况,并明确有关单位、部门及人员的经济责任。所以,原始凭证在格式和内容上应当具有一些共性,以保证其均能够发挥上述作用。任何一种原始凭证都应当具备以下基本内容(也称为原始凭证要素):

(1)凭证的名称,如借款单、工资汇总表、限额领料单等。名称是原始凭证不可或缺的要素之一,它能够在一定程度上反映该凭证所记录的经济业务的类型。例如,借款单反映了员工出差向企业借款的业务,火车票表明了员工乘坐火车的经济活动,销货发票说明企业发生了商品买卖的交易。

(2)填制凭证的日期。填制凭证的日期应该与经济业务发生或完成的日期相一致,以保证原始凭证准确记录经济业务发生或完成的时间。因此,有关人员应在经济业务发生或完成的当天填制原始凭证,若在经济业务发生时无法及时填制原始凭证(少数情况下),也应该在事后尽快完成填制。

(3)填制凭证单位名称或者填制人姓名。

(4)经办人员的签名或者盖章。原始凭证是明确经济责任的书面证据,经办人员的签名或盖章是明确经济责任所必需的。

(5)接受凭证单位名称。

(6)经济业务内容。原始凭证是记录经济业务的书面证据,经济业务的内容必须在原始凭证上得以反映。有些凭证本身便可以体现经济业务的内容,例如,飞机票表明了有关人员乘坐飞机的经济活动,不需要额外的说明。然而,有些凭证本身不足以反映经济业务的内容,便需要在凭证中设置的摘要栏加以说明,如通用发票中的摘要栏。

(7)数量、单价和金额。这是完整反映经济业务的要求,同时也是会计记录的要求。没有载明金额的原始单证就不是会计上的原始凭证,如劳动合同等。

上述七点只是原始凭证的共同特征,一些特殊的原始凭证还应符合一些特殊要求,例如,购货发票上应该印有税务专用章且加盖开票单位的公章。

三、原始凭证的填制要求

(一)原始凭证填制的基本要求

为了保证原始凭证能够正确、及时、清晰地反映各项经济业务的真实情况,并真正具备法律效力,原始凭证的填制必须符合下列要求:

(1)记录真实。原始凭证上的填制日期、经济业务内容和数字(包括数量、单价和金额等)必须根据实际情况填写,确保凭证所记录的经济业务相关数据真实可靠。

(2)内容完整。原始凭证的各项内容,必须详尽地填写齐全,不得遗漏或随意省略。需要特别注意的是经办人员和部门的签章这一项内容,从外部单位取得的原始凭证必须盖有填制单位的财务章，从外部个人取得的原始凭证则必须有填制人员的签名或盖章，自制的原始凭证必须由经办单位负责人或其指定人员签名或盖章，对外开出的原始凭证必须加盖单位财务章。

（3）手续完备。

（4）书写清楚、规范。一般情况下，原始凭证只能使用黑色或蓝色水笔填制。但对于一式几联的原始凭证，可以使用圆珠笔并加双面复写纸套写，且必须保证各联字迹清晰。此外，填写支票只能使用碳素笔。书写具体要求如下：

①凡是同时填有大写和小写金额的原始凭证，大写与小写的金额必须一致。

②汉字大写数字一律用正楷字书写，例如零、壹、贰、叁、肆、伍、陆、柒、捌、玖、拾、佰、仟、万、亿等，不得使用简化字或非上述大写写法，例如一、二、三、四、五、六、七、八、九、十、百、千等。

③大写金额没有"分"的，一律在"元"或"角"字之后加"整"字或"正"字结尾，大写金额有"分"的，"分"字之后不加"整"字或"正"字。

④大写金额前应该表明货币单位，如"人民币""欧元""英镑"等，货币单位和金额数字之间，以及各个金额数字之间不留空白。

⑤阿拉伯数字应一个一个填写，不得连笔。

⑥阿拉伯数字金额前应当书写货币币种符号或货币名称，如人民币的符号"¥"、英镑的符号"£"、美元的符号"US＄"等，货币符号与阿拉伯数字之间，以及各个阿拉伯数字之间不留空白，而且数字金额后不加货币单位，如人民币的货币单位"元"、泰币的货币单位"铢"等。

⑦所有以元为单位的阿拉伯数字，除了表示单价等情况外，一律写到分；无角无分的，角位和分位可以写作"00"或符号"—"；有角无分的，分位应写"0"。

（5）连续编号。各种原始凭证必须连续编号，以便核查，当已经预先编号的原始凭证因填写错误而作废时，应该加盖"作废"戳记，并妥善保管。

（6）不得涂改、刮擦、挖补。原始凭证填写错误时，一律不得随意涂改、刮擦、挖补，而应当按照规定的方法进行更正，即用红线划掉填写错误的部分，再在红线的上方书写正确的文字或数字，并加盖经手人印章。需要注意的是，一些特殊的原始凭证不得更改，如提交银行的结算凭证，一旦填写错误立即作废。

（7）填制及时。由于事后填制容易产生差错，相关人员应在经济业务发生或完成时及时填制原始凭证，不可拖延。

（二）自制原始凭证的填制要求

不同的自制原始凭证，填制要求也有所不同。

1.一次凭证的填制

一次凭证应在经济业务发生或完成时，由相关业务人员一次填制完成。该凭证往往只能反映一项经济业务，或者同时反映若干项同一性质的经济业务。

2.累计凭证的填制

累计凭证应在每次经济业务完成后，由相关人员在同一张凭证上重复填制完成。该凭证能在一定时期内不断重复地反映同类经济业务的完成情况。

3.汇总凭证的填制

汇总凭证应由相关人员在汇总一定时期内反映同类经济业务的原始凭证后填制完成。该凭证只能将类型相同的经济业务进行汇总，不能汇总两类或两类以上的经济业务。

(三)外来原始凭证的填制要求

外来原始凭证应在企业同外单位发生经济业务时，由外单位的相关人员填制完成。就外单位而言，它是自制原始凭证，所以填制方法与自制原始凭证相同。外来原始凭证一般由税务局等部门统一印制，或经税务部门批准由经营单位印制，在填制时加盖出具凭证单位公章方为有效。一式多联的原始凭证，必须用复写纸套写或打印机套打。

四、原始凭证的审核

为了如实反映经济业务的发生和完成情况，充分发挥会计的监督职能，保证会计信息的真实、合法、完整和准确，会计人员必须对原始凭证进行严格审核。审核的内容主要包括：

(1)审核原始凭证的真实性。指对原始凭证所记录的经济业务是否真实发生进行审核。如果发现虚构交易、伪造凭证等行为，会计人员有权拒绝受理相应原始凭证，并向单位负责人报告。

(2)审核原始凭证的合法性。指审查原始凭证所记录的经济业务是否符合国家有关法律、法规和企业相应规章制度的规定。对于违法乱纪、营私舞弊等行为，会计人员一经发现，便应报请上级有关人员处理，情节严重的，应追究相关人员的法律责任。

(3)审核原始凭证的合理性。原始凭证的合理性要求经济业务的发生有利于企业经济效益的提高。

(4)审核原始凭证的完整性。会计人员应根据上述原始凭证的各项基本内容，对原始凭证进行逐项审核，重点查看凭证内容是否完整，是否按规定填写齐全，是否按规定手续办理。对于内容填写不全、手续不完备的原始凭证，应退还经办人员，补办完整后才予以受理。

(5)审核原始凭证的正确性。会计人员应根据上述原始凭证的填制要求，对原始凭证的摘要和数字及其他项目是否填写正确进行审核。特别需要注意大、小写金额是否相符；数量、单价、金额、合计是否填写正确；凭证各项内容是否有涂改现象等。若凭证存在除凭证金额以外的差错，出具单位可以选择重开或者更正；但是，若凭证金额存在差错，则只能由出具单位重开。

(6)审核原始凭证的及时性。原始凭证的及时性要求经办人员在经济业务发生或完成的当天填制原始凭证。

第三节　记账凭证

一、记账凭证的种类

记账凭证可按不同的标准进行分类，按照用途可分为专用记账凭证和通用记账凭证；按照填列方式可分为单式记账凭证和复式记账凭证。

(一)按凭证的用途分类

1.专用记账凭证

专用记账凭证是指分类反映经济业务的记账凭证,按其反映的经济业务内容,可分为收款凭证、付款凭证和转账凭证。相较于通用记账凭证,专用记账凭证能够实现对不同经济业务的分类管理,但是工作量较大。在实际工作中,这三类专用记账凭证通常印刷在不同颜色的纸张上,以便于识别,从而提高会计工作效率。

(1)收款凭证

收款凭证是指用于记录现金和银行存款收款业务的记账凭证,是根据记载现金收入和银行存款收入业务的原始凭证填制的。收款凭证包括现金收款凭证和银行存款收款凭证两类。收款凭证是登记现金日记账与银行存款日记账以及有关明细账和总分类账的依据,也是出纳人员收入款项的依据。

【例 6-1】笃行公司销售电吹风 2 000 台,货款总计 132 000 元,增值税 22 440 元,款项已全部收到并存入银行。根据销售发票和银行结算凭证编制银行收款凭证,如表 6-7 所示。

表 6-7　收款凭证

借方科目:银行存款　　2015 年 12 月 15 日　　银收字第 13 号

摘要	贷方科目		金额
	一级科目	二级或明细科目	
销售电吹风	主营业务收入	电吹风	132 000.00
	应交税费	应交增值税(销项税额)	22 400.00
附单据 贰 张	合　计		￥154 400.00

会计主管:××　　记账:××　　出纳:××　　稽核:××　　制证:××

(2)付款凭证

付款凭证是指用于记录现金和银行存款付款业务的记账凭证,是根据记载现金支出和银行存款支出业务的原始凭证填制的。付款凭证包含现金付款凭证和银行存款付款凭证两类。付款凭证是登记现金日记账与银行存款日记账以及有关明细账和总分类账的依据,也是出纳人员付出款项的依据。

【例 6-2】笃行公司采购原材料电热丝 20 000 条,货款总计 200 000 元,增值税进项税额 34 000 元,款项全部以银行存款支付,根据原材料入库单、购货发票和银行结算凭证编制付款凭证,如表 6-8 所示。

表 6-8 付款凭证

贷方科目:银行存款　　2015 年 12 月 18 日　　银付字第 10 号

摘要	借方科目		金额
	一级科目	二级或明细科目	
采购原材料	原材料	电吹风	200 000.00
	应交税费	应交增值税(进项税额)	34 000.00
附单据叁 张	合 计		￥234 000.00

会计主管:××　记账:××　出纳:××　稽核:××　制证:××

需要注意的是,当发生导致银行存款和现金此消彼长的经济业务时,按照目前的惯例,会计人员在编制记账凭证时只编制付款凭证,以防止重复记录。例如:将现金存入银行时,只编制现金付款凭证;从银行提取现金时,只编制银行存款付款凭证。

(3)转账凭证

转账凭证是指用于记录不涉及现金和银行存款收付的经济业务(转账业务)的记账凭证,是根据记载转账业务的原始凭证或汇总原始凭证填制的。

【例 6-3】笃行公司电吹风生产车间领用原材料电热丝 1 000 条,金额总计 10 000 元,结转生产成本。根据领料单编制转账凭证,如表 6-9 所示。

表 6-9 转账凭证

2015 年 12 月 20 日　　转字第 28 号

摘要	会计科目		借方金额	贷方金额
	一级科目	二级或明细科目		
电吹风生产车间领用电热丝	生产成本	电吹风	10 000.00	
电吹风生产车间领用电热丝	原材料	电热丝		10 000.00
附单据壹 张	合 计		￥10 000.00	￥10 000.00

会计主管:××　记账:××　出纳:××　稽核:××　制证:××

2.通用记账凭证

通用记账凭证是指用来反映所有经济业务的记账凭证,为各类经济业务所共同使用,其格式与转账凭证基本相同。规模不大、款项收付业务不多的企业常采用通用记账凭证,对收款业务、付款业务和转账业务不加以区分,全部采用统一格式的记账凭证。

【例 6-4】映雪公司以现金支付业务招待费 1 090 元,根据餐饮服务业专用发票编制记账凭证,如表 6-10 所示。

表 6-10　记账凭证

单位：映雪公司　　2015 年 12 月 20 日　　第 18 号

摘要	会计科目		借方金额	贷方金额
	一级科目	二级或明细科目		
支付业务招待费	管理费用	业务招待费	1 090.00	
支付业务招待费	现金	电热丝		1 090.00
附单据 壹 张	合 计		￥1 090.00	￥1 090.00

会计主管：××　记账：××　出纳：××　稽核：××　制证：××

(二)按凭证的填列方式分类

1.单式记账凭证

单式记账凭证是指只填列经济业务所涉及的一个会计科目及其金额的记账凭证。每一项经济业务的发生都涉及两个或者两个以上的会计科目，在使用单式记账凭证的企业中，会计人员将经济业务所涉及的每一个会计科目分别记录在单独的记账凭证中，其中，记载借方科目的凭证称为借项记账凭证，记载贷方科目的凭证称为贷项会计凭证。由于单式记账凭证中每个凭证只反映一个会计科目，因此，一项经济业务涉及多少个会计科目就需要填制多少张凭证。单式记账凭证既有其优点也存在一定的弊端，一方面，它有利于记账工作的分工，也便于按会计科目汇总，从而提高了记账工作的效率。但是另一方面，它也导致凭证数量增多，使得在一张凭证上不能完整地反映一笔经济业务的全貌，给后期凭证复核、装订及保管工作增加了难度。

【例 6-5】笃行公司以现金支付 11 月公司电话费 1 335 元，根据电信服务业专用发票编制单式记账凭证，如表 6-11、表 6-12 所示。

表 6-11　借项记账凭证

2015 年 12 月 3 日　　编号：27 1/2 号

摘要	总账科目	明细科目	账页	金额
支付 11 月公司电话费	管理费用	办公费		1 335.00
对应科目：现金	合 计			￥1 335.00

会计主管：××　记账：××　出纳：××　稽核：××　制证：××

表 6-12　贷项记账凭证

2015 年 12 月 3 日　　编号：27 2/2 号

摘要	总账科目	明细科目	账页	金额
支付 11 月公司电话费	现金			1 335.00
对应总账科目：管理费用	合 计			￥1 335.00

会计主管：××　记账：××　出纳：××　稽核：××　制证：××

2.复式记账凭证

复式记账凭证是将每一笔经济业务所涉及的全部科目及其发生额记录在同一张凭证中的一种记账凭证。复式记账凭证的使用有利于在一张凭证中完整反映一笔经济业务的全貌,同时能够减少记账凭证的数量,降低了事后查账的工作量。同时,复式记账凭证的使用也造成记账分工困难、记账凭证难以按科目汇总等不利影响。上述通用记账凭证和专用记账凭证都属于复式记账凭证。

在实际工作中,会计人员常常定期编制科目汇总表或汇总记账凭证,以简化登记总分类账的工作,科目汇总表和汇总记账凭证也属于记账凭证。

科目汇总表由一定时期内的全部记账凭证汇总编制而成,记载了所有会计科目的名称、期初金额、期末金额和本期累计发生额,其一般格式如表 6-13 所示。

表 6-13　科目汇总表

年　月　日　至　月　日　　　　编号:

会计科目	期初余额		本期发生额		期末余额		备注
	借方	贷方	借方	贷方	借方	贷方	
合计							

会计主管:××　　会计:××　　复核:××　　制表:××

汇总记账凭证是根据一定时期内的各种记账凭证按照科目汇总编制而成,可分为汇总收款凭证、汇总付款凭证及汇总转账凭证三类。其中,汇总收款凭证按照借方科目进行汇总,例如现金收款凭证按照现金科目汇总;汇总付款凭证按照贷方科目进行汇总,例如银行存款付款凭证按照银行存款科目汇总;汇总转账凭证则统一按照贷方科目进行汇总。汇总记账凭证的一般格式如表 6-14、表 6-15、表 6-16 所示。

表 6-14　汇总收款凭证

借方科目:银行存款　　2015 年 12 月　　汇收字第 2 号

贷方科目	金额				记账	
	(1)	(2)	(3)	合计	借方	贷方
主营业务收入	30 000.00	55 000.00	35 000.00	120 000.00		120 000.00
应收账款		70 000.00		70 000.00		70 000.00
应交税金	3 000.00	13 000.00	9 000.00	25 000.00		25 000.00
合计	33 000.00	138 000.00	44 000.00	215 000.00		215 000.00
附注:(1)自 1 日至 10 日　收款凭证共计 8 张						
(2)自 11 日至 20 日　收款凭证共计 12 张						
(3)自 21 日至 31 日　收款凭证共计 7 张						

会计主管:××　　会计:××　　复核:××　　制单:××

表 6-15　汇总付款凭证

贷方科目:银行存款　　2015 年 12 月　　汇付字第 2 号

借方科目	金额				记账	
	(1)	(2)	(3)	合计	借方	贷方
销售费用	3 000.00	5 000.00	2 000.00	10 000.00	10 000.00	
管理费用	2 000.00	3 000.00	3 500.00	8 500.00	8 500.00	
应交税金	7 000.00	8 000.00		15 000.00	15 000.00	
合计	12 000.00	16 000.00	5 500.00	33 500.00	33 500.00	
附注:(1)自 1 日至 10 日　付款凭证共计 7 张						
(2)自 11 日至 20 日　付款凭证共计 11 张						
(3)自 21 日至 31 日　付款凭证共计 9 张						

会计主管:××　　会计:××　　复核:××　　制单:××

表 6-16　汇总转账凭证

贷方科目:原材料　　2015 年 12 月　　汇转字第 7 号

借方科目	金额				记账	
	(1)	(2)	(3)	合计	借方	贷方
生产成本	200 000.00	190 000.00	210 000.00	600 000.00	600 000.00	
制造费用	50 000.00	30 000.00	70 000.00	150 000.00	150 000.00	
合计	250 000.00	220 000.00	280 000.00	750 000.00	750 000.00	
附注:(1)自 1 日至 10 日　转账凭证共计 10 张						
(2)自 11 日至 20 日　转账凭证共计 11 张						
(3)自 21 日至 31 日　转账凭证共计 10 张						

会计主管:××　　会计:××　　复核:××　　制单:××

二、记账凭证的基本内容

记账凭证是登记账簿的依据,因其所反映经济业务的内容不同,各单位规模大小及其对会计核算繁简程度的要求不同,所以不同记账凭证的内容会有所差异,但任何一张记账凭证都应当具备以下基本内容:

(1)会计凭证的名称。会计凭证的名称与企业采用的会计凭证的类型相关,如果企业采用专用记账凭证,则凭证根据其所记载经济业务的不同,分别称为收款凭证、付款凭证和转账凭证;如果企业采用通用记账凭证,所有凭证则统一称作记账凭证。

(2)填制凭证的日期。

(3)凭证编号。在为凭证编号时,需要考虑企业所采用的会计凭证类型,企业采用的会计凭证类型不同,所使用的会计凭证编号方法也不同。在采用收款凭证、付款凭证和转账凭证等专用记账凭证时,应采取字号编号法对记账凭证进行编号,即对不同类型的凭证用“字”加以区分并分别独立连续编号，现金收款凭证按“现收字××号”连续编号，银行存款收款凭证按“银收字××号”连续编号，现金付款凭证按“现付字××号”连续编号，银行存款付款凭证按“银付字××号”连续编号，转账凭证按“转字××号”连续编号。但是，在采用通用记账凭证的企业中，则采取顺序编号法对记账凭证进行编号，仅需要按月依据凭证的先后顺序连续编号即可。如果一笔经济业务需要填制两张或者两张以上的记账凭证，应采取分数编号法对此记账凭证进行编号。例如，×年×月×日在一家采用专用记账凭证的企业中发生了一笔银行存款付款业务，需要填制三张银行存款付款凭证，若凭证的顺序号为 101 号，那么，这三张银行存款付款凭证的编号应为“银付字 101 1/3 号”、“银付字 101 2/3 号”和“银付字 101 3/3 号”。

(4)经济业务摘要。记账凭证是根据原始凭证编制而成的，所以，记账凭证与原始凭证之间存在对应关系，为了明确记账凭证是与哪一张或者哪几张原始凭证相对应，需要在记账凭证的摘要栏中简单介绍原始凭证所记录的经济业务。

(5)会计科目。会计科目和金额是记账凭证最核心的部分。

(6)金额。

(7)所附原始凭证张数。会计人员在填制记账凭证时应在其后附上原始凭证，以证明记账凭证所记载的会计分录并非凭空捏造，同时标明所附原始凭证的张数。

(8)填制凭证人员、稽核人员、记账人员、会计机构负责人、会计主管人员签名或者盖章，收款和付款记账凭证还应当由出纳人员签名或者盖章。要求有关人员在会计凭证上签名或者盖章是出于以下两个方面的考虑：第一，通过有关人员的签名或者盖章，能够明确其经济责任；第二，通过多人的检查，能够降低在记账过程中出现差错及发生舞弊的风险，从而保证会计信息的真实、可靠。

以自制的原始凭证或者原始凭证汇总表代替记账凭证的，也必须具备记账凭证应有的项目。

三、记账凭证的填制要求

记账凭证根据审核无误的原始凭证或原始凭证汇总表填制。记账凭证填制正确与否，直接影响到整个会计系统最终提供信息的质量。与原始凭证的填制要求相同，记账凭证也应记录真实、内容完整、手续齐全、填制及时。

(一)记账凭证填制的基本要求

1.记账凭证各项内容必须完整。

2.记账凭证的书写应当清楚、规范。需要特别注意的是，记账凭证应该按行次逐行填写，不得跳行或者留有空行。

3.除结账和更正错账的记账凭证可以不附原始凭证外，其他记账凭证必须附原始凭证，同时标明所附原始凭证的张数。如果一张原始凭证同时作为若干张记账凭证的填制依据，可以将其附在一张最主要的记账凭证的后面，并在其他记账凭证附件栏中注明“附件××张，见第××号记账凭证”，或者在其他记账凭证的后面附上该原始凭证的复印件。如果原始凭证需要单独保管，也应在记账凭证附件栏中注明。

4.记账凭证可以根据每一张原始凭证填制，或根据若干张同类原始凭证汇总填制，也可以根据原始凭证汇总表填制；但不得将不同内容和类别的原始凭证汇总填制在一张记账凭证上。

5.记账凭证应连续编号。记账凭证应由主管该项业务的会计人员按业务发生的顺序并按不同种类的记账凭证采用“字号编号法”连续编号。如果一笔经济业务需要填制两张以上（含两张）记账凭证的，可以采用“分数编号法”编号。

6.填制记账凭证时若发生错误，应当重新填制。一律不得在记账凭证上进行任何修改。

7.记账凭证填制完成后，如有空行，应当自金额栏最后一笔金额数字下的空行处至合计数上的空行处划一条斜线或一条“S”形线加以注销。

（二）收款凭证的填制要求

收款凭证是根据审核无误的有关库存现金和银行存款的收款业务的原始凭证填制的。收款凭证左上角的“借方科目”按收款的性质填写“库存现金”或“银行存款”；日期应填写填制本凭证的日期；右上角填写填制收款凭证的顺序号；“摘要”填写对所记录的经济业务的简要说明；“贷方科目”填写与收入“库存现金”或“银行存款”相对应的会计科目；“记账”是指该凭证已登记账簿的标记，防止经济业务重记或漏记；“金额”是指该项经济业务的发生额；该凭证右边“附件×张”是指本记账凭证所附原始凭证的张数；最下边分别由有关人员签章，以明确经济责任。

（三）付款凭证的填制要求

付款凭证是根据审核无误的有关库存现金和银行存款的付款业务的原始凭证填制的。付款凭证的填制方法与收款凭证基本相同，不同的是在付款凭证的左上角应填列贷方科目，即“库存现金”或“银行存款”科目，“借方科目”栏应填写与支出“库存现金”或“银行存款”相对应的一级科目和明细科目。

对于涉及“库存现金”和“银行存款”之间的相互划转业务，为了避免重复记账，一般只填制付款凭证，不再填制收款凭证。

出纳人员在办理收款或付款业务后，应在原始凭证上加盖“收讫”或“付讫”的戳记，以免重收重付。

（四）转账凭证的填制要求

转账凭证通常是根据有关转账业务的原始凭证填制的。转账凭证中“总账科目”和“明细科目”栏应填写应借、应贷的总账科目和明细科目，借方科目应记金额应在同一行的“借方金额”栏填列，贷方科目应记金额应在同一行的“贷方金额”栏填列，“借方金额”栏合计数与“贷方金额”栏合计数应相等。

此外，对于某些既涉及收款业务又涉及转账业务的综合性业务，应当分开填制不同类型的记账凭证。

四、记账凭证的审核

为了保证会计信息的质量，在记账之前应由有关稽核人员对记账凭证进行严格的审核，审核的内容主要包括：

（1）内容是否真实。审核人员必须对记账凭证所附原始凭证是否已审核无误进行核查,并特别关注原始凭证所记录经济业务是否真实发生。

(2)项目是否齐全。审核人员应根据记账凭证的基本内容,逐项审核记账凭证,重点查看记账凭证所需的填写内容是否按规定填写齐全。

(3)科目是否正确。审核人员需要核对记账凭证应借、应贷会计科目是否正确,包括一级、二级或明细科目。

(4)金额是否正确。审核内容包括各会计科目应借或应贷的金额是否正确,借贷双方金额是否相等,以及明细账金额之和与相应总账金额是否相符。

(5)书写是否规范。

(6)手续是否完备。

第四节　会计凭证的传递与保管

一、会计凭证的传递

会计凭证的传递是指从会计凭证的取得或填制时起至归档保管过程中,在单位内部有关部门和人员之间的传送程序。会计凭证的传递,应当满足内部控制制度的要求,使传递程序合理有效,同时尽量节约传递时间,减少传递的工作量。各单位应根据具体情况确定每一种会计凭证的传递程序和方法。

会计凭证的传递具体包括传递程序和传递时间。各单位应根据经济业务特点、内部机构设置、人员分工和管理要求,具体规定各种凭证的传递程序;根据有关部门和经办人员办理业务的情况,确定凭证的传递时间。

二、会计凭证的保管

会计凭证的保管是指会计凭证记账后的整理、装订、归档和存查工作。会计凭证作为记账的依据,是重要的会计档案和经济资料。本单位以及其他有关单位,可能因为各种需要查阅会计凭证,特别是发生贪污、盗窃、违法乱纪行为时,会计凭证还是依法处理的有效证据。因此,任何单位在完成经济业务手续和记账后,必须将会计凭证按规定的立卷归档制度形成会计档案资料,妥善保管,防止丢失,不得任意销毁,以便日后随时查阅。

会计凭证的保管要求主要有:

1.会计凭证应定期装订成册,防止散失。会计部门在依据会计凭证记账以后,应定期(每天、每旬或每月)对各种会计凭证进行分类整理,将各种记账凭证按照编号顺序,连同所附的原始凭证一起加具封面和封底,装订成册,并在装订线上加贴封签,由装订人员在装订线封签处签名或盖章。

从外单位取得的原始凭证遗失时,应取得原签发单位盖有公章的证明,并注明原始凭证的号码、金额、内容等,由经办单位会计机构负责人(会计主管人员)和单位负责人批准后,才能代作原始凭证。若确实无法取得证明的,如车票丢失,则应由当事人写明详细情况,由经办单位会计机构负责人(会计主管人员)和单位负责人批准后,代作原始凭证。

2.会计凭证封面应注明单位名称、凭证种类、凭证张数、起止号数、年度、月份、会计主管人员和装订人员等有关事项,会计主管人员和保管人员应在封面上签章。

3.会计凭证应加贴封条,防止抽换凭证。原始凭证不得外借,其他单位如有特殊原因确实需要使用时,经本单位会计机构负责人(会计主管人员)批准,可以复制。向外单位提供的原始凭证复制件,应在专设的登记簿上登记,并由提供人员和收取人员共同签名、盖章。

4.原始凭证较多时,可单独装订,但应在凭证封面注明所属记账凭证的日期、编号和种类,同时在所属的记账凭证上应注明"附件另订"及原始凭证的名称和编号,以便查阅。对各种重要的原始凭证,如押金收据、提货单等,以及各种需要随时查阅和退回的单据,应另编目录,单独保管,并在有关的记账凭证和原始凭证上分别注明日期和编号。

5.每年装订成册的会计凭证,在年度终了时可暂由单位会计机构保管一年,期满后应当移交本单位档案机构统一保管;未设立档案机构的,应当在会计机构内部指定专人保管。出纳人员不得兼管会计档案。

6.严格遵守会计凭证的保管期限要求,期满前不得任意销毁。

练习题

一、单项选择题

1.会计凭证按其(　　)不同,可以分为原始凭证和记账凭证。

A.填制的方式　　B.取得的来源

C.填制的程序和用途　　D.反映经济业务的次数

2.限额领料单是一种(　　)。

A.汇总凭证　　B.一次凭证　　C.记账凭证　　D.累计凭证

3.对于从银行提取现金的业务,按规定应编制(　　)。

A.银行存款收款凭证　　B.现金付款凭证

C.银行存款付款凭证　　D.现金收款凭证

4.产成品入库单属于(　　)。

A.记账凭证　　B.累计凭证　　C.外来原始凭证　　D.自制原始凭证

5.下列属于外来原始凭证的是(　　)。

A.银行收款通知单　　B.出库单

C.入库单　　D.收款凭证汇总表

6.下列项目不能作为记账凭证依据的是(　　)。

A.经济合同　　B.发票　　C.领料单　　D.发料单

7.原始凭证的基本要素中,不包括(　　)。

A.日期和编号　　B.会计科目

C.经济业务的简要摘要　　D.数量、单价和金额

8.填制原始凭证时,若大写金额为"伍仟零柒拾元整",其小写应为(　　)。

A.5 070.00 元　　B.￥5 070.00　　C.￥5 070.00 元　　D.￥5 070

9.下列说法错误的是(　　)。

A.原始凭证的填制必须用黑色或蓝色墨水笔书写,字迹清楚、规范

B.凡是填有大写和小写金额的原始凭证,大写与小写的金额必须相符,且大小写必须符合规范

C.各种原始凭证不得随意涂改、刮擦、挖补。若填写错误,应采用规定的方法予以更正

D.各种原始凭证可以不连续编号

10.银行存款日记账的借方除了根据银行存款收款凭证登记外,有时还要根据(　　)登记。

A.现金付款凭证　　B.现金收款凭证

C.转账凭证　　D.银行存款付款凭证

二、多项选择题

1.原始凭证按其填制手续不同,可分为(　　)。

A.记账凭证　　B.累计凭证　　C.一次性凭证　　D.汇总原始凭证

2.原始凭证的基本内容包括(　　)。

A.原始凭证的名称　　B.填制凭证的日期和凭证的编号

C.会计科目　　D.经济业务的简要摘要

E.数量、单价和金额

3.记账凭证的基本要素包括(　　)。

A.经济业务的简要说明　　B.填制日期和编号

C.所附原始凭证的张数　　D.会计分录

E.填制凭证人员、稽核人员、记账人员、会计主管人员的签名或盖章

4.如果某一笔经济业务需填制两张记账凭证,该凭证顺序号为 50 号,则此两张记账凭证的编号应为(　　)。

A.50 号　　B.51 号　　C.50 1/2 号　　D.50 2/2 号

E.均为 50 号

5.企业购入材料一批,货款用银行存款支付,材料验收入库,则应编制的会计凭证包括(　　)。

A.累计凭证　　B.收料单　　C.转账凭证　　D.付款凭证

E.收款凭证

6.涉及现金和银行存款之间划转业务时应编制的记账凭证有(　　)。

A.现金收款凭证　　B.现金付款凭证

C.银行存款收款凭证　　D.银行存款付款凭证

E.转账凭证

7.“收料单”属于(　　)。

A.外来原始凭证　　B.自制原始凭证　　C.累计凭证　　D.一次凭证

E.记账凭证

8.下列经济业务中,应填制转账凭证的是(　　)。

A.企业以货币资金对外投资　　B.国家以厂房对企业投资

C.购买材料，款项尚未支付　　D.销售商品，货款以银行存款结清

E.支付欠某企业的账款

9.下列经济业务中，应填制付款凭证的是（　　）。

A.从银行提取现金　　B.将现金存入银行

C.购买材料，款项尚未支付　　D.生产车间领用原材料

E.以银行存款支付欠某企业的账款

10.会计凭证可以（　　）。

A.记录经济业务　　B.登记账簿　　C.编制报表　　D.明确经济责任

E.清查财产

三、判断题

1.会计凭证包括原始凭证与记账凭证。（　　）

2.记账凭证是记载经济业务发生与完成的原始证据，用以证明经济业务的发生，明确经济责任，是具有法律效力的书面证明，是登记记账凭证的依据。（　　）

3.外来原始凭证按填制手续不同，又可分为一次性凭证、累计凭证和汇总原始凭证。（　　）

4.原始凭证应当连续编号。（　　）

5.记账凭证与原始凭证的本质区别在于记账凭证上载有会计分录。（　　）

6.记账凭证按经济业务的不同，可以划分为专用记账凭证与通用记账凭证。（　　）

7.记账凭证是填制原始凭证的依据；原始凭证是登记账簿的依据。（　　）

8.转账业务是指银行存款在不同企业单位的银行户之间的划转。（　　）

9.原始凭证不得使用圆珠笔填制。（　　）

10.原始凭证和记账凭证都是具有法律效力的证明文件。（　　）

四、简答题

1.什么是会计凭证？它包括哪些种类？

2.什么是原始凭证？它有哪些种类？

3.什么是记账凭证？它有哪些种类？

4.原始凭证和记账凭证有什么区别？

五、业务处理题

1.资料：芙蓉公司会计核算采用专用记账凭证，12 月 1 日至 15 日发生如下经济业务：

(1)1 日，笃行公司投资流动资金 200 000 元，存入银行。

(2)3 日，购买原材料，款项 11 700 元以银行存款支付，其中材料款 10 000 元，增值税进项税额 1 700 元。

(3)4 日，收到勤业公司所欠账款 5 500 元，存入银行。

(4)7 日，将现金 3 700 元存入银行。

(5)9 日，凌云公司以一台价值 50 000 的机器投资，已验收使用。

(6)10 日，生产车间领用原材料 20 000 元，投入生产。

(7)10 日，以银行存款偿还应付账款 13 000 元。

(8)12 日，以现金支付电话费 1 300 元。

(9)13 日,以现金发放职工工资 7 000 元。

要求:根据以上经济业务编制会计分录(要标明凭证编号)。

2.资料:笃行公司会计核算采用专用记账凭证,12 月份发生如下经济业务:

(1)8 日,凌云公司以银行存款 80 000 元对本企业进行投资。

(2)11 日,将现金 800 元存入银行。

(3)15 日,以银行存款偿还勤业公司应付账款 20 000 元。

(4)18 日,支付现金股利 10 000 元。

要求:根据以上经济业务,填制相应的记账凭证。

第七章　会计账簿

基本要求

1.了解会计账簿的概念与分类；
2.了解会计账簿的更换与保管；
3.熟悉会计账簿的登记要求；
4.熟悉总分类账与明细分类账平行登记的要点；
5.掌握日记账、总分类账及有关明细分类账的登记方法；
6.掌握对账与结账的方法；
7.掌握错账查找与更正的方法。

第一节　会计账簿概述

一、会计账簿的概念与作用

会计账簿是指由一定格式的账页组成的，以经过审核的会计凭证为依据，全面、系统、连续地记录各项经济业务的簿籍。会计账簿从外表形式上看是由具有一定格式的账页联结而成的簿籍，而从记录内容上看是对各项经济业务进行分类和序时记录的簿籍。

企业发生的经济业务，开始由会计凭证进行记录反映，但是由于凭证数量多，资料比较分散，而且每张凭证只能记载个别经济业务，因此所提供的资料是零星的、不完整的。为了能提供有关经济业务完整、连续、系统的核算信息，需要把会计凭证所记载的分散资料加以分类、整理，因此需要设置和登记会计账簿。《会计法》规定，所有实行独立核算的国家机关、社会团体、公司、企业、事业单位和其他组织必须设置会计账簿，并保证其真实、完整。

各单位将分散在会计凭证中的具体资料整理分类，按照相关规定和要求登记到有关账簿中，使会计资料进一步系统化、条理化。设置和登记账簿是编制财务报表的基础，是连接会计凭证和财务报表的中间环节。设置和登记账簿在会计核算中具有重要作用。

1.记载和储存会计信息

设置和登记账簿，将发生的经济活动进行记录和整理，可以全面反映会计主体在一定时期内的资金活动状况，储存所需要的各项会计信息。

2.分类和汇总会计信息

设置账簿，通过账簿记录，一方面可以对所发生的经济业务活动进行序时、分类的核算，提供一定时期内经济活动的详细情况；另一方面可以通过发生额、余额的计算，提供各项总括和明细的核算资料，为企业的经济管理提供系统、完整的会计信息。

3.检查和校正会计信息

会计账簿是分类和汇总会计信息的工具。通过检查和分析会计账簿提供的核算资料，可以了解、评价和监控经济活动状况，提高经营管理水平。同时，设置账簿有利于保存会计资料，以备检查和监督。

4.编报和输出会计信息

设置和登记账簿是会计核算的一项重要内容，根据账簿记录的成本、费用和收入、利润等资料，可以计算一定时期的财务成果。经审核无误的账簿资料及其加工的数据，为编制会计报表提供总括和具体的资料，是编制财务会计报告的重要依据。及时和准确的设置和登记账簿，有利于提供及时和高质量的财务报告。

二、会计账簿的基本内容

虽然在实际工作中各种会计账簿所记录的经济业务不同，账簿的格式也多种多样，但各种账簿都应具备以下基本内容：封面，扉页，账页。

1.封面

主要用来标明账簿的名称，如总分类账、明细账、库存现金日记账、银行存款日记账等。

2.扉页

主要用来列明会计账簿的使用信息，如启用日期和截止日期、科目索引、账簿启用和经管人员一览表等。

3.账页

账页是账簿的主体，是用来记录经济业务的主要载体。经济业务不同，记录经济业务内容的账页格式也不同，但其基本内容应包括：账户的名称（会计一级科目、二级科目或明细科目）、日期栏、凭证种类和编号栏、摘要栏（记录经济业务的简要说明）、金额栏（记录经济业务的增减变动）、总页次和分户页次等。

三、会计账簿与账户的关系

账簿与账户的关系是形式和内容的关系。账簿是由若干账页组成的一个整体，账簿中的每一账页就是账户的具体存在形式和载体，没有账簿，账户就无法存在；账簿序时、分类地记录经济业务，是在各个具体的账户中完成的。因此，账簿只是一个外在形式，账户才是它的实质内容。

四、会计账簿的种类

会计账簿的种类很多，不同类别的会计账簿可以提供不同的信息，满足不同的需要。在实际工作中，通常使用以下方法进行分类：

(一)按用途分类

1.序时账簿

序时账簿,又称日记账,是按照经济业务发生时间的先后顺序逐日、逐笔登记的账簿。序时账簿按其记录的内容,可分为普通日记账和特种日记账。

(1)普通日记账。普通日记账是对全部经济业务按其发生时间的先后顺序逐日、逐笔登记的账簿。普通日记账一般只由一个人负责,并且每笔会计记录都需要分别转记到分类账中。随着企业规模的扩大、经济业务的增多,采用普通日记账逐日逐笔序时登记全部的经济业务,既不利于记账的分工,也不利于登账,而且工作量大。因此,普通日记账在实际工作中很少使用。

(2)特种日记账。特种日记账是对某一特定种类的经济业务按其发生时间的先后顺序逐日、逐笔登记的账簿。设置特种日记账有利于分类反映和考核特定的经济业务,简化记账、过账手续,并且便于会计人员分工。我国会计制度规定,那些发生频繁、要求严格管理和控制的业务,应该设置特种日记账。一般来说,企业都必须设置库存现金和银行存款日记账,以便加强货币资金和银行存款的管理。

2.分类账簿

分类账簿是按照会计要素的具体类别设置分类账户进行登记的账簿,是会计账簿的主体,是编制财务报表的主要依据。账簿按其反映经济业务的详略程度,可分为总分类账簿和明细分类账簿。总分类账簿对所属的明细分类账簿起统驭作用,明细分类账簿对总分类账簿进行补充和说明。

(1)总分类账簿。总分类账簿又称总账,是根据总分类账户开设的,能够全面地反映企业的经济活动,提供资产、负债、费用、成本和收入等总括核算的资料。总分类账簿主要为编制财务报表提供直接数据资料,通常采用三栏式。

(2)明细分类账簿。明细分类账簿又称明细账,是根据明细分类账户开设的,用来提供明细的核算资料。明细账是会计资料形成的基础环节。通过明细账,可以对所发生的经济业务信息进行进一步的整理和分析,了解会计资料的具体情况。明细账主要采用三栏式明细账(格式与三栏式总分类账相同)、数量金额式明细账和多栏式明细账等。

3.备查账簿

备查账簿,又称辅助登记簿或补充登记簿,是指对某些在序时账簿和分类账簿中未能记载或记载不全的经济业务进行补充登记的账簿。它只是对其他账簿记录的一种补充,与其他账簿之间不存在严密的依存和勾稽关系。备查账簿不是每个单位都必须设置的账簿,它可以根据企业的实际需要灵活设置,没有固定的格式要求。在会计实务中,备查账簿主要用于各种租借设备、物资的辅助性登记,例如,“租入固定资产登记簿”“受托加工材料备查簿”等。

(二)按账页格式分类

账簿按账页格式不同,可以分为两栏式账簿、三栏式账簿、多栏式账簿、数量金额式账簿、横线登记式账簿。

1.两栏式账簿

两栏式账簿是指只有借方和贷方两个金额栏目的账簿。两栏式账簿一般应用于普通日记账和转账日记账。

2.三栏式账簿

三栏式账簿是指设有借方、贷方和余额三个金额栏目的账簿。一般来说，总账、债权、债务类明细账采用三栏式账簿，如“原材料总账”“应收账款明细账”等。三栏式账簿可以分为设对方科目和不设对方科目两种，两者之间的区别在于是否设置一栏“对方科目”。

3.多栏式账簿

多栏式账簿是指在账簿的两个金额栏目(借方和贷方)按需要分设若干专栏的账簿，以反映引起该会计要素增减变动的详细情况。多栏式账簿可以按“借方”“贷方”分别设栏，也可以根据需要只设“借方”或“贷方”栏。收入、费用、成本类明细账一般采用多栏式明细账，如“制造费用明细账”“销售费用明细账”等。

4.数量金额式账簿

数量金额式账簿是指在账簿的借方、贷方和余额三个栏目内，每个栏目再分设数量、单价和金额三小栏，借以反映财产物资的实物数量和价值量的账簿。数量金额式账簿适用于既需进行金额计算又需进行数量核算的财产物资的明细账。一般来说，原材料、库存商品等明细账采用数量金额式账簿。

5.横线登记式账簿

横线登记式账簿，又称平行式账簿，是指将前后密切相关的经济业务登记在同一行上，以便检查每笔业务的发生和完成情况的账簿。一般来说，材料采购、在途物资、应收票据和一次性备用金等明细账采用横线登记式账簿。

(三)按外形特征分类

账簿按外形特征的不同可分为订本式账簿、活页式账簿和卡片式账簿。

1.订本式账簿

订本式账簿，简称订本账，是在启用前将编有顺序页码的一定数量的账页装订成册的账簿。其账页固定，既可防止账页散失，又可防止抽换账页，能更好地加强账簿管理。但是订本账使用起来欠灵活，在同一时间内只能由一人登账，而且在使用前必须为每一个账户预留使用的账页，这样往往不能准确地为各个账户预留账页，影响账簿记录的连续性。订本式账簿主要适用于总分类账、现金和银行存款日记账。

2.活页式账

活页式账簿，简称活页账，是将一定数量的账页置于活页夹内，可根据记账内容的变化而随时增加或减少部分账页的账簿。活页账的特点是启用之前不固定装订账页，启用后根据实际需要填入或抽去空白账页，便于分工记账。但是这样容易造成账页散失和抽换，因此空白账页在使用时应注意顺序编号。在会计实务中，明细分类账一般采用活页式账簿。

3.卡片式账簿

卡片式账簿，简称卡片账，是将一定数量的卡片式账页存放于专设的卡片箱中，可以根据需要随时增添账页的账簿。卡片账使用比较灵活，反映的内容比较详细具体，可以跨年度长期使用而无须替换，但也容易散失和抽换。固定资产、低值易耗品等明细账一般采用卡片式账簿。

第二节　会计账簿的启用与登记要求

一、会计账簿的启用

启用会计账簿时，应当在账簿封面上写明单位名称和账簿名称，并在账簿扉页上附启用表，载明单位名称、开始使用日期、共计页数(活页和卡片账可在装订成册后注明页数)、会计主管人员和记账人员姓名等，按税法规定粘贴印花税票并注销，加盖单位公章，由会计主管人员和记账人员分别签章。记账人员调换时，要在表中标明交接日期和交接人员姓名，并签字盖章，明确有关人员的责任。账簿启用日期及经管人员一览表的格式如表7-1所示。

表7-1　账簿启用和经管人员一览表

<table>
<tr><td colspan="5">账簿名称：</td><td colspan="5">账簿名称：　　　　（单位公章）</td><td colspan="2" rowspan="4">印花税票粘贴处</td></tr>
<tr><td colspan="5">账簿编号：</td><td colspan="5">账簿册数：</td></tr>
<tr><td colspan="5">账簿页数：</td><td colspan="5">启用日期：</td></tr>
<tr><td colspan="5">会计主管：　　　　（签章）</td><td colspan="5">记账人员：　　　　（签章）</td></tr>
<tr><td colspan="3">移交日期</td><td colspan="2">移交人</td><td colspan="3">接管日期</td><td colspan="2">接管人</td><td colspan="2">会计主管</td></tr>
<tr><td>年</td><td>月</td><td>日</td><td>姓名</td><td>签章</td><td>年</td><td>月</td><td>日</td><td>姓名</td><td>盖章</td><td>姓名</td><td>盖章</td></tr>
<tr><td></td><td></td><td></td><td></td><td></td><td></td><td></td><td></td><td></td><td></td><td></td><td></td></tr>
<tr><td></td><td></td><td></td><td></td><td></td><td></td><td></td><td></td><td></td><td></td><td></td><td></td></tr>
</table>

启用订本式账簿应当从第一页到最后一页按顺序编定页数，不得跳页、缺号。使用活页式账簿应当按账户顺序编号，并须定期装订成册，装订后再按实际使用的账页顺序编定页码，另加目录以便于记明每个账户的名称和页次。

二、会计账簿的登记要求

登记账簿简称记账，就是根据审核无误的会计凭证在账簿中按账户进行登记。登记账簿是会计核算的一个重要环节。为了保证账簿记录的正确性，必须根据审核无误的会计凭证登记会计账簿，并符合有关法律、行政法规和国家统一的会计准则制度的规定。会计账簿的登记要求主要有：

(1)准确完整。登记账簿时，应当逐项填列账页上的日期、会计凭证种类和号数、经济业务内容摘要和金额等栏次，做到不错不漏、数字明确、摘要清楚、登记及时、字迹工整。每一项会计事项，一方面要记入有关的总账，另一方面要记入该总账所属的明细账。账簿记录中的日期，应填写记账凭证上的日期；以自制原始凭证(如收料单、领料单等)作为记账依据的，账簿记录中的日期应按有关自制凭证上的日期填列。

(2)注明记账符号。将经济业务在账簿中登记完毕后，应在记账凭证上签名或盖章，并在记账凭证的“过账”栏内注明账簿页数或画对勾标记，表示记账完毕，以免重记或漏记，便于查找。

(3)书写留空。账簿中书写的文字和数字应紧靠行格底线书写，不要写满格，一般应占格距的二分之一。这样登记的好处在于一旦发生错误，能比较容易地进行更正，同时也方便查账工作。

(4)正常记账使用蓝黑墨水。登记账簿必须使用蓝黑墨水或碳素墨水书写数字或文字，不得使用圆珠笔(银行的复写账簿除外)或者铅笔书写，这样做是为了保持账簿记录的持久性，防止涂改。红色墨水一般是在结账、划线、改错、冲账和表示负数时使用。

(5)特殊记账使用红墨水。在账簿登记中，红字表示减少数，但不能随便使用。可以使用红色墨水的记账情况包括：按照红字冲账的记账凭证，冲销错误记录；在不设借贷等栏的多栏式账页中，登记减少数；在三栏式账户的余额栏前，如未印明余额方向的，在余额栏内登记负数余额；根据国家统一的规定可以用红字登记的其他会计记录。

(6)顺序连续登记。各种账簿按照页次顺序连续登记，不得跳行、隔页。如果发生错误或者隔页、缺号、跳行，不得随意涂改、撕毁或抽换，应在空页或空行处用红色墨水划对角线注销，或者注明“此页空白”或“此行空白”字样，并由记账人员和会计机构负责人(会计主管人员)在更正处签名或盖章。

(7)结出余额。凡需要结出余额的账户，结出余额后，应当在“借或贷”栏目内注明“借”或“贷”字样，以示余额的方向；没有余额的账户，应该在“借或贷”栏内写“平”字，并在“余额”栏“元”位处用“0”表示。库存现金日记账和银行存款日记账必须逐日结出余额。

(8)过次承前。每一账页登记完毕结转下页时，应当结出本页发生额合计数及余额，写在本页最后一行和下页第一行有关栏内，并在本页的摘要栏内注明“多页次”字样，在次页的摘要栏内注明“承前页”字样，以保持账簿记录的连续性，便于对账和结账。

(9)不得涂改、刮擦、挖补。如果账簿记录发生错误，不准涂改、刮擦、挖补，必须按照错账更正方法进行更正。

第三节　会计账簿的格式与登记方法

一、日记账的格式与登记方法

日记账是按照经济业务发生或完成的时间先后顺序逐日逐笔进行登记的账簿。设置日记账的目的是为了使经济业务的时间顺序清晰地反映在账簿记录中。日记账按其所核算和监督经济业务的范围，可分为特种日记账和普通日记账。目前，普通日记账已很少采用，大多数企业一般只设库存现金日记账和银行存款日记账。普通日记账的格式如表7-2所示。

表 7-2　普通日记账

第　页

年		凭证		会计科目	摘要	借方余额	贷方余额	过账
月	日	字	号					

(一)库存现金日记账的格式与登记方法

库存现金日记账是用来核算和监督库存现金日常收、付和结存情况的序时账簿。它是专门用来登记现金的收入和支出业务的日记账。为了保证账簿的安全、完整,库存现金日记账必须使用订本账簿。库存现金日记账的格式主要有三栏式和多栏式两种。

1.三栏式库存现金日记账

三栏式库存现金日记账是用来登记库存现金的增减变动及其结果的日记账。设有借方、贷方和余额三个金额栏目,一般将其分别称为收入、支出和结余三个基本栏目。具体格式如表 7-3 所示。

表 7-3　现金日记账(三栏式)

第　页

年		凭证		摘要	对方科目	收入	支出	余额
月	日	字	号					

三栏式库存现金日记账是由出纳人员根据库存现金收款凭证、库存现金付款凭证以及银行存款的付款凭证,按照库存现金收、付款业务和银行存款付款业务发生时间的先后顺序逐日逐笔登记。

三栏式库存现金日记账的登记方法如下:

(1)日期栏:指记账凭证的日期应与现金实际收付日期一致。

(2)凭证栏:指登记入账的收付款凭证的种类和编号,如现金收款凭证简写为“现收”,现金付款凭证简写为“现付”,银行存款收(付)款凭证简写为“银收(付)”。凭证栏还应登记凭证的编号数,便于查账和核对。

(3)摘要栏:摘要说明登记入账的经济业务内容。文字要简练,但要能说明业务内容。

(4)对方科目栏:指现金收入的来源科目或支出的用途科目,其目的在于了解经济业务的来龙去脉。如银行提取现金,其对方科目为“银行存款”。

(5)收入、支出栏(或借方、贷方):指库存现金实际收付的金额及结出的余额。每日终了,需分别计算现金收入和付出的合计数,结出余额,并将余额与出纳员的库存现金核对,即“日清”,月终同样需计算现金收、付和结存的合计数,即“月结”。

2.多栏式库存现金日记账

多栏式库存现金日记账是在三栏式库存现金日记账基础上发展起来的。这种日记账的借方(收入)和贷方(支出)金额栏都按对方科目设专栏,也就是按收入的来源和支出的用途设专栏。这种格式在月末结账时,可以结出各收入来源专栏和支出用途专栏的合计数,便于对现金收支的合理性、合法性进行审核分析,便于检查财务收支计划的执行情况,其全月发生额还可以作为登记总账的依据。其格式如表7-4所示。

表7-4　现金日记账(多栏式)

第　页

年		凭证		摘要	收入		合计	支出			合计	余额
月	日	字	号		银行存款	应收账款		银行存款	应付账款	其他应付账款		

多栏式现金日记账分别按收入、支出现金的对应科目设置专栏,能够清晰、完整地反映现金收付的来龙去脉,但是若对应科目太多,易造成账页篇幅过长,不便于记账和查账。因此在实际工作中,一般常把现金收入业务和支出业务分设“库存现金收入日记账”和“库存现金支出日记账”。其格式如表7-5、表7-6所示。

表7-5　库存现金收入日记账(多栏式)

第　页

年		凭证		摘要	应贷科目			支出合计	结余
月	日	字	号		银行存款	其他应收款	收入合计		

表7-6　库存现金支出日记账(多栏式)

第　页

年		凭证		摘要	应借科目		
月	日	字	号		银行存款	其他应付款	支出合计

现金收入日记账按对应的贷方科目设置专栏,另设“支出合计”栏和“结余”栏;现金支出日记账只按支出的对方科目设专栏,不设“收入合计”和“结余”栏。出纳人员应根据审核后的现金收入凭证登记现金收入日记账,根据现金付款凭证登记现金支出账,并按日结出现金支出总数填写在现金支出日记账的“支出合计”栏,同时将支出合计数转记到现金收入日记账的“支出合计”栏中;并按日结出每天现金收入总数填写在收入合计栏内,同时

结出当天现金的结存余额，与库存现金实存数核对。

（二）银行存款日记账的格式与登记方法

银行存款日记账是用来核算和监督银行存款每日的收入、支出和结余情况的账簿。银行存款日记账应按企业在银行开立的账户和币种分别设置，每个银行账户设置一本日记账，由出纳员根据与银行存款收付业务有关的记账凭证，按时间先后顺序逐日逐笔进行登记。根据银行存款收款凭证和有关的库存现金付款凭证登记银行存款收入栏，根据银行存款付款凭证登记其支出栏，每日结出存款余额。其格式通常采用三栏式，或采用多栏式。

三栏式银行存款日记账的格式与三栏式现金日记账相似，只是在日期栏、凭证号栏、摘要栏之后，对方科目、收入、支出、余额栏之前增加"结算凭证"一栏，以标明每笔业务的结算凭证及编号，便于与开户银行核对账目。多栏式银行存款日记账与多栏式现金日记账格式基本相同，同样也应在多栏式现金日记账的基础上增加"结算凭证"一栏。多栏式银行存款日记账可以将收入和支出的核算在一本账中进行，也可以分设"银行存款收入日记账"和"银行存款支出日记账"两本账。三栏式银行存款日记账的格式如表 7-7 所示。

表 7-7　银行存款日记账（三栏式）

第　页

年		凭证		摘要	结算凭证		对方科目	收入	支出	余额
月	日	字	号		种类	编号				

银行存款日记账的登记方法也与库存现金日记账的登记方法基本相同。其登记方法如下：

（1）日期栏：指记账凭证的日期应与银行存款实际收付日期一致。

（2）凭证栏：指登记入账的收付款凭证的种类和编号（与库存现金日记账的登记方法一致），凭证栏还应登记凭证的编号数，便于查账和核对。

（3）摘要栏：摘要说明登记入账的经济业务内容。文字要简练，但要能说明业务内容。

（4）对方科目栏：指现金收入的来源科目或支出的用途科目，其目的在于了解经济业务的来龙去脉。如开出支票支付水电费，其对方科目为"管理费用"科目。

（5）收入、支出栏（或借方、贷方）：指银行存款实际收付的金额及结出的余额。每日终了，需分别计算银行存款收入和支出的合计数，结出余额，做到日清，月终同样需计算银行存款收、付和结存的合计数，做到月结。

（三）转账日记账的格式和登记方法

转账日记账是根据每日的转账凭证按照时间顺序逐日逐笔进行登记。企业可以根据自身的实际需要自行决定是否设置转账日记账。如果转账业务不多，企业不必设置转账日记账。其格式如表 7-8 所示。

表 7-8 转账日记账

第 页

年		凭证号	摘要	借方		贷方	
月	日			一级科目	金额	一级科目	金额

二、总分类账的格式与登记方法

(一)总分类账的格式

总分类账是指按照总分类账户分类登记以提供总括会计信息的账簿。总分类账最常用的格式为三栏式,设有借方、贷方和余额三个金额栏目。总分类账的具体格式又可以分为两种,一种是设有借、贷、余三个金额栏目,格式如表 7-9 所示;另一种是在借、贷、余三栏基础上增设"对方科目"栏,格式如表 7-10 所示。

表 7-9 总分类账

账户名称:

第 页

年		凭证		摘要	借方	贷方	借或贷	余额
月	日	字	号					

表 7-10 总分类账

账户名称:

第 页

年		凭证		摘要	对方科目	借方	贷方	借或贷	余额
月	日	字	号						

(二)总分类账的登记方法

总分类账的登记方法因登记的依据不同而有所不同。经济业务少的小型单位的总分类账可以根据记账凭证逐笔登记;经济业务多的大中型单位的总分类账可以根据记账凭证汇总表(又称科目汇总表)或汇总记账凭证等定期登记。月末,在全部凭证都登记入账后,结出总分类账各账户的本期发生额和月末余额,作为编制会计报表的依据。

三、明细分类账的格式与登记方法

明细分类账是根据有关明细分类账户设置并登记的账簿。它能提供交易或事项比较详细、具体的核算资料,以弥补总账所提供核算资料的不足。因此,各企业单位在设置总账的同时，还应设置必要的明细账。明细分类账一般采用活页式账簿和卡片式账簿。明细分类账一般根据记账凭证和相应的原始凭证来登记。

根据各种明细分类账所记录经济业务的特点，明细分类账的常用格式主要有以下四种：

（一）三栏式

三栏式账页是设有借方、贷方和余额三个栏目，用以分类核算各项经济业务，提供详细核算资料的账簿。该类明细账由会计人员根据审核后的记账凭证或原始凭证，按经济业务发生的先后顺序逐日逐笔进行登记。主要适用于只要求进行金额核算而不要求进行数量核算的账户，如“应收账款”“应付账款”“短期借款”等。其格式与三栏式总账格式相同，具体格式如表7-11所示。

表7-11　应收账款明细账

明细科目：　　　　　　　　　　　　　　　　　　　　　　　　第　页

年		凭证		摘要	借方	贷方	借或贷	余额
月	日	字	号					

（二）多栏式

多栏式账页是将属于同一个总账科目的各个明细科目合并在一张账页上进行登记，即在这种格式账页的借方或贷方金额栏内按照明细项目设若干专栏。这种格式适用于收入、成本、费用类科目的明细核算。多栏式明细账按其适用的经济内容和登记方法的不同分为以下几种：

1.借方多栏式明细分类账

借方多栏式明细分类账适用于借方需要设置多个明细科目或明细项目的账户支出，一般适用于成本费用类账户。由于在会计期间发生的经济业务主要登记在成本费用类账户的借方，因此记录成本费用类账户的明细账一般按借方设多栏，反映成本费用支出的构成，如“生产成本”“制造费用”等账户的明细分类核算。其格式如表7-12所示。

表7-12　生产成本明细账(多栏式)

产品名称：　　　　　　　　　　　　　　　　　　　　　　　　第　页

年		凭证		摘要	借方				贷方	余额
月	日	字	号		直接材料	直接人工	制造费用	合计		

2.贷方多栏式明细分类账

贷方多栏式明细分类账主要适用于贷方需要设置多个明细科目或明细项目的账户。为了反映某一收入指标的构成，用于记录收入类账户的明细账一般采用多栏式明细账。

由于在会计期间内发生的经济业务主要登记在这类账户的贷方，因此收入类明细分类账一般按贷方设多栏，反映各明细科目或明细项目本月贷方发生额，如“主营业务收入”“营业外收入”等科目的核算。其格式如表 7-13 所示。

表 7-13　主营业务收入明细账（多栏式）

第　页

年		凭证		摘要	借方	贷方			余额
月	日	字	号			产品销售	提供劳务	合计	

3.借方贷方多栏式明细分类账

这类账户适用于借方和贷方均需要设置明细科目或明细项目的账户。在会计期间内财务成果类账户既发生贷方业务也发生借方业务，因此一般借方和贷方都要设专栏以反映财务成果的构成，如“本年利润”“应交税费”等账户的明细分类核算。其格式如表 7-14 所示。

表 7-14　本年利润明细账（多栏式）

第　页

年		凭证		摘要	借方				贷方				借或贷	余额
月	日	字	号		主营业务成本	销售费用	……	合计	主营业务收入	营业外收入	……	合计		

（三）数量金额式

数量金额式账页适用于既要进行金额核算，又要进行数量核算的账户，如“原材料”“库存商品”等财产物资科目的明细核算，其借方（收入）、贷方（发出）和余额（结存）都分别设有数量、单价和金额三个专栏。此外，为了明确有关人员的经济责任，更好地满足管理上的需要，数量金额式明细账还应根据实际需要设置和登记一些必要的项目，如类别、名称、规格、计量单位以及储备定额等。其格式如表 7-15 所示。

表 7-15　原材料明细账

类别：　　　　　　　　　　　　　　　　　　　　　　编　号：
品名与规格：　　　　　　　　　　　　　　　　　　　存放地点：
储备定额：　　　　最高储存量：　　　　最低储存量：　　　　计量单位：

年		凭证		摘要	收入			发出			结存		
月	日	字	号		数量	单价	余额	数量	单价	余额	数量	单价	余额

数量金额式账页提供了企业有关财产物资数量和金额收、发、存的详细资料，从而能加强财产物资的实物管理和使用监督，保证这些财产物资的安全与完整。

(四)横线登记式

横线登记式账页采用横线登记，即将每一相关的业务登记在一行，从而可依据每一行各个栏目的登记是否齐全来判断该项业务的进展情况。这种格式适用于登记材料采购、在途物资、应收票据和一次性备用金业务。表 7-16 列示的是在途物资明细账。

表 7-16　在途物资明细分类账

明细科目：　　　　第　页

<table>
<tr><th colspan="2">年</th><th colspan="2">凭证</th><th rowspan="2">摘要</th><th colspan="3">借方金额</th><th colspan="4">贷方金额</th><th rowspan="2">结余余额</th></tr>
<tr><th>月</th><th>日</th><th>字</th><th>号</th><th>买价</th><th>采购费用</th><th>合计</th><th>月</th><th>日</th><th>凭证号码</th><th>金额</th></tr>
<tr><td></td><td></td><td></td><td></td><td></td><td></td><td></td><td></td><td></td><td></td><td></td><td></td><td></td></tr>
<tr><td></td><td></td><td></td><td></td><td></td><td></td><td></td><td></td><td></td><td></td><td></td><td></td><td></td></tr>
</table>

四、其他账簿

企业除了设置日记账和分类账以外，还可以根据自身的实际情况设置备查账簿等其他账簿。

备查账簿是在日记账、分类账登记范围之外，对企业某些经济业务进行补充登记的账簿，不是根据记账凭证登记的主要账簿的补充。备查账簿的格式与其他账簿的格式不同，它的登记方式是注重用文字记述某项经济业务的发生情况。例如，企业为了反映租入固定资产经济业务的情况，需要设置“租入固定资产登记簿”，其格式如表 7-17 所示。

表 7-17　租入固定资产账簿

<table>
<tr><th rowspan="2">名称及规格</th><th rowspan="2">合同编号</th><th rowspan="2">出租单位</th><th rowspan="2">租入日期</th><th rowspan="2">租金</th><th colspan="2">使用记录</th><th rowspan="2">归还日期</th><th rowspan="2">备注</th></tr>
<tr><th>单位</th><th>日期</th></tr>
<tr><td></td><td></td><td></td><td></td><td></td><td></td><td></td><td></td><td></td></tr>
<tr><td></td><td></td><td></td><td></td><td></td><td></td><td></td><td></td><td></td></tr>
</table>

五、总分类账户与明细分类账户的平行登记

(一)总分类账户与明细分类账户的关系

账户按其提供信息的详细程度及统驭关系不同，可以分为总分类账户(简称总账)和明细分类账户(简称明细账)。总分类账户是根据总分类科目开设的，提供资产、负债、权益、收入和费用的总括资料；明细分类账户是根据明细科目开设的，提供资产、负债、权益、收入和费用的详细资料。总分类账户是所属明细分类账户的统驭账户，对所属明细分类账户起着控制作用。明细分类账户则是总分类账户的从属账户，对其所隶属的总分类账户起着辅助作用。总分类账户及其所属明细分类账户的核算对象是相同的，它们所提供的核算资料互相补充，只有把二者结合起来，才能既总括又详细地反映同一核算内容。因

此，总分类账户和明细分类账户必须平行登记。

（二）总分类账户与明细分类账户平行登记的要点

平行登记是指对所发生的每项经济业务都要以会计凭证为依据，一方面记入有关总分类账户，另一方面记入所属明细分类账户的方法。总分类账户与明细分类账户平行登记的要点可以总结为“四同”，即同方向、同金额、同时间、同依据。（本教材第三章已做过详细的叙述）

第四节　对账与结账

一、对账

（一）对账的概念

对账就是核对账目，是对账簿记录所进行的核对工作。具体是指会计主体账簿记录的数字与有关库存实物、货币资金、应收应付账款等进行核对的方法。核对账目是保证账簿记录的真实性、完整性和准确性的一项重要工作，账簿的真实、完整和准确能为编制财务报表提供真实、可靠的数据资料。

（二）对账的内容

对账一般可以分为账证核对、账账核对和账实核对。

1.账证核对

账簿是根据经过审核之后的会计凭证登记的，但实际工作中仍有可能发生账证不符的情况，记账后，应将账簿记录与会计凭证核对，核对账簿记录与原始凭证、记账凭证的时间、凭证字号、内容、金额等是否一致，记账方向是否相符，做到账证相符。

会计期末，如果发现账账不符，也可以再将账簿记录与有关会计凭证进行核对，以保证账证相符。

2.账账核对

账账核对是指各种账簿记录的相互核对，保证账簿之间有关数字相符。账账核对一般是在账证核对的基础上进行的，其目的是保证账账相符。账账核对的内容主要包括：

(1)总分类账簿之间的核对。按照“资产＝负债＋所有者权益”这一会计等式和“有借必有贷、借贷必相等”的记账规律，所有账户的借方发生额之和等于所有账户的贷方发生额之和，期初或期末的借方余额之和等于贷方余额之和。通过这种等式关系，可以检查总账记录是否正确完整。这项核对工作通常采用编制“总分类账户本期发生额和余额对照表”（简称“试算平衡表”）来完成。

(2)总分类账簿与所属明细分类账簿之间的核对。总分类账户的发生额和余额应当等于它所属明细分类账的发生额和余额之和。根据这种关系，通过总账和所属明细账发生额及余额相互核对，来检查各个总账和所属明细账的记录是否完整和正确。

(3)总分类账簿与序时账簿之间的核对。在我国，企事业单位必须设置库存现金日记账和银行存款日记账。库存现金日记账必须每天与库存现金核对相符，银行存款日记账也必须定期与银行对账。同时，还应核对库存现金、银行存款日记账的本期发生额及期末余额同总分类账中有关账户的余额是否相符。

(4)明细分类账簿之间的核对。例如，对于固定资产、存货等财产物资的明细账与财产物资保管部门或使用部门的明细账定期核对，以检查其余额是否相符。核对的方法一般是由财产物资保管部门或使用部门定期编制收发结存汇总表报会计部门核对。

3.账实核对

账实核对是指各项财产物资、债权债务等账面余额与实有数额之间的核对。账实核对的内容主要包括：

(1)库存现金日记账账面余额与库存现金实际库存数逐日核对是否相符；

(2)银行存款日记账账面余额与银行对账单的余额定期核对是否相符；

(3)各项财产物资明细账账面余额与财产物资的实有数额定期核对是否相符；

(4)有关债权债务明细账账面余额与对方单位的账面记录核对是否相符。

造成账实不符的原因有很多，如财产收发过程中由于计量或检验不准，造成多收或少收的差错；由于有关凭证未到，形成未达账项，造成结算双方账实不符；由于管理不善、制度不严造成的财产损坏、丢失和被盗等；在账簿中发生的重记、漏记和错记等。因此，账实核对一般要结合财产清查进行，保证会计信息真实可靠。

二、结账

(一)结账的概念

结账是一项将账簿记录定期结算清楚的账务工作。在一定时期结束时(如月末、季末或年末)，为了编制财务报表，需要进行结账，具体包括月结、季结和年结。结账的内容通常包括两个方面：一是结清各种损益类账户，并据以计算确定本期利润；二是结出各资产、负债和所有者权益账户的本期发生额合计和期末余额。

(二)结账的程序

1.结账前，将本期(按月、按季或按年)发生的经济业务全部登记入账，并保证其正确性。对于发现的错误，应采用适当的方法进行更正。不允许提前结账，也不得将本期发生的经济业务延至下期登记。

2.在本期经济业务全面入账的基础上，根据权责发生制的要求，调整有关账项，合理确定应计入本期的收入和费用。

应计项目是指本会计期间已赚取的收入及已耗用的费用，因尚未收付现金而在平时未予确认入账，但在期末应予记录入账。企业发生的应计收入，主要是本期已经发生且符合收入确认标准，但尚未收到相应款项的销售商品或提供劳务收入。对于这类调整事项，应确认为本期收入，借记“应收账款”等账户，贷记“主营业务收入”等账户；待以后收到款项时，借记“银行存款”等账户，贷记“应收账款”等账户。企业发生的应计费用，本期已经受益，如应付未付的借款利息等。由于这些费用已经发生，应当在本期确认为费用，借记“管理费用”“财务费用”等账户，贷记“应付利息”等账户；待以后支付款项时，借记“应付利息”等账户，贷记“银行存款”等账户。

收入分摊是指企业已经收到有关款项但尚未交付产品或提供服务的收入，按照权责发生制，需要在期末按本期已完成的比例，分摊确认本期已实现收入的金额，并调整以前预收款项时形成的负债。如企业销售商品预收定金、提供劳务预收佣金。在收到款项时，应借记“银行存款”等账户，贷记“预收账款”等账户；在以后根据销售商品或提供劳务确认当期收入时，进行期末账项调整，借记“预收账款”等账户，贷记“主营业务收入”等账户。

成本分摊是指将已经发生且能使若干个会计期间受益的支出在其受益的会计期间进行合理分配，以此来正确计算各个会计期间的盈亏。如企业已经支出，但应由本期和以后各期负担的预付款项，应借记“应付账款”等账户，贷记“银行存款”等账户；在会计期末进行账项调整时，借记“管理费用”等账户，贷记“应付账款”等账户。

3.将各损益类账户余额全部转入“本年利润”账户，结平所有损益类账户。

4.结出资产、负债和所有者权益账户的本期发生额和余额，并转入下期。

上述工作完成后，就可以根据总分类账和明细分类账的本期发生额和期末余额，分别进行试算平衡。

(三)结账的方法

一般来说，结账工作是按月进行，分月结、季结、年结三种。结账的时间通常是在会计期末进行。在实际工作中，一般采用划线结账的方法进行结账，结账的标志是划线。月结时通栏划单红线，年结时通栏划双红线。具体结账方法主要有：

1.对不需按月结计本期发生额的账户，如各项应收应付款明细账和各项资产物资明细账等，每次记账以后，都要随时结出余额，每月最后一笔余额是月末余额，即月末余额就是本月最后一笔经济业务记录的同一行内余额。月末结账时，只需要在最后一笔经济业务记录之下通栏划单红线，不需要再次结计余额。

2.库存现金、银行存款日记账和需要按月结计发生额的收入、费用等明细账，每月结账时，要在最后一笔经济业务记录下面通栏划单红线，结出本月发生额和余额，在摘要栏内注明“本月合计”字样，并在下面通栏划单红线。

3.对于需要结计本年累计发生额的明细账户，如主营业务收入、主营业务成本明细账等，每月结账时，应在“本月合计”行下结出自年初起至本月末止的累计发生额，登记在月份发生额下面，在摘要栏内注明“本年累计”字样，并在下面通栏划单红线。12月末的“本年累计”就是全年累计发生额，全年累计发生额下通栏划双红线。

4.总账账户平时只需结出月末余额，一般不需要结出本月发生额。年终结账时，为了总括地反映全年各项资金运动情况的全貌，核对账目，要将所有总账账户结出全年发生额和年末余额，在摘要栏内注明“本年合计”字样，并在合计数下通栏划双红线。

5.年度终了结账时，有余额的账户，应将其余额结转下年，并在摘要栏注明“结转下年”字样；在下一会计年度新建有关账户的第一行余额栏内填写上年结转的余额，并在摘要栏注明“上年结转”字样，使年末有余额账户的余额如实地在账户中加以反映，以免混淆有余额的账户和无余额的账户。

第五节　错账查找与更正的方法

一、错账查找方法

在记账过程中,可能会发生各种各样的差错,产生错账,如重记、漏记、数字颠倒、数字错位、数字记错、科目记错等,从而影响会计信息的准确性。如果发生记账错误,应该按照正确有效的方法查找错账,并按正确方法进行更正。错账查找的方法主要有:

(一)差数法

差数法是指按照错账的差数查找错账的方法。在记账过程中只登记了会计分录的借方或贷方,漏记了另一方,从而使得试算平衡中借方合计与贷方合计不等。表现形式为:借方金额遗漏,会使该金额在贷方超出;贷方金额遗漏,会使金额在借方超出。如从银行借款 20 000 元,记账时漏记“银行存款”账户,在试算平衡表中,资产总额为 680 000 元,而负债及所有者权益合计总额为 700 000 元,其差额 20 000 元就是漏记“银行存款”账户的金额。

(二)尾数法

尾数法是指对于发生的差错只查找末位数,以提高查错效率的方法。这种方法适合于借贷方金额其他位数都一致,而只有末位数出现差错的情况。

(三)除 2 法

除 2 法是指以差数除以 2 来查找错账的方法。当某个借方金额错记入贷方(或相反)时,出现错账的差数表现为错误的 2 倍,将此差数用 2 去除,得出的商即是反向的金额。例如,应计入“存货”科目借方的 1 000 元误计入贷方,该科目的期末余额将小于总分类科目期末余额 2 000 元,被 2 除的商 500 元即为借贷方向反向的金额。同理,如果借方总额大于贷方 1 000 元,即应查找有无 500 元的贷方金额误计入借方。

(四)除 9 法

除 9 法是指以差数除以 9 来查找错账的方法。采用除 9 法,就是要根据账与账之间的差额是否能被 9 除尽,进一步判断错账发生的原因。适用于以下三种情况:

1.将数字写小。例如将 400 写成 40,错误数字小于正确数字 9 倍。查找方法是:以差数除以 9 得到的商即为写错的数字,商乘以 10 后所得的积即为正确数字。上例差数 360(即 400－40)除以 9,商 40 即为错数,扩大到 10 倍后即可得到正确的数字 400。

2.将数字写大。例如将 40 写成 400,错误数字大于正确数字 9 倍。查找方法是:以差数除以 9 得到的商即为正确数字,商乘以 10 后所得的积即为错误数字。上例差数 360(即 400－40)除以 9,商 40 即为正确数,40 乘以 10 得到错误数字 400。

3.邻数颠倒。将差数除以 9,得出的商连续加 11,直到找出颠倒的数字为止。

二、错账更正方法

账簿记录如果发生错误,应该根据错误的具体情况,分别采用制度规定的错账更正法进行更正,不得随意涂改、刮擦、挖补或用化学药水等方法更改字迹。常用的错账更正方法有划线更正法、红字更正法和补充登记法三种。

(一)划线更正法

在结账前发现账簿记录有文字或数字错误,而记账凭证没有错误,采用划线更正法。更正的方法是:在错误的文字或数字上划一条红线,在红线的上方用蓝字或黑字填写正确的文字或数字,并由记账人员及会计机构负责人(会计主管人员)在更正处签字盖章,以明确责任。但应注意,更正时不得只划销错误数字,应将全部数字划销,并保持原有数字清晰可靠,以便审查。例如,记账人员李某,将 8 321 元误记为 8 231 元。更正方法是:将错误数字"8 321"全部用红线划去,并在其上方写上"8 231"。

(二)红字更正法

红字更正法是用红字冲销或冲减原记数额,以更正或调整账簿记录的一种方法。红字更正法适用于以下两种情形:

1.记账后,发现记账凭证中的应借、应贷会计科目错误所引起的记账错误。更正时,先用红字金额填制一张与原错误记账凭证内容完全相同的记账凭证,并在摘要栏中写明"注销某月某日某号凭证",并据以用红字金额登记入账,冲销原有的错误记录。然后用蓝字填写一张正确的记账凭证,并据以用蓝字登记入账。

【例 7-1】 某企业支付 A 车间耗用办公费 1 000 元,在填制记账凭证时误计入"管理费用"账户,并据以登记入账。会计分录如下:

借:管理费用　　1 000
　贷:银行存款　　1 000

【答案】

第一步:编制一张与原错误记账凭证内容完全相同而金额为红字的记账凭证

借:管理费用　　[1 000]
　贷:银行存款　　[1 000]

第二步:用蓝字编制一张正确的记账凭证

借:制造费用　　1 000
　贷:银行存款　　1 000

第三步:根据上述红字的记账凭证和正确的记账凭证登记相关账簿。

(注:[　　]表示红字金额)

2.记账后发现记账凭证和账簿记录中应借、应贷会计科目无误,只是所记金额大于应记金额引起记账错误。更正时,按多记的金额用红字编制一张与原记账凭证应借、应贷科目完全相同的记账凭证,在摘要栏内写明"冲销某月某日第×号记账凭证多记金额",以冲销多记金额,并据以用红字登记入账。

【例 7-2】 某企业用银行存款支付购买原材料费用 2 500 元,但以错误的金额登记记账凭证,并已登记入账。会计分录如下:

借:原材料　　3 000
　贷:银行存款　　3 000

【答案】

第一步:用红字编制

借:原材料　　　　　　　　　　　　　　　　　　$\boxed{500}$

　贷:银行存款　　　　　　　　　　　　　　　　　　$\boxed{500}$

第二步:登记账簿

(注:□表示红字金额)

(三)补充登记法

补充登记法是指用补记金额的方式来更正错账的方法。记账后,发现记账凭证和账簿记录中应借、应贷会计科目无误,只是所记金额小于应记金额,可以采用补充登记法进行更正。更正时,按少记的金额用蓝字填制一张与原记账凭证应借、应贷科目完全相同的记账凭证,在摘要栏内写明“补记某月某日第×号记账凭证少记金额”,以补充少记的金额,并据以用蓝色登记入账。

【例 7-3】某公司从银行存款提取现金 20 000 元,在填制记账凭证时,误将其金额写为 18 000 元,并以登记入账。会计分录如下:

借:库存现金　　　　　　　　　　　　　　　　18 000

　贷:银行存款　　　　　　　　　　　　　　　　　　18 000

【答案】

第一步:补记差额用蓝字登记

借:库存现金　　　　　　　　　　　　　　　　2 000

　贷:银行存款　　　　　　　　　　　　　　　　　　2 000

第二步:登记账簿

如果发现以前年度记账凭证中有错账(指会计科目和金额)并导致账簿登记出现差错,应当用蓝字或黑字填写一张更正的记账凭证。错误的账簿记录已经在以前会计年度进行了结账或决算,只能用蓝字或黑字凭证对除文字外的一切错误进行更正,而不是将已经决算的数字进行红字冲销,并在更正凭证上特别注明“更正××年度错账”的字样。

第六节　会计账簿的更换与保管

一、会计账簿的更换

会计账簿的更换通常在新会计年度建账时进行。账簿更换的程序为:

1.总账、日记账和大部分的明细账,应每年更换一次。年初,将旧账簿中各账户的余额直接计入新账簿中有关账户新账页的第一行“余额”栏内。同时,在“摘要”栏内加盖“上年结转”戳记,将旧账页最后一行数字下的空格,划一条斜红线注销,并在旧账页最后一行“摘要”栏内加盖“结转下年”戳记。过入新账的有关账簿余额的转让事项,不需要编制记账凭证。

在年度内，订本账记满更换新账时，办理与年初更换新账簿相似的手续。

2.部分明细账，如固定资产明细账等，由于材料品种、规格和往来单位较多，更换新账、重抄一遍的工作量较大，因此可以跨年度使用，不必每年更换。第二年使用时，可直接在上年终了的双线下面记账。

3.各种备查账簿也可以连续使用。

二、会计账簿的保管

年度终了，各种账户在结转下年、建立新账后，一般应将旧账集中统一管理。会计账簿暂由本单位财务会计部门保管一年，期满后，由本单位财务会计部门编造清册移交本单位的档案部门保管。

各种账簿应当按年度分类归档，编造目录，妥善保管。这样既保证在需要时迅速查阅，又保证各种账簿的安全和完整。保管期满后，还要按照规定的审批程序经批准后才能销毁。会计账簿是各单位的重要经济资料，必须对其进行妥善管理。账簿管理分为平时管理和归档保管两部分。

（一）账簿平时管理的具体要求

1.分工明确，专人管理。账簿管理要分工明确，对各种账簿应指定专人管理。账簿经管人员既要负责记账、对账、结账等工作，又要负责保证账簿安全。会计账簿不能随意交与其他人员管理，以防止任意涂改账簿等问题发生。

2.查阅复制需经批准。未经领导和会计负责人或者有关人员批准，非经管人员不能随意翻阅、查看和复制会计账簿。

3.除必要外，不得外带。会计账簿除需要与外单位核对外，一般不能携带外出。对携带外出的账簿，一般应由经管人员或会计主管人指定专人负责。

（二）旧账归档保管的要求

虽然旧账簿是年度终了时更换下来的账簿，不会再被用来登记新发生的经济业务，但是旧账簿记录了过去发生的经济业务内容，是重要的历史资料，应该按规定归档保管。具体要求如下：

1.归类整理，保证完整齐全。归档前应该对旧账簿进行分类整理，检查旧账簿是否齐全完整。

2.装订成册，手续完备。年度终了更换并启用新账时，对更换下来的旧账要整理装订，造册归档。归档前旧账应该检查和补齐应办的手续，如改错盖章、注销空行和空页、结转余额等。活页账应撤出未使用的空白账页，再装订成册，并注明各账页号数。旧账装订时应注意：活页账一般按账户分类装订成册，一个账户装订成一册或数册；某些账户账页较少，也可以合并装订成一册。装订时应检查账簿扉页的内容是否填写齐全。装订后交由经办人员及装订人员、会计主管人员在封口处签名或盖章。

3.编制清单，归档保管。旧账装订完毕应编制目录和编写移交清单，然后按期移交档案部门主管。保管人员应按照档案管理办法的要求，编制索引分类储存，以便于日后的查阅。

4.按规定保存，期满销毁。《会计档案管理办法》规定，总分类账、明细分类账、辅助账、日记账均应保存 15 年。其中，现金、银行存款日记账要保存 25 年，涉外和对私改造账簿应永久保存。保管期满后，应按照规定的审批程序报经批准后才能销毁。

练习题

一、单项选择题

1.库存商品明细账一般采用(　　)账簿。

A.两栏式　　B.三栏式　　C.多栏式　　D.数量金额式

2."租入固定资产登记簿"属于(　　)。

A.序时账　　B.备查账　　C.总分类账　　D.明细分类账

3.(　　)是编制财务报表的基础，是连接会计凭证和财务报表的中间环节。

A.设置会计科目　　B.设置和登记账簿　　C.会计等式　　D.设置账户

4.对于库存现金及银行存款日记账，月末结账时应(　　)。

A.在最后一笔经济业务记录下通栏划双红线

B.在"本月合计"栏下面通栏划单红线

C.在"本月合计"栏下面划双红线

D.在"金额栏"栏内划单红线

5.能够提供企业某一类经济业务增减变化总括情况的账簿是(　　)。

A.明细分类账　　B.总分类账　　C.备查账　　D.日记账

6.下列记账差错中，可采用补充登记法进行更正的是(　　)。

A.会计科目正确，错将 2 000 元记为 200 元

B.会计科目正确，错将 33 245 元记为 33 425 元

C.将应计入"制造费用"科目的费用误计入"管理费用"

D.记账凭证无误，登记账簿时把 1 600 元误记为 6 500 元

7.会计期末，会计部门有关实物资产的明细账与财产物资保管或使用部门的明细账的期末余额进行核对的行为属于(　　)。

A.账证核对　　B.账账核对　　C.账实核对　　D.证证核对

8.下列关于库存现金日记账格式的表述中，错误的是(　　)。

A.现金日记账的格式有三栏式和多栏式

B.多栏式现金日记账可以使用活页账

C.三栏式现金日记账的账页格式一般采用"收入""支出"和"结余"三栏式

D.多栏式现金日记账是在三栏式现金日记账的基础上发展起来的

9.某会计人员记账时将应该记入"管理费用——办公费"科目借方 4 500 元误记为贷方。会计人员在查找该项错账时，应采用(　　)。

A.尾数法　　B.除 2 法　　C.差数法　　D.除 9 法

10.下列会计账簿中，可以跨年连续使用的是(　　)。

A.总账　　B.银行存款日记账　　C.备查账簿　　D.费用明细账

二、多项选择题

1.设置和登记账簿的作用主要有（　　）。

A.检查和校正会计信息　　B.分类和汇总会计信息

C.记载和储存会计信息　　D.编报和输出会计信息

2.数量式账簿的收入、发出、结存三大栏内，都分设（　　）三个小栏。

A.数量　　B.种类　　C.单价　　D.金额

3.下列有关会计账簿的说法中，正确的有（　　）。

A.账簿按其格式不同，可分为序时账簿、分类账簿和备查账簿

B.我国企业一般必须设置的序时账簿包括库存现金日记账和银行存款日记账

C.分类账簿是会计账簿的主体，也是编制会计报表的主要依据

D.备查账簿没有固定的格式

4.下列账簿中，属于明细分类格式的有（　　）。

A.三栏式　　B.多栏式　　C.数量金额式　　D.订本式

5.多栏式明细账适用于（　　）的明细分类核算。

A.原材料　　B.管理费用　　C.生产成本　　D.应收账款

6.下列明细账中，可采用数量金额式账簿的有（　　）。

A.原材料明细账　　B.库存商品明细账

C.制造费用明细账　　D.应收账款明细账

7.下列对账工作中，属于账实核对的有（　　）。

A.银行存款日记账余额与银行对账单余额相核对

B.会计部门的财产物资明细账与财产物资保管部门的有关明细账相核对

C.出纳人员定期清点库存现金

D."应收账款"各明细账户余额与各债务人寄来的对账单逐一核对

8.下列行为中，会造成账实不符的有（　　）。

A.财产物资保管过程中发生的自然损耗

B.由于管理不善、制度不严造成的财产损失、丢失

C.重记、漏记某项经济业务

D.企业与银行之间存在未达账项

9.下列属于结账工作的有（　　）。

A.编制试算平衡表　　B.结出有关账户的本期发生及期末余额

C.清点库存现金　　D.按照权责发生制对有关账项进行调整

10.下列关于会计账簿的更换和保管的说法中，正确的有（　　）。

A.总账、日记账和多数明细账每年更换一次

B.备查账簿可以连续使用，不必每年更换一次

C.备查账簿不可以连续使用

D.会计账簿由本单位财务会计部门保管半年后，交由本单位档案管理部门保管

三、判断题

1.所谓平行登记是指总账和明细账在同一行进行登记。（　　）

2.各种账簿都是直接根据记账凭证进行登记的。(　　)

3.按经济业务发生的时间先后顺序,逐日逐笔进行登记的账簿是明细分类账。(　　)

4.备查账簿,是对某些所有权不属于本企业的物资及或有事项等不符合会计确认标准的事项进行登记的辅助账簿。(　　)

5.多栏式明细账一般适用于资产类账户。(　　)

6.按规定,库存现金日记账应由出纳人员登记,银行存款日记账应由会计人员登记。(　　)

7.库存现金及银行存款日记账按规定应采用订本式账簿,总账和明细账既可以用订本账,也可以用活页账。(　　)

8.为了确保银行存款账实相符,企业应根据银行存款余额调节表及时登记入账。(　　)

9.订本式账簿具有不易散失、防止抽换、便于分工等特点。(　　)

10.年末结账,应将所有总账账户结出全年发生额和年末余额,在摘要栏内注明"本年合计"字样,并在合计数下通栏划单红线。(　　)

四、简答题

1.什么是会计账簿?它有何作用?

2.日记账、分类账和备查账有什么区别?

3.简述总分类账户与明细分类账户之间的关系以及两者平行登记的要点。

4.更正错账的方法有哪几种?

5.账簿的更换和保管要注意哪些方面?

五、业务计算题

A企业将账簿记录与记账凭证进行核对时,发现下列经济业务内容的账簿记录有误:

1.签发转账支票4 000元支付本季度办公用房租金。原编制记账凭证的会计分录为:

借:销售费用　　4 000
　贷:银行存款　　4 000

2.结转本月实际完工产品的生产成本54 000元。原编制记账凭证的会计分录为:

借:库存商品　　94 000
　贷:生产成本　　94 000

3.计提本月固定资产折旧费52 000元。原编制记账凭证的会计分录为:

借:管理费用　　52 000
　贷:银行存款　　52 000

4.结算本月应付职工工资,其中生产工人工资14 000元,管理人员工资3 400元。原编制记账凭证的会计分录为:

借:生产成本　　1 400
　管理费用　　340
　贷:应付职工薪酬　　1 740

5.用银行存款支付所欠供货单位货款6 500元。原编制记账凭证的会计分录为:

借:应付账款　　　　　　　　　　　　　　　　　　5 900

　贷:银行存款　　　　　　　　　　　　　　　　　　5 900

要求:

1.指出对上述错账应采用何种更正方法。

2.编制错账更正的会计分录。

第八章　账务处理程序

基本要求

1.了解企业账务处理程序的概念与意义；
2.熟悉账务处理程序的一般步骤；
3.掌握企业账务处理程序的种类；
4.掌握记账凭证账务处理程序的内容；
5.掌握汇总记账凭证账务处理程序的内容；
6.掌握科目汇总表账务处理程序的内容。

第一节　账务处理程序概述

一、账务处理程序的概念与意义

账务处理程序(accounting processing)，又称会计核算组织程序或会计核算形式，是指会计凭证、会计账簿、财务报表相结合的方式，包括账簿组织和记账程序。账簿组织是指会计凭证和会计账簿的种类、格式，会计凭证与账簿之间的联系方法；记账程序是指由填制、审核原始凭证到填制、审核记账凭证，登记日记账、明细分类账和总分类账，编制财务报表的工作程序和方法等。

账务处理程序的基本模式[①](图8-1)可以概括为：原始凭证—记账凭证—会计账簿—会计报表的流程。尽管各个单位的经济业务有所差异，账务处理程序也不尽相同，但基本模式不变，各个单位可以根据实际情况选择不同的核算程序。由于会计凭证、会计账簿、财务报表是记录、存储和反映会计核算资料的三个主要环节，各个单位需要在了解会计凭证填制、账簿登记、报表编制的同时，明确规定各类会计凭证、各类账簿和财务报表之间的关系，将三者按一定的步骤或程序有机结合起来，使之成为一个完整的会计信息系统。

---

① 李海波，蒋瑛.新编会计学原理——基础会计[M].上海：立信会计出版社，2008.

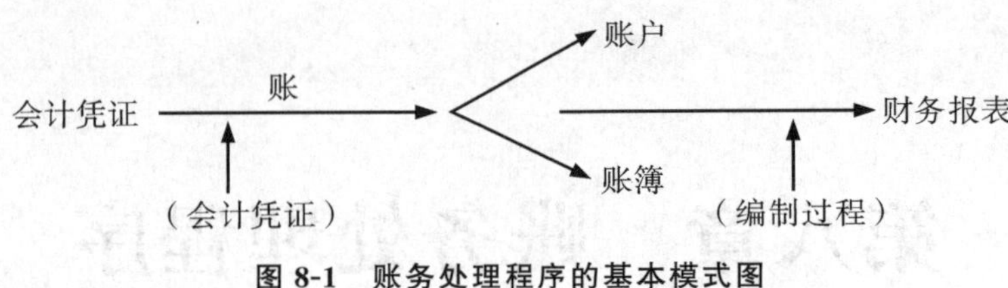

图 8-1　账务处理程序的基本模式图

各个单位所采用的账务处理程序都是具体的,在进行账务处理之前都应设定自己特定的账务处理程序。不同单位的经济业务规模和复杂程度各异,资金流动特点不同,科学、合理地选择适合本单位的账务处理程序具有重要的意义:

1.有利于规范会计工作,保证会计信息加工过程的严密性,提高会计信息质量;

2.有利于保证会计记录的完整性和正确性,增强会计信息的可靠性;

3.有利于减少不必要的会计核算环节,提高会计工作效率,保证会计信息的及时性。

二、账务处理程序的基本要求

实际工作中,各个单位的业务性质、规模大小、管理条件、经济业务繁简程度不可能完全一致,所需设置的凭证、账簿和财务报表的种类与数量必然会有所不同。为此,各单位在选择合理适用的账务处理程序时应注意以下几点:

1.适合本单位的规模、业务繁简程度和资金运动的特点;

2.符合国家有关财务、会计法规对会计信息及时性、真实性、准确性和全面性的要求;

3.能够正确、全面、及时提供本单位经济活动真实、完整的资料,满足宏观综合平衡和单位经营管理的需要;

4.保证会计核算工作质量的同时,力求简化核算手续。

三、账务处理程序的种类

账务处理程序按其操作方式的不同,可分为手工账务处理程序和计算机账务处理程序两大类。在手工处理的情形下,各种账务处理程序的主要区别在于登记总分类账的依据和方法不同,进而相应地形成了不同的账务处理程序。应当指出的是,账务处理程序多种多样,且还在不断地发展中。目前我国企业、机关、事业等单位采用的账务处理程序主要有记账凭证账务处理程序、汇总记账凭证账务处理程序和科目汇总表账务处理程序等。

(一)记账凭证账务处理程序

记账凭证账务处理程序是指对发生的经济业务,先根据原始凭证或汇总原始凭证填制记账凭证,再直接根据记账凭证登记总分类账的一种账务处理程序。记账凭证账务处理程序是最基本的账务处理程序,其他账务处理程序都是在此基础上根据经营管理的要求延伸发展而形成的。其中记账凭证可以采用通用式,也可以采用收款凭证、付款凭证和转账凭证形式。

(二)汇总记账凭证账务处理程序

汇总记账凭证账务处理程序是指先根据原始凭证或汇总原始凭证填制记账凭证,定期根据记账凭证分类编制汇总收款凭证、汇总付款凭证和汇总转账凭证，再根据汇总记账凭证登记总分类账的一种账务处理程序。与记账凭证账务处理程序相比，汇总记账凭证账务处理程序需要进行会计凭证的收、付、转凭证的汇总。

（三）科目汇总表账务处理程序

科目汇总表账务处理程序，又称记账凭证汇总表账务处理程序，是指根据记账凭证定期编制科目汇总表，再根据科目汇总表登记总分类账的一种账务处理程序。与记账凭证账务处理程序相比，科目汇总表账务处理程序需要设置“科目汇总表”这种具有汇总性质的记账凭证。

第二节　记账凭证账务处理程序

一、记账凭证账务处理的一般步骤

记账凭证账务处理程序的一般步骤是如图 8-2 所示。

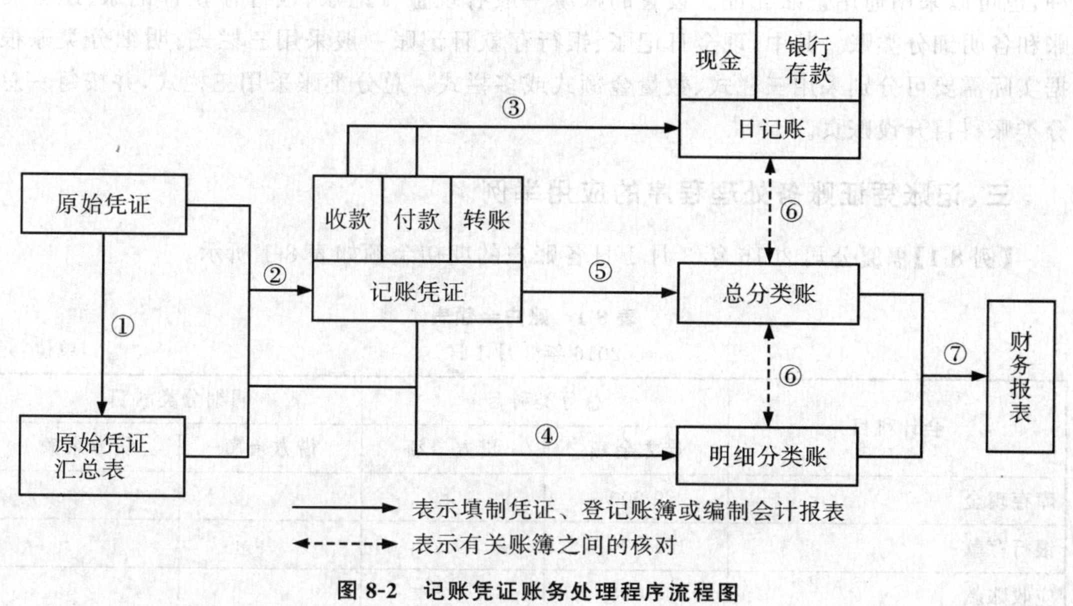

图 8-2　记账凭证账务处理程序流程图

第一步，根据原始凭证填制汇总原始凭证；

第二步，根据原始凭证或汇总原始凭证，填制收款凭证、付款凭证和转账凭证，也可以填制通用记账凭证；

第三步，根据收款凭证和付款凭证逐笔登记库存现金日记账和银行存款日记账；

第四步，根据原始凭证、汇总原始凭证和记账凭证，登记各种明细分类账；

第五步，根据记账凭证逐笔登记总分类账；

第六步，期末将库存现金日记账、银行存款日记账和明细分类账的余额与有关总分类账的余额核对相符；

第七步，期末根据总分类账和明细分类账的记录，编制财务报表。

二、记账凭证账务处理程序的内容

（一）特点

记账凭证账务处理程序的特点是直接根据记账凭证对总分类账进行逐笔登记。

（二）优缺点

记账凭证账务处理程序的优点是简单明了，易于理解，总分类账可以较详细地反映经济业务的发生情况；缺点是登记总分类账的工作量较大，不便于对会计工作进行分工，漏记或重记的可能性较大。

（三）适用范围

该账务处理程序适用于规模较小、经济业务量较少的单位。

（四）格式

在记账凭证账务处理程序下，记账凭证一般采用收款凭证、付款凭证和转账凭证三种，也可以采用通用记账凭证。设置的账簿一般有现金日记账、银行存款日记账、总分类账和各明细分类账。其中，现金日记账、银行存款日记账一般采用三栏式；明细分类账根据实际需要可分别采用三栏式、数量金额式或多栏式。总分类账采用三栏式，并按每一总分类账科目开设账页。

三、记账凭证账务处理程序的应用举例

【例 8-1】福厦公司 2016 年 3 月 1 日各账户的期初余额如表 8-1 所示。

表 8-1　账户余额表

2016 年 3 月 1 日

单位：元

会计科目	总分类科目		明细分类科目	
	借方余额	贷方余额	借方余额	贷方余额
库存现金	9 000			
银行存款	111 000			
应收账款	30 000			
——三鼎公司			30 000	
原材料	80 000			
——A 材料			60 000	
——B 材料			20 000	
生产成本	12 000			
——甲产品			7 000	
——乙产品			5 000	

续表

会计科目	总分类科目		明细分类科目	
	借方余额	贷方余额	借方余额	贷方余额
库存商品	20 000			
固定资产	300 000			
累计折旧		50 000		
短期借款		40 000		
应付账款		20 000		
——长康公司				16 000
——天奇公司				4 000
应付职工薪酬		60 000		
实收资本		380 000		
本年利润		12 000		
合计	562 000	562 000		

附：A 材料 2 000 千克，单价 30 元/千克，金额 60 000 元；B 材料 1 000 千克，单价 20 元/千克，金额 20 000 元。甲产品生产成本 7 000 元，包括：原材料 3 500 元，人工费用 2 000元，分摊的制造费用 1 500 元；乙产品生产成本 5 000 元，包括：原材料 2 500 元，人工费用1 500元，分摊的制造费用 1 000 元。

福厦公司 2016 年 3 月份发生的经济业务如下：

(1)1 日，收到三鼎公司通过银行支付的货款 20 000 元。

(2)2 日，以银行存款偿还银行的短期借款 40 000 元。

(3)5 日，领用 A 材料 500 千克，计 15 000 元，其中：生产甲产品耗用 300 千克，计 9 000元；生产乙产品耗用 200 千克，计 6 000 元。耗用 B 材料 200 千克，计 4 000 元，其中：车间一般性耗用 100 千克，计 2 000 元；行政管理部门耗用 100 千克，计 2 000 元。

(4)6 日，以银行存款 50 000 元发放职工工资。

(5)10 日，收到锦乐公司投资的全新机器设备一台，计 30 000 元。

(6)10 日，销售甲乙两种产品给三鼎公司，其中：甲产品 30 件，单价 2 000 元/件；乙产品 20 件，单价 1 000 元/件。货款 80 000 元已收到，存入银行。

(7)12 日，向天奇公司购进甲材料 1 500 千克，单价 30 元/千克，计 45 000 元，如数验收入库，尚未支付货款。

(8)12 日，以银行存款支付 3 000 元购买办公用品。其中：车间领用 1 400 元，行政管理部门领用 1 600 元。

(9)15 日，以银行存款支付前欠长康公司的货款 15 000 元。

(10)15 日，销售甲乙两种产品给三鼎公司，其中：甲产品 20 件，单价 2 000 元/件；乙产品 30 件，单价 3 000 元/件。货款尚未收到。

(11)16 日,领用 A 材料 1 000 千克,计 30 000 元,其中:生产甲产品耗用 600 千克,计 18 000 元;生产乙产品耗用 400 千克,计 12 000 元。领用 B 材料 200 千克,计 4 000 元,其中:生产甲产品耗用 100 千克,计 2 000 元;生产乙产品耗用 100 千克,计 2 000 元。

(12)18 日,借入短期借款 30 000 元,存入银行。

(13)20 日,向长康公司购进 B 材料 1 500 千克,单价 20 元/千克,计 30 000 元,如数验收入库,尚未支付货款。

(14)22 日,以银行存款支付前欠天奇公司货款 12 000 元。

(15)25 日,锦乐公司以银行存款投入 50 000 元。

(16)28 日,以银行存款支付前欠长康公司的货款 30 000 元。

(17)31 日,计提固定资产折旧 12 000 元,其中:生产车间计提 6 800 元,行政管理部门计提 5 200 元。

(18)31 日,分配本月工资费用 50 000 元,生产车间工人工资 30 000 元(甲产品 20 000元,乙产品 10 000 元),生产车间管理人员工资 8 000 元,行政管理人员工资 12 000 元。

(19)31 日,按职工工资总额的 35%计提社会保险费,生产车间工人工资计提 10 500 元(甲产品 7 000 元,乙产品 3 500 元),生产车间管理人员工资计提 2 800 元,行政管理人员工资计提 4 200 元。

(20)31 日,以银行存款支付产品广告费 6 000 元。

(21)31 日,按生产工人工资比例(2∶1)分配结转制造费用 21 000 元。

(22)31 日,甲产品、乙产品各 100 件全部完工,结转已完工入库产品的生产成本 122 500元(甲产品:77 000 元,乙产品 45 500 元)。

(23)31 日,结转本月已销售产品的生产成本 61250 元(甲产品 38 500 元,乙产品 22 750元)。

(24)31 日,结转主营业务收入 150 000 元(甲产品 100 000 元,乙产品 50 000 元)。

(25)31 日,结转主营业务成本 61 250 元,管理费用 25 000 元,销售费用 6 000 元。

根据以上资料,说明福厦公司采用记账凭证账务处理程序的工作步骤。

第一步,填制汇总原始凭证(略)。

第二步,填制记账凭证。

根据以上所发生的经济业务取得的原始凭证或汇总原始凭证,填制收款凭证、付款凭证和转账凭证。前三笔业务填制的记账凭证,如表 8-2、表 8-3 和表 8-4 所示。为简化举例,其余经济业务填制的记账凭证采用简易形式,如表 8-5 所示。

表 8-2　收款凭证

借方科目：银行存款　　2016 年 3 月 1 日　　银收字第 1 号

摘要	贷方科目		金额
	一级科目	二级或明细科目	
销售电吹风	应收账款	三鼎公司	20 000
附单据×张	合　计		￥20 000

会计主管：××　　记账：××　　出纳：××　　稽核：××　　制证：××

表 8-3　付款凭证

贷方科目：银行存款　　2016 年 3 月 2 日　　银付字第 1 号

摘要	借方科目		金额
	一级科目	二级或明细科目	
归还银行借款	短期借款		40 000
附单据×张	合　计		￥40 000

会计主管：××　　记账：××　　出纳：××　　稽核：××　　制证：××

表 8-4　转账凭证

2016 年 3 月 5 日　　转字第 1 号

摘要	会计科目		借方金额	贷方金额
	一级科目	二级或明细科目		
生产领用材料	生产成本	甲产品	9 000	
生产领用材料	生产成本	乙产品	6 000	
	制造费用		2 000	
	管理费用		2 000	
	原材料	A 材料		15 000
	原材料	B 材料		4 000
附单据壹张	合　计		￥19 000	￥19 000

会计主管：××　　记账：××　　出纳：××　　稽核：××　　制证：××

表 8-5 福厦公司相关经济业务的记账凭证(简化)

2016 年		凭证种类编号	摘 要	借或贷	会计科目	明细科目	余额
月	日						
3	6	银付 2	发放职工工资	借	应付职工薪酬		50 000
				贷	银行存款		50 000
	10	转 2	收到投资的设备	借	固定资产		30 000
				贷	实收资本		30 000
	10	银收 2	产品销售：	借	银行存款		80 000
			甲产品 30 件	贷	主营业务收入		80 000
			乙产品 20 件			甲产品	60 000
						乙产品	20 000
	12	转 3	购入 A 材料 1 500 千克	借	材料采购	A 材料	45 000
				贷	应付账款	天奇公司	45 000
	12	转 4	A 材料 1 500 千克入库	借	原材料	A 材料	45 000
				贷	材料采购	A 材料	45 000
	12	银付 3	购买办公用品	借	制造费用		1 400
					管理费用		1 600
				贷	银行存款		3 000
	15	银付 4	偿还长康公司的货款	借	应付账款	长康公司	15 000
				贷	银行存款		15 000
	15	转 5	销售产品：	借	应收账款	三鼎公司	70 000
			甲产品 20 件	贷	主营业务收入		70 000
			乙产品 30 件			甲产品	40 000
						乙产品	30 000
	16	转 6	生产领用材料：	借	生产成本		34 000
			A 材料 1 000 千克			甲产品	20 000
			B 材料 200 千克			乙产品	14 000
				贷	原材料		34 000
						A 材料	30 000
						B 材料	4 000
	18	银收 3	取得短期借款	借	银行存款		30 000
				贷	短期借款		30 000
	20	转 7	购入 B 材料 1 500 千克	借	材料采购	B 材料	30 000
				贷	应付账款	长康公司	30 000
	20	转 8	B 材料 1 500 千克入库	借	原材料	B 材料	30 000
				贷	材料采购	B 材料	30 000
	22	银付 5	偿还天奇公司的货款	借	应付账款	天奇公司	12 000
				贷	银行存款		12 000
	25	银收 4	收到锦乐公司的投资款	借	银行存款		50 000
				贷	实收资本		50 000
	28	银付 6	偿还长康公司的货款	借	应付账款	长康公司	30 000
				贷	银行存款		30 000

续表

2016年		凭证种类编号	摘要	借或贷	会计科目	明细科目	余额
月	日						
	31	转9	计提本月折旧	借	制造费用		6 800
					管理费用		5 200
				贷	累计折旧		12 000
	31	转10	分配职工薪酬	借	生产成本		30 000
						甲产品	20 000
						乙产品	10 000
				贷	制造费用		8 000
					管理费用		12 000
					应付职工薪酬		50 000
	31	转11	计提社会保险费	借	生产成本		10 500
						甲产品	7 000
						乙产品	3 500
					制造费用		2 800
					管理费用		4 200
				贷	应付职工薪酬		17 500
	31	银付7	支付广告费	借	销售费用		6 000
				贷	银行存款		6 000
	31	转12	分配本月制造费用	借	生产成本		21 000
				贷	制造费用	甲产品	14 000
						乙产品	7 000
							21 000
	31	转13	结转本月完工产品成本： 甲产品100件 乙产品100件	借	库存商品		122 500
						甲产品	77 000
						乙产品	45 500
				贷	生产成本		122 500
						甲产品	77 000
						乙产品	45 500
	31	转14	结转本月销售产品成本： 甲产品50件 乙产品50件	借	主营业务成本		61 250
						甲产品	38 500
						乙产品	22 750
				贷	库存商品		61 250
						甲产品	38 500
						乙产品	22 750
	31	转15	结转本月各项收入	借	主营业务收入		150 000
						甲产品	100 000
						乙产品	50 000
				贷	本年利润		150 000

续表

2016年		凭证种类编号	摘要	借或贷	会计科目	明细科目	余额
月	日						
	31	转16	结转本月各项费用	借	本年利润		92 250
				贷	主营业务成本		61 250
						甲产品	38 500
						乙产品	22 750
					管理费用		25 000
					销售费用		6 000

第三步，登记日记账。

根据填制的、审核无误的收款凭证、付款凭证逐日逐笔登记库存现金日记账（略）和银行存款日记账。银行存款日记账如表8-6所示。

表8-6 银行存款日记账

2016年		凭证		摘要	对方科目	借方	贷方	余额
月	日	种类	编号					
3	1			期初余额				111 000
	1	银收	1	收回三鼎公司的欠款	（略）	20 000		131 000
	2	银付	1	归还银行借款			40 000	91 000
	6	银付	2	发放工资			50 000	41 000
	10	银收	2	销售产品		80 000		121 000
	12	银付	3	购买办公用品			3 000	118 000
	15	银付	4	偿还长康公司的货款			15 000	103 000
	18	银收	3	取得借款		30 000		133 000
	22	银付	5	偿还天奇公司的货款			12 000	121 000
	25	银收	4	收到锦乐公司投资		50 000		171 000
	28	银付	6	偿还长康公司的货款			30 000	141 000
	31	银付	7	支付广告费			6 000	135 000
3	31			本月合计		180 000	156 000	135 000

第四步，登记明细分类账。

根据记账凭证及所附原始凭证登记有关的明细分类账，如表8-7至表8-12所示。

表 8-7 原材料明细分类账

类别:A 材料　　　　　　　　　　　　　　　　　　　　　　　　　编　　号:× ×
品名与规格:× ×　　　　　　　　　　　　　　　　　　　　　　　存放地点:× ×
储备定额:× ×　　　　最高储存量:× ×　　　　最低储存量:× ×　　　　计量单位:千克

2016 年		凭证		摘要	收入			发出			结存		
月	日	种类	编号		数量	单价	金额	数量	单价	金额	数量	单价	金额
3	1			期初余额							2 000	30	60 000
	5	转	1	领用材料				500	30	15 000	1 500	30	45 000
	12	转	4	材料入库	1 500	30	45 000				3 000	30	90 000
	16	转	6	领用材料				1 000	30	30 000	2 000	30	60 000
3	31			本月合计	1 500		45 000	1 500		45 000	2 000	30	60 000

表 8-8 原材料明分类细账

类别:B 材料　　　　　　　　　　　　　　　　　　　　　　　　　编　　号:× ×
品名与规格:× ×　　　　　　　　　　　　　　　　　　　　　　　存放地点:× ×
储备定额:× ×　　　　最高储存量:× ×　　　　最低储存量:× ×　　　　计量单位:千克

2016 年		凭证		摘要	收入			发出			结存		
月	日	种类	编号		数量	单价	金额	数量	单价	金额	数量	单价	金额
3	1			期初余额							1 000	20	20 000
	5	转	1	领用材料				200	20	4 000	800	20	16 000
	16	转	6	领用材料				200	20	4 000	600	20	12 000
	20	转	8	材料入库	1 500	20	30 000				2 100	20	42 000
7	31			本月合计	1 500		30 000	400		8 000	2 100	20	42 000

表 8-9 应付账款明细分类账

总账科目:应付账款
明细科目:长康公司

2016 年		凭证		摘要	借方	贷方	借或贷	余额
月	日	种类	编号					
3	1			期初余额			贷	16 000
	15	银付	4	偿还欠款	15 000		贷	1 000
	20	转	7	购入材料		30 000	贷	31 000
	28	银付	6	偿还欠款	30 000		贷	1 000
7	31			本月合计	45 000	30 000	贷	1 000

表 8-10　应付账款明细分类账

总账科目:应付账款
明细科目:天奇公司

2016年		凭证		摘要	借方	贷方	借或贷	余额
月	日	种类	编号					
3	1			期初余额			贷	4 000
	12	转	3	购料款尚欠		45 000	贷	49 000
	22	银付	5	偿还欠款	12 000		贷	37 000
7	31			本月合计	12 000	45 000	贷	37 000

表 8-11　生产成本明细分类账

产品名称:甲产品　　　　产量:100 件

2016年		凭证		摘要	借方			合计
月	日	种类	编号		直接材料	直接人工	制造费用	
3	1			期初余额	3 500	2 000	1 500	7 000
	5	转	1	生产领用材料	9 000			9 000
	16	转	6	生产领用材料	20 000			20 000
	31	转	10	分配工资		20 000		20 000
	31	转	11	计提社会保险费		7 000		7 000
	22	转	12	偿还欠款			14 000	14 000
7	31			本月合计	29 000	27 000	14 000	70 000
7	31			生产费用合计	32 500	29 000	15 500	77 000
7	31			结转完工产品成本	32 500	29 000	15 500	77 000

注:甲产品的单位生产成本为 77 000/100=770 元/件。

表 8-12　生产成本明细分类账

产品名称:乙产品　　　　产量:100 件

2016年		凭证		摘要	借方			合计
月	日	种类	编号		直接材料	直接人工	制造费用	
3	1			期初余额	2 500	1 500	1 000	5 000
	5	转	1	生产领用材料	9 000			6 000
	16	转	6	生产领用材料	14 000			14 000
	31	转	10	分配工资		10 000		10 000
	31	转	11	计提社会保险费		3 500		3 500
	22	转	12	偿还欠款			7 000	7 000

续表

2016年		凭证		摘要	借方			合计
月	日	种类	编号		直接材料	直接人工	制造费用	
7	31			本月合计	20 000	13 500	7 000	40 500
7	31			生产费用合计	22 500	15 000	8 000	45 500
7	31			结转完工产品成本	22 500	15 000	8 000	45 500

注:乙产品的单位生产成本为45 500/100=455元/件。

第五步,逐笔登记总分类账。

直接根据记账凭证逐笔登记总分类账,有关总分类账的登记如表8-13至表8-31所示。

表8-13　总分类账

账户名称:库存现金

2016年		凭证		摘要	借方	贷方	借或贷	余额
月	日	种类	编号					
3	1			期初余额			借	9 000
3	31			本月合计			借	9 000

表8-14　总分类账

账户名称:银行存款

2016年		凭证		摘要	借方	贷方	借或贷	余额
月	日	种类	编号					
3	1			期初余额			借	111 000
	1	银收	1	收回三鼎公司的欠款	20 000		借	
	2	银付	1	归还银行借款		40 000	借	
	6	银付	2	发放工资		50 000	借	
	10	银收	2	销售产品	80 000		借	
	12	银付	3	购买办公用品		3 000	借	
	15	银付	4	偿还长康公司的货款		15 000	借	
	18	银收	3	取得借款	30 000		借	
	22	银付	5	偿还天奇公司的货款		12 000	借	
	25	银收	4	收到锦乐公司投资	50 000		借	
	28	银付	6	偿还长康公司的货款		30 000	借	
	31	银付	7	支付广告费		6 000	借	
3	31			本月合计	180 000	156 000	借	135 000

注:总账账户可以不逐笔结计余额,期末结计本月合计。

表 8-15　总分类账

账户名称:应收账款

2016 年		凭证		摘要	借方	贷方	借或贷	余额
月	日	种类	编号					
3	1			期初余额			借	30 000
	1	银收	1	收回欠款		20 000	借	
	15	转	5	销售产品	70 000		借	
3	31			本月合计	70 000	20 000	借	80 000

表 8-16　总分类账

账户名称:材料采购

2016 年		凭证		摘要	借方	贷方	借或贷	余额
月	日	种类	编号					
3	12	转	3	材料采购	45 000		借	45 000
	12	转	4	材料入库		45 000	平	
	20	转	7	购买材料	30 000		借	
	20	转	8	材料入库		30 000	平	
3	31			本月合计	75 000	75 000	平	0

表 8-17　总分类账

账户名称:原材料

2016 年		凭证		摘要	借方	贷方	借或贷	余额
月	日	种类	编号					
3	1			期初余额			借	80 000
	5	转	1	领用材料		19 000	借	
	12	转	4	材料入库	45 000		借	
	16	转	6	领用材料		34 000	借	
	20	转	8	材料入库	30 000		借	
3	31			本月合计	75 000	53 000	借	102 000

表 8-18　总分类账

账户名称:库存商品

2016 年		凭证		摘要	借方	贷方	借或贷	余额
月	日	种类	编号					
3	1			期初余额			借	20 000
	31	转	13	结转完工产品成本	122 500		借	
	31	转	14	结转已销售产品成本		61 250	借	
3	31			本月合计	122 500	61 250	借	81 250

表 8-19　总分类账

账户名称:固定资产

2016 年		凭证		摘要	借方	贷方	借或贷	余额
月	日	种类	编号					
3	1			期初余额			借	300 000
	10	转	2	收到投资转入设备	30 000		借	
3	31			本月合计	30 000		借	330 000

表 8-20　总分类账

账户名称:累计折旧

2016 年		凭证		摘要	借方	贷方	借或贷	余额
月	日	种类	编号					
3	1			期初余额			贷	50 000
	31	转	9	计提折旧		12 000	贷	
3	31			本月合计		12 000	贷	62 000

表 8-21　总分类账

账户名称:短期借款

2016 年		凭证		摘要	借方	贷方	借或贷	余额
月	日	种类	编号					
3	1			期初余额			贷	40 000
	2	银付	1	归还短期借款	40 000		平	
	18	银收	3	取得短期借款		30 000	贷	
3	31			本月合计	40 000	30 000	贷	30 000

表 8-22　总分类账

账户名称:应付账款

2016 年		凭证		摘要	借方	贷方	借或贷	余额
月	日	种类	编号					
3	1			期初余额			贷	20 000
	12	转	3	购买材料		45 000	贷	
	15	银付	4	偿还材料款	15 000		贷	
	20	转	7	购买材料		30 000	贷	
	22	银付	5	偿还材料款	12 000		贷	
	28	银付	6	偿还材料款	30 000		贷	
3	31			本月合计	57 000	75 000	贷	38 000

表 8-23　总分类账

账户名称:应付职工薪酬

2016 年		凭证		摘要	借方	贷方	借或贷	余额
月	日	种类	编号					
3	1			期初余额			贷	60 000
	6	银付	2	发放职工薪酬	50 000		贷	
	31	转	10	分配职工薪酬		50 000	贷	
	31	转	11	计提社会保险		17 500	贷	
3	31			本月合计	50 000	67 500	贷	77 500

表 8-24　总分类账

账户名称:实收资本

2016 年		凭证		摘要	借方	贷方	借或贷	余额
月	日	种类	编号					
3	1			期初余额			借	380 000
	10	转	2	收到设备投资		30 000	借	
	25	银收	4	收到投资款		50 000	借	
3	31			本月合计		80 000	借	460 000

表 8-25 总分类账

账户名称:制造费用

2016 年		凭证		摘要	借方	贷方	借或贷	余额
月	日	种类	编号					
3	5	转	1	一般性耗用材料	2 000		借	
	12	银付	3	购买办公用品	1 400		借	
	31	转		计提折旧	6 800		借	
	31	转		分配职工薪酬	8 000		借	
	31	转		计提社会保险费	2 800		借	
	31	转		结转制造费用		21 000	平	
3	31			本月合计	21 000	21 000	平	0

表 8-26 总分类账

账户名称:生产成本

2016 年		凭证		摘要	借方	贷方	借或贷	余额
月	日	种类	编号					
3	1			期初余额			借	12 000
	5	转	1	生产领用材料	15 000		借	
	16	转	6	生产领用材料	34 000		借	
	31	转	10	分配职工薪酬	30 000		借	
	31	转	11	计提社会保险费	10 500		借	
	31	转	12	结转制造费用	21 000		借	
	31	转	14	结转完工产品成本		122 500	平	
3	31			本月合计	110 500	122 500	平	0

表 8-27 总分类账

账户名称:管理费用

2016 年		凭证		摘要	借方	贷方	借或贷	余额
月	日	种类	编号					
3	5	转	1	一般性耗用	2 000		借	
	12	银付	3	购买办公用品	1 600		借	
	31	转	9	计提折旧	5 200		借	
	31	转	10	分配职工薪酬	12 000		借	
	31	转	11	计提社会保险费	4 200		借	
	31	转	16	结转管理费用		25 000	平	
3	31			本月合计	25 000	25 000	平	0

表 8-28 总分类账

账户名称:销售费用

2016 年		凭证		摘要	借方	贷方	借或贷	余额
月	日	种类	编号					
3	31	银付	7	支付广告费	6 000		借	
	31	转	16	结转管理费用		6 000	平	
3	31			本月合计	6 000	6 000	平	0

表 8-29 总分类账

账户名称:主营业务收入

2016 年		凭证		摘要	借方	贷方	借或贷	余额
月	日	种类	编号					
3	10	银收	2	销售产品		80 000	贷	
	15	转	5	销售产品		70 000	贷	
	31	转	15	结转主营业务收入	150 000		平	
3	31			本月合计	150 000	150 000	平	0

表 8-30 总分类账

账户名称:主营业务成本

2016 年		凭证		摘要	借方	贷方	借或贷	余额
月	日	种类	编号					
3	31	转	14	结转已售产品生产成本	61 250		借	
	31	转	16	结转主营业务成本		61 250	平	
3	31			本月合计	61 250	61 250	平	0

表 8-31 总分类账

账户名称:本年利润

2016 年		凭证		摘要	借方	贷方	借或贷	余额
月	日	种类	编号					
3	1			期初余额			贷	12 000
		转	15	结转主营业务收入		150 000	贷	
	31	转	16	结转主营业务收本、管理费用、销售费用	92 250		贷	
3	31			本月合计	92 250	150 000	贷	69 750

第六步,核对有关日记账和明细账的余额与有关总分类账的余额。

月终,将库存现金、银行存款日记账和各种明细类账的余额与有关总分类账的余额核对相符。总分类账及有关明细分类账的本期发生额及余额对照表如表 8-32 至表 8-33 所示，总分类账户试算平衡表如表 8-34 所示。

表 8-32　原材料明细账本本期发生额及余额对照表

2016 年 3 月

账户名称	计量单位	单价	期初余额		本期发生额				期末余额	
					收入		发出			
			数量	金额	数量	金额	数量	金额	数量	金额
A 材料	千克	30	2 000	60 000	1 500	45 000	1 500	45 000	2 000	60 000
B 材料	千克	20	1 000	20 000	1 500	30 000	400	8 000	2 100	42 000
合计(总账账户)				80 000		75 000		53 000		102 000

表 8-33　应付账款明细账本本期发生额及余额对照表

2016 年 3 月

账户名称	期初余额		本期发生额		期末余额	
	借方	贷方	借方	贷方	借方	贷方
长康公司		16 000	45 000	30 000		1 000
天奇公司		4 000	12 000	45 000		37 000
合计(总账账户)		20 000	57 000	75 000		38 000

表 8-34　试算平衡表

2016 年 3 月

账户名称	期初余额		本期发生额		期末余额	
	借方	贷方	借方	贷方	借方	贷方
库存现金	9 000				9 000	
银行存款	111 000		180 000	156 000	135 000	
应收账款	30 000		70 000	20 000	80 000	
材料采购			75 000	75 000		
原材料	80 000		75 000	53 000	102 000	
生产成本	12 000		110 500	122 500		
库存商品	20 000		122 500	61 250	81 250	
固定资产	300 000		30 000		330 000	
累计折旧		50 000		12 000		62 000
短期借款		40 000	40 000	30 000		30 000
应付账款		20 000	57 000	75 000		38 000
实收资本		380 000		80 000		460 000
应付职工薪酬		60 000	50 000	67 500		77 500

续表

账户名称	期初余额		本期发生额		期末余额	
	借方	贷方	借方	贷方	借方	贷方
本年利润		12 000	92 250	150 000		69 750
制造费用			21 000	21 000		
管理费用			25 000	25 000		
销售费用			6 000	6 000		
主营业务收入			150 000	150 000		
主营业务成本			61 250	61 250		
合计	562 000	562 000	1 165 500	1 165 500	737 250	737 250

第七步,月终编制财务报表。

月终,根据总分类账及有关明细分类账余额编制财务报表,此处略。

第三节　汇总记账凭证账务处理程序

一、汇总记账凭证的编制方法

汇总记账凭证是指对一段时期内(一般为 5 日或 10 日)同类记账凭证进行定期汇总而编制的记账凭证。汇总记账凭证可以分为汇总收款凭证、汇总付款凭证和汇总转账凭证,三种凭证有不同的编制方法。

(一)汇总收款凭证的编制

汇总收款凭证根据“库存现金”和“银行存款”账户的借方进行编制。汇总收款凭证是在对各账户对应的贷方分类之后,进行汇总编制。总分类账根据各汇总收款凭证的合计数进行登记,分别记入“库存现金”“银行存款”总分类账户的借方,并将汇总收款凭证上各账户贷方的合计数分别记入有关总分类账户的贷方。其格式和内容见表 8-36。

(二)汇总付款凭证的编制

汇总付款凭证根据“库存现金”和“银行存款”账户的贷方进行编制。汇总付款凭证是在对各账户对应的借方分类之后,进行汇总编制。总分类账根据各汇总付款凭证的合计数进行登记,分别记入“库存现金”“银行存款”总分类账户的贷方,并将汇总付款凭证上各账户借方的合计数分别记入有关总分类账户的借方。其格式和内容见表 8-38。

(三)汇总转账凭证的编制

汇总转账凭证通常根据所设置账户的贷方进行编制。汇总转账凭证是在对所设置账户相对应的借方账户分类之后,进行汇总编制。总分类账根据各汇总转账凭证的合计数进行登记,分别记入对应账户的总分类账户的贷方,并将汇总转账凭证上各账户借方的合计数分别记入有关总分类账户的借方。值得注意的是,在编制的过程中,贷方账户必须唯一,借方账户可以一个或多个,即转账凭证必须一借一贷或多借一贷。如果在一个月内某一贷方账户的转账凭证不多，可不编制汇总转账凭证，直接根据单个的转账凭证登记总分类账。其格式和内容见表 8-40。

二、汇总记账凭证账务处理程序的一般步骤

汇总记账凭证账务处理程序的一般步骤是(图 8-3)：

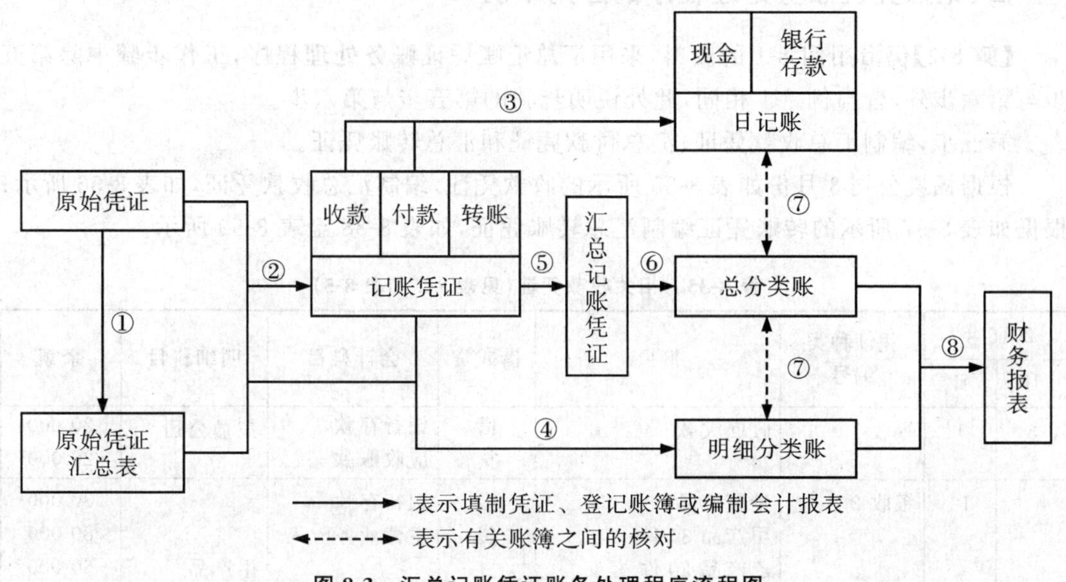

图 8-3　汇总记账凭证账务处理程序流程图

第一步，根据原始凭证填制汇总原始凭证；

第二步，根据原始凭证或汇总原始凭证，填制收款凭证、付款凭证和转账凭证，也可以填制通用记账凭证；

第三步，根据收款凭证、付款凭证逐笔登记库存现金日记账和银行存款日记账；

第四步，根据原始凭证、汇总原始凭证和记账凭证，登记各种明细分类账；

第五步，根据各种记账凭证编制有关汇总记账凭证；

第六步，根据各种汇总记账凭证登记总分类账；

第七步，期末将库存现金日记账、银行存款日记账和明细分类账的余额与有关总分类账的余额核对相符；

第八步，期末根据总分类账和明细分类账的记录，编制财务报表。

三、汇总记账凭证账务处理程序的内容

(一)特点

汇总记账凭证账务处理程序的特点是先根据记账凭证编制汇总记账凭证，再根据汇总记账凭证登记总分类账。

(二)优缺点

汇总记账凭证账务处理程序的优点是减轻了登记总分类账的工作量，明确地反映了

经济业务的来龙去脉，便于查账；缺点是当转账凭证较多时，编制汇总转账凭证的工作量较大，并且按每一贷方账户编制汇总转账凭证，不利于会计核算的日常分工。

(三)适用范围

该账务处理程序适用于规模较大、经济业务较多的单位。

四、记账凭证账务处理程序的应用举例

【例 8-2】仍沿用例 8-1 的资料，采用汇总记账凭证账务处理程序，工作步骤中除第五步与第六步外，皆与例 8-1 相同，此处说明步骤的第五步与第六步。

第五步，编制汇总收款凭证、汇总付款凭证和汇总转账凭证。

根据福厦公司 3 月份如表 8-35 所示的收款凭证，编制汇总收款凭证，如表 8-36 所示；根据如表 8-37 所示的转账凭证编制汇总转账凭证，如表 8-38 至表 8-59 所示。

表 8-35　相关收款凭证(见表 8-2 和表 8-5)

2016 年		凭证种类编号	摘要	借或贷	会计科目	明细科目	余额
月	日						
3	1	银收 1	收回欠款	借 贷	银行存款 应收账款	三鼎公司	20 000 20 000
	10	银收 2	销售产品： 甲产品 30 件 乙产品 20 件	借 贷	银行存款 主营业务收入	 甲产品 乙产品	80 000 80 000 60 000 20 000
	18	银收 3	取得短期借款	借 贷	银行存款 短期借款		30 000 30 000
	25	银收 4	收到长城公司投资款	借 贷	银行存款 实收资本		50 000 50 000

表 8-36　汇总收款凭证

借方科目：银行存款　　　2016 年 3 月 31 日　　　汇收字第 301 号

贷方科目	金额				记账	
	(1)	(2)	(3)	合计	借方	贷方
应收账款	20 000					20 000
主营业务收入	80 000					80 000
短期借款		30 000				30 000
实收资本			50 000			50 000
合计	100 000	30 000	50 000	180 000		180 000
附注：(1)自 1 日至 10 日　收款凭证共计 2 张						
(2)自 11 日至 20 日　收款凭证共计 1 张						
(3)自 21 日至 31 日　收款凭证共计 1 张						

会计主管：××　　会计：××　　复核：××　　制单：××

表 8-37　相关付款凭证(见表 8-3 和表 8-5)

2016 年		凭证种类编号	摘要	借或贷	会计科目	明细科目	余额
月	日						
3	2	银付 1	归还贷款	借	短期借款		40 000
				贷	银行存款		40 000
	6	银付 2	发放职工薪酬	借	应付职工薪酬		50 000
				贷	银行存款		50 000
	12	银付 3	购买办公用品	借	制造费用		1 400
					管理费用		1 600
				贷	银行存款		3 000
	15	银付 4	偿还长康公司的货款	借	应付账款	长康公司	15 000
				贷	银行存款		15 000
	22	银付 5	偿还天奇公司的货款	借	应付账款	天奇公司	12 000
				贷	银行存款		12 000
	28	银付 6	偿还长康公司的货款	借	应付账款	长康公司	30 000
				贷	银行存款		30 000
	31	银付 7	支付广告费	借	销售费用		6 000
				贷	银行存款		6 000

表 8-38　汇总付款凭证

贷方科目:银行存款　　　　2016 年 3 月 31 日　　　　汇付字第 301 号

借方科目	金额				记账	
	(1)	(2)	(3)	合计	借方	贷方
短期借款	40 000			40 000	40 000	
应付职工薪酬	50 000			50 000	50 000	
制造费用		1 400		1 400	1 400	
管理费用		1 600		1 600	1 600	
应付账款		15 000	42 000	57 000	57 000	
销售费用			6 000	6 000	6 000	
合计	90 000	18 000	48 000	156 000	156 000	
附注:(1)自 1 日至 10 日　付款凭证共计 2 张						
(2)自 11 日至 20 日　付款凭证共计 1 张						
(3)自 21 日至 31 日　付款凭证共计 1 张						

会计主管:××　　　　会计:××　　　　复核:××　　　　制单:××

表 8-39　相关付款凭证(见表 8-4 和表 8-5)

2016 年		凭证种类编号	摘要	借或贷	会计科目	明细科目	余额
月	日						
3	5	转 1	生产领用材料	借	生产成本		15 000
						甲产品	9 000
						乙产品	6 000
					制造费用		2 000
					管理费用		2 000
				贷	原材料		19 000
						A 材料	15 000
						B 材料	4 000
	10	转 2	收到投资转入设备	借	固定资产		30 000
				贷	实收资本		30 000
	12	转 3	购入材料：	借	材料采购	A 材料	45 000
			A 材料 1500 千克	贷	应付账款	天奇公司	45 000
	12	转 4	材料入库：	借	原材料	A 材料	30 000
			A 材料 1500 千克	贷	材料采购	A 材料	30 000
	15	转 5	销售产品：	借	应收账款	三鼎公司	70 000
			甲产品 20 件	贷	主营业务收入		70 000
			乙产品 30 件			甲产品	40 000
						乙产品	30 000
	16	转 6	生产领用材料：	借	生产成本		34 000
			A 材料 1000 千克			甲产品	20 000
			B 材料 200 千克			乙产品	14 000
				贷	原材料		34 000
						A 材料	30 000
						B 材料	4 000
	20	转 7	购入材料	借	材料采购	B 材料	30 000
				贷	应付账款	长康公司	30 000
	20	转 8	材料入库：	借	原材料	B 材料	30 000
			B 材料 1500 千克	贷	材料采购	B 材料	30 000
	31	转 9	计提折旧	借	制造费用		6 800
					管理费用		5 200
				贷	累计折旧		12 000
	31	转 10	分配职工薪酬	借	生产成本		30 000
						甲产品	20 000
						乙产品	10 000
					制造费用		8 000
					管理费用		12 000
				贷	应付职工薪酬		50 000

续表

2016 年		凭证种类编号	摘要	借或贷	会计科目	明细科目	余额
月	日						
	31	转 11	计提社会保险费	借	生产成本		10 500
						甲产品	7 000
						乙产品	3 500
					制造费用		2 800
					管理费用		4 200
				贷	应付职工薪酬		17 500
	31	转 12		借	生产成本		21 000
						甲产品	14 000
						乙产品	7 000
				贷	制造费用		21 000
	31	转 13	结转入库产品成本： 甲产品完工 100 件 乙产品完工 100 件	借	库存商品		122 500
						甲产品	77 000
						乙产品	45 500
				贷	生产成本		122 500
						甲产品	77 000
						乙产品	45 500
	31	转 14	结转已售产品成本： 甲产品 50 件 乙产品 50 件	借	主营业务成本		61 250
						甲产品	38 500
						乙产品	22 750
				贷	库存商品		61 250
						甲产品	38 500
						乙产品	22 750
	31	转 15	结转主营业务收入	借	主营业务收入		150 000
				贷	本年利润		150 000
	31	转 16	结转主营业务成本	借	本年利润		61 250
				贷	主营业务成本		61 250
	31	转 17	结转管理费用	借	本年利润		25 000
				贷	管理费用		25 000
	31	转 18	结转销售费用	借	本年利润		6 000
				贷	销售费用		6 000

说明：表 8-5 转 16 号转账凭证是一借多贷会计分录，在此处应拆分为转 16 号至转 18 号三张一借一贷会计分录的转账凭证。

表 8-40　汇总转账凭证

贷方科目:原材料　　2016 年 3 月 31 日　　汇转字第 301 号

借方科目	金额				记账	
	(1)	(2)	(3)	合计	借方	贷方
生产成本	15 000	34 000		49 000	49 000	
制造费用	2 000			2 000	2 000	
管理费用	2 000			2 000	2 000	
合计	19 000	34 000		53 000	53 000	
附注:(1)自 1 日至 10 日　转账凭证共计 1 张						
(2)自 11 日至 20 日　转账凭证共计 1 张						
(3)自 21 日至 31 日　转账凭证共计 0 张						

会计主管:××　　会计:××　　复核:××　　制单:××

表 8-41　汇总转账凭证

贷方科目:实收资本　　2016 年 3 月 31 日　　汇转字第 302 号

借方科目	金额				记账	
	(1)	(2)	(3)	合计	借方	贷方
固定资产	30 000			30 000	30 000	
合计	30 000			30 000	30 000	
附注:(1)自 1 日至 10 日　转账凭证共计 1 张						
(2)自 11 日至 20 日　转账凭证共计 0 张						
(3)自 21 日至 31 日　转账凭证共计 0 张						

会计主管:××　　会计:××　　复核:××　　制单:××

表 8-42　汇总转账凭证

贷方科目:应付账款　　2016 年 3 月 31 日　　汇转字第 303 号

借方科目	金额				记账	
	(1)	(2)	(3)	合计	借方	贷方
材料采购		75 000		75 000	75 000	
合计		75 000		75 000	75 000	
附注:(1)自 1 日至 10 日　转账凭证共计 0 张						
(2)自 11 日至 20 日　转账凭证共计 2 张						
(3)自 21 日至 31 日　转账凭证共计 0 张						

会计主管:××　　会计:××　　复核:××　　制单:××

表 8-43　汇总转账凭证

贷方科目：材料采购　　　　2016 年 3 月 31 日　　　　汇转字第 304 号

借方科目	金额				记账	
	(1)	(2)	(3)	合计	借方	贷方
原材料		75 000		75 000	75 000	
合计		75 000		75 000	75 000	
附注：(1)自 1 日至 10 日　转账凭证共计 0 张						
(2)自 11 日至 20 日　转账凭证共计 2 张						
(3)自 21 日至 31 日　转账凭证共计 0 张						

会计主管：××　　会计：××　　复核：××　　制单：××

表 8-44　汇总转账凭证

贷方科目：主营业务收入　　　　2016 年 3 月 31 日　　　　汇转字第 305 号

借方科目	金额				记账	
	(1)	(2)	(3)	合计	借方	贷方
原材料		70 000		70 000	70 000	
合计		70 000		70 000	70 000	
附注：(1)自 1 日至 10 日　转账凭证共计 0 张						
(2)自 11 日至 20 日　转账凭证共计 1 张						
(3)自 21 日至 31 日　转账凭证共计 0 张						

会计主管：××　　会计：××　　复核：××　　制单：××

表 8-45　汇总转账凭证

贷方科目：累计折旧　　　　2016 年 3 月 31 日　　　　汇转字第 306 号

借方科目	金额				记账	
	(1)	(2)	(3)	合计	借方	贷方
制造费用			6 800	6 800	6 800	
管理费用			5 200	5 200	5 200	
合计			12 000	12 000	12 000	
附注：(1)自 1 日至 10 日　转账凭证共计 0 张						
(2)自 11 日至 20 日　转账凭证共计 0 张						
(3)自 21 日至 31 日　转账凭证共计 1 张						

会计主管：××　　会计：××　　复核：××　　制单：××

表 8-46　汇总转账凭证

贷方科目:应付职工薪酬　　2016 年 3 月 31 日　　汇转字第 307 号

借方科目	金额				记账	
	(1)	(2)	(3)	合计	借方	贷方
生产成本			40 500	40 500	40 500	
制造费用			10 800	10 800	10 800	
管理费用			16 200	16 200	16 200	
合计			67 500	67 500	67 500	
附注:(1)自 1 日至 10 日　转账凭证共计 0 张						
(2)自 11 日至 20 日　转账凭证共计 0 张						
(3)自 21 日至 31 日　转账凭证共计 2 张						

会计主管:××　　会计:××　　复核:××　　制单:××

表 8-47　汇总转账凭证

贷方科目:制造费用　　2016 年 3 月 31 日　　汇转字第 308 号

借方科目	金额				记账	
	(1)	(2)	(3)	合计	借方	贷方
生产成本			21 000	21 000	21 000	
合计			21 000	21 000	21 000	
附注:(1)自 1 日至 10 日　转账凭证共计 0 张						
(2)自 11 日至 20 日　转账凭证共计 0 张						
(3)自 21 日至 31 日　转账凭证共计 1 张						

会计主管:××　　会计:××　　复核:××　　制单:××

表 8-48　汇总转账凭证

贷方科目:生产成本　　2016 年 3 月 31 日　　汇转字第 309 号

借方科目	金额				记账	
	(1)	(2)	(3)	合计	借方	贷方
库存商品			122 500	122 500	122 500	
合计			122 500	122 500	122 500	
附注:(1)自 1 日至 10 日　转账凭证共计 0 张						
(2)自 11 日至 20 日　转账凭证共计 0 张						
(3)自 21 日至 31 日　转账凭证共计 1 张						

会计主管:××　　会计:××　　复核:××　　制单:××

表 8-49　汇总转账凭证

贷方科目:库存商品　　2016 年 3 月 31 日　　汇转字第 310 号

借方科目	金额				记账	
	(1)	(2)	(3)	合计	借方	贷方
主营业务成本			61 250	61 250	61 250	
合计			61 250	61 250	61 250	
附注:(1)自 1 日至 10 日　转账凭证共计 0 张						
(2)自 11 日至 20 日　转账凭证共计 0 张						
(3)自 21 日至 31 日　转账凭证共计 1 张						

会计主管:××　　会计:××　　复核:××　　制单:××

表 8-50　汇总转账凭证

贷方科目:本年利润　　2016 年 3 月 31 日　　汇转字第 311 号

借方科目	金额				记账	
	(1)	(2)	(3)	合计	借方	贷方
主营业务收入			150 000	150 000	150 000	
合计			150 000	150 000	150 000	
附注:(1)自 1 日至 10 日　转账凭证共计 0 张						
(2)自 11 日至 20 日　转账凭证共计 0 张						
(3)自 21 日至 31 日　转账凭证共计 1 张						

会计主管:××　　会计:××　　复核:××　　制单:××

表 8-51　汇总转账凭证

贷方科目:主营业务成本　　2016 年 3 月 31 日　　汇转字第 312 号

借方科目	金额				记账	
	(1)	(2)	(3)	合计	借方	贷方
本年利润			61 250	61 250	61 250	
合计			61 250	61 250	61 250	
附注:(1)自 1 日至 10 日　转账凭证共计 0 张						
(2)自 11 日至 20 日　转账凭证共计 0 张						
(3)自 21 日至 31 日　转账凭证共计 1 张						

会计主管:××　　会计:××　　复核:××　　制单:××

表 8-52 汇总转账凭证

贷方科目:管理费用　　2016 年 3 月 31 日　　汇转字第 313 号

借方科目	金额				记账	
	(1)	(2)	(3)	合计	借方	贷方
本年利润			25 000	25 000	25 000	
合计			25 000	25 000	25 000	
附注:(1)自 1 日至 10 日　转账凭证共计 0 张						
(2)自 11 日至 20 日　转账凭证共计 0 张						
(3)自 21 日至 31 日　转账凭证共计 1 张						

会计主管:××　　会计:××　　复核:××　　制单:××

表 8-53 汇总转账凭证

贷方科目:销售费用　　2016 年 3 月 31 日　　汇转字第 314 号

借方科目	金额				记账	
	(1)	(2)	(3)	合计	借方	贷方
本年利润			6 000	6 000	6 000	
合计			6 000	6 000	6 000	
附注:(1)自 1 日至 10 日　转账凭证共计 0 张						
(2)自 11 日至 20 日　转账凭证共计 0 张						
(3)自 21 日至 31 日　转账凭证共计 1 张						

会计主管:××　　会计:××　　复核:××　　制单:××

第六步,登记总分类账

此处仅以银行存款、应付账款、原材料为例说明登记方法,如表 8-54 至表 8-56 所示。其他总账登记方法与之类似,不再详述。

表 8-54 总分类账

账户名称:银行存款

2016 年		凭证		摘要	对方科目	借方	贷方	借或贷	余额
月	日	种类	编号						
3	1			期初余额				借	111 000
	31	汇收	301		应收账款	20 000		借	
					主营业务收入	80 000		借	
					短期借款	30 000		借	
					实收资本	50 000		借	
	31	汇收	301		短期借款		40 000	借	
					应付职工薪酬		50 000	借	

续表

2016年		凭证		摘要	对方科目	借方	贷方	借或贷	余额
月	日	种类	编号						
					制造费用		1 400	借	
					管理费用		1 600	借	
					应付账款		57 000	借	
					销售费用		6 000	借	
3	31			本月合计		180 000	156 000	借	135 000

说明:因为汇总记账凭证账务处理程序是按照会计科目之间的对应关系汇总编制的,所以此处的总账账户中可设置对方科目栏。

表 8-55　总分类账

账户名称:应付账款

2016年		凭证		摘要	对方科目	借方	贷方	借或贷	余额
月	日	种类	编号						
3	1			期初余额				贷	20 000
	31	汇付	301		银行存款	57 000		借	
	31	汇转	303		材料采购		75 000	贷	
3	31			本月合计		57 000	75 000	贷	38 000

表 8-56　总分类账

账户名称:原材料

2016年		凭证		摘要	对方科目	借方	贷方	借或贷	余额
月	日	种类	编号						
3	1			期初余额				借	80 000
	31	汇转	301		生产成本		49 000	借	
					制造费用		2 000	借	
					管理费用		2 000	借	
		汇转	304		材料采购	75 000		借	
3	31			本月合计		75 000	53000	借	10 2000

第四节　科目汇总表账务处理程序

一、科目汇总表的编制方法

科目汇总表，又称记账凭证汇总表，是企业通常定期对全部记账凭证进行汇总后，按照不同的会计科目分别列示各账户借方发生额和贷方发生额的一种汇总凭证。科目汇总表的编制方法是，根据一定时期内的全部记账凭证，按照会计科目进行归类，定期汇总出每一个账户的借方本期发生额和贷方本期发生额，填写在科目汇总表的相关栏内。科目汇总表可每月编制一张，也可每旬汇总一次，编制一张。任何格式的科目汇总表，都只反映各个账户的借方本期发生额和贷方本期发生额，不反映各个账户之间的对应关系。

二、科目汇总表账务处理程序的一般步骤

科目汇总表账务处理程序的一般步骤是(图 8-4)：

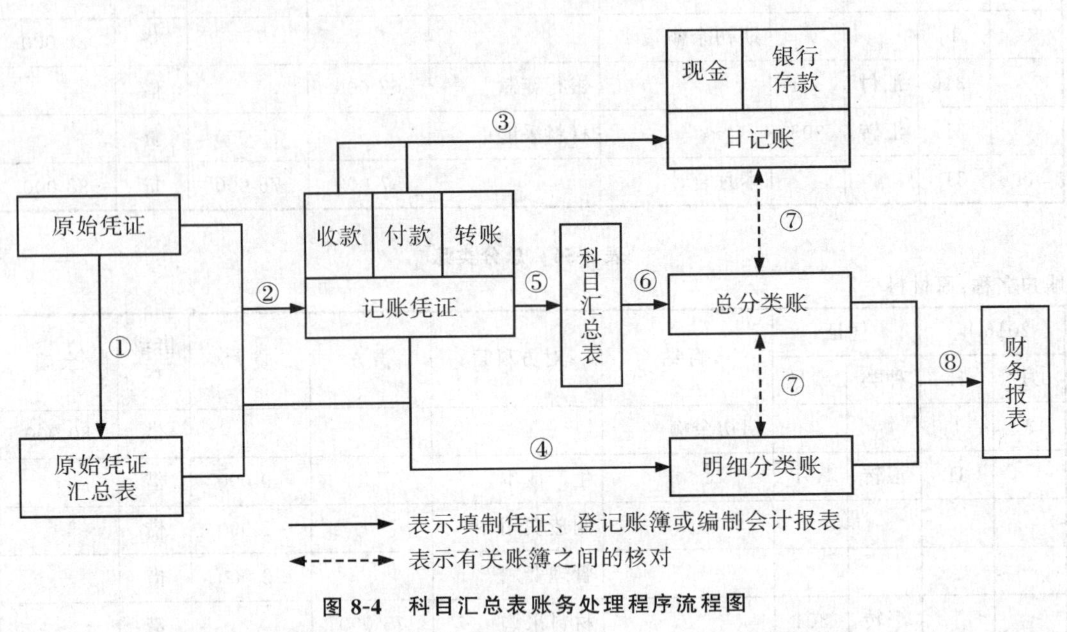

图 8-4　科目汇总表账务处理程序流程图

第一步，根据原始凭证填制汇总原始凭证；

第二步，根据原始凭证或汇总原始凭证填制记账凭证；

第三步，根据收款凭证、付款凭证逐笔登记库存现金日记账和银行存款日记账；

第四步，根据原始凭证、汇总原始凭证和记账凭证，登记各种明细分类账；

第五步，根据各种记账凭证编制科目汇总表；

第六步，根据科目汇总表登记总分类账；

第七步，期末将库存现金日记账、银行存款日记账和明细分类账的余额同有关总分类

账的余额核对相符；

第八步，期末根据总分类账和明细分类账的记录，编制财务报表。

三、科目汇总表账务处理程序的内容

（一）特点

科目汇总表账务处理程序的特点是先将所有记账凭证汇总编制成科目汇总表，然后以科目汇总表为依据登记总分类账。

（二）优缺点

科目汇总表账务处理程序的优点是减轻了登记总分类账的工作量，易于理解，方便学习，并可做到试算平衡，减少总账记账差错；缺点是科目汇总表不能反映各个账户之间的对应关系，不利于对账目进行检查。

（三）适用范围

该账务处理程序适用于规模较大、记账凭证较多，但日常收、付款业务不频繁的单位。

四、科目汇总表账务处理程序的应用举例

【例 8-3】仍用例 8-1 的资料，采用科目汇总表账务处理程序，工作步骤除第五步和第六步外皆与例 8-1 相同，这里只说明工作步骤的五、六两步。

第五步，编制科目汇总表。

根据 3 月份的记账凭证编制科目汇总，如表 8-57 至 8-59 所示。

表 8-57　科目汇总表

2016 年 3 月 1 日至 10 日　　　　科汇字第 301 号

会计科目	本期发生额		备注
	借方	贷方	
银行存款	100 000	90 000	自银收字第 1 号至第 2 号；自银付字第 1 号至第 2 号；自转字第 1 号至第 2 号。
应收账款		20 000	
原材料		19 000	
生产成本	15 000		
固定资产	30000		
短期借款	40 000		
应付职工薪酬	50 000		
制造费用	2 000		
管理费用	2 000		
实收资本		30 000	
主营业务收入		80 000	
合计	239 000	239 000	

会计主管：××　　会计：××　　复核：××　　制表：××

表 8-58　科目汇总表

2016 年 3 月 11 日至 20 日　　科汇字第 302 号

会计科目	本期发生额		备注
	借方	贷方	
银行存款	30 000	18 000	自银收字第 3 号至第 3 号； 自银付字第 3 号至第 4 号； 自转字第 3 号至第 8 号。
应收账款	70 000		
材料采购	75 000	75 000	
原材料	75 000	34 000	
短期借款		30 000	
应付账款	15 000	75 000	
生产成本	34 000		
制造费用	1 400		
管理费用	1 600		
主营业务收入		70 000	
合计	302 000	302 000	

会计主管：××　　会计：××　　复核：××　　制表：××

表 8-59　科目汇总表

2016 年 3 月 21 日至 31 日　　科汇字第 303 号

会计科目	本期发生额		备注
	借方	贷方	
银行存款	50 000	48 000	自银收字第 4 号至第 4 号； 自银付字第 5 号至第 7 号； 自转字第 9 号至第 16 号。
生产成本	61 500	122 500	
库存商品	122 500	61 250	
累计折旧		12 000	
应付职工薪酬		67 500	
应付账款	42 000		
实收资本		50 000	
制造费用	17 600	21 000	
管理费用	21 400	25 000	
销售费用	6 000	6 000	
主营业务成本	61 250	61 250	
主营业务收入	150 000		
本年利润	92 250	150 000	
合计	624 500	624 500	

会计主管：××　　会计：××　　复核：××　　制表：××

第六步，登记总分分类账。

根据科目汇总表登记总分类账，本例仅以“银行存款”“应付账款”为例做说明，如表8-60和表8-61所示。其他总账登记方法与之相同，不再详述。

表 8-60 总分类账

账户名称：银行存款

2016年		凭证		摘要	借方	贷方	借或贷	余额
月	日	种类	编号					
3	1			期初余额			借	111 000
	10	科汇	301	1-10日科目汇总表	100 000	90 000	借	
	20	科汇	302	11-20日科目汇总表	30 000	18 000	借	
	31	科汇	303	21-31日科目汇总表	50 000	48 000	借	
3	31			本月合计	180 000	156 000	借	135 000

说明：因为于科目汇总表是按相同会计科目汇总，反映的是某一会计科目的本期借方或贷方发生额，而不能反映科目之间的对应关系，所以此处的总账未设置对方科目栏。

表 8-61 总分类账

账户名称：应付账款

2016年		凭证		摘要	借方	贷方	借或贷	余额
月	日	种类	编号					
3	1			期初余额			贷	20 000
	20	科汇	302	11-20日科目汇总表	15 000	75 000	贷	
	31	科汇	303	21-31日科目汇总表	42 000		贷	
3	31			本月合计	57 000	75 000	借	38 000

练习题

一、单项选择题

1.规模较小、业务量较少的单位适用(　　)。

A.记账凭证账务处理程序　　B.汇总记账凭证账务处理程序

C.多栏式日记账账务处理程序　　D.科目汇总表账务处理程序

2.汇总记账凭证是依据(　　)编制的。

A.记账凭证　　B.原始凭证　　C.原始记账凭证　　D.各种总账

3.汇总记账凭证账务处理程序的优点是(　　)。

A.详细反映经济业务的发生情况　　B.可以做到试算平衡

C.便于了解账户之间的对应关系　　D.处理程序简单

4.下列不属于科目汇总表账务处理程序优点的是（　　）。

A.科目汇总表的编制和使用较为简单，易学易做

B.可以清晰地反映账户之间的对应关系

C.可以大大减少登记总分类账的工作量

D.科目汇总表可以起到试算平衡的作用，保证总账登记的正确性

5.下列属于记账凭证账务处理程序优点的是（　　）。

A.总分类账反映经济业务较详细　　B.减轻了登记总分类账的工作量

C.有利于会计核算的日常分工　　D.便于核对账目和进行试算平衡

6.汇总记账凭证账务处理的特点是根据（　　）登记总账。

A.记账凭证　　B.汇总记账凭证　　C.科目汇总表　　D.原始凭证

7.科目汇总表是根据（　　）编制的。

A.记账凭证　　B.原始凭证

C.原始凭证汇总表　　D.汇总记账凭证

8.汇总记账凭证账务处理程序的适用范围是（　　）。

A.规模较小、业务较少的单位　　B.规模较小、业务较多的单位

C.规模较大、业务较多的单位　　D.规模较大、业务较少的单位

9.根据科目汇总表登记总账，在简化登记总账工作的同时也起到了（　　）的作用。

A.简化报表的编制　　B.反映账户对应关系

C.简化明细账工作　　D.发生额试算平衡

10.最基本的账务处理程序是（　　）。

A.日记总账账务处理程序　　B.汇总记账凭证账务处理程序

C.科目汇总表账务处理程序　　D.记账凭证账务处理程序

二、多项选择题

1.企业常用的账务处理程序主要有（　　）。

A.记账凭证账务处理程序　　B.汇总记账凭证账务处理程序

C.科目汇总表账务处理程序　　D.汇总原始凭证账务处理程序

E.汇总转账凭证账务处理程序

2.关于汇总记账凭证账务处理程序，下列说法中正确的有（　　）。

A.根据汇总记账凭证登记总账，减轻了登记总账的工作量

B.汇总记账凭证是按照会计科目的对应关系编制的，总账能够反映账户间的对应关系

C.汇总记账凭证的编制较复杂

D.转账凭证中的会计分录只能是“一借一贷”“多借一贷”的对应关系

E.适用于规模大、业务量多，特别是收付款业务多、转账业务少的单位

3.关于科目汇总表账务处理程序，下列说法中正确的有（　　）。

A.根据科目汇总表登记总账，减轻了登记总账的工作量

B.通过编制科目汇总表，可以对发生额进行日常试算平衡

C.科目汇总表是按照相同会计科目汇总编制的，总账不能反映账户间的对应关系

D.总账能够反映交易或事项的来龙去脉

E.适用于规模大、业务量多的单位

4.不同账务处理程序所具有的相同之处有(　)。

A.编制记账凭证的直接依据相同　　B.编制会计报表的直接依据相同

C.登记明细分类账簿的直接依据相同　　D.登记总分类账簿的直接依据相同

E.依据的会计基础相同

5.在记账凭证账务处理程序下,不能作为登记总账直接依据的有(　)。

A.原始凭证　　B.记账凭证　　C.汇总原始凭证　　D.汇总记账凭证

E.汇总转账凭证

6.以下属于记账凭证账务处理程序优点的有(　　)。

A.简单明了、易于理解

B.总分类账可较详细地记录经济业务的发生情况

C.便于进行会计科目的试算平衡

D.减轻了登记总分类账的工作量

E.有利于会计核算的日常分工

7.账务处理程序也叫会计核算组织程序,是指(　　)相结合的方式。

A.会计凭证　　B.会计账簿　　C.会计报表　　D.会计科目

E.会计要素

8.下列项目中,属于科学、合理地选择适用于本单位的账务处理程序的意义有(　　)。

A.有利于规范会计工作

B.有利于提高会计信息质量

C.有利于保证会计记录的完整性和正确性

D.有利于增强会计信息的可靠性

E.有利于保证会计信息的及时性

9.在科目汇总表账务处理程序下,不能作为登记总账直接依据的有(　　)。

A.原始凭证　　B.汇总记账凭证　　C.科目汇总表　　D.记账凭证

E.转账凭证

10.对于汇总记账凭证账务处理程序,下列说法错误的是(　　)。

A.登记总账的工作量大

B.不能体现账户之间的对应关系

C.明细账与总账无法核对

D.当转账凭证较多时,汇总转账凭证的编制工作量较大

E.有利于会计核算的日常分工

三、判断题

1.在不同的账务处理程序中,登记总账的依据相同。(　　)

2.各个企业的业务性质、组织规模不同,管理上的要求也不同,企业应根据自身的特点,选择恰当的会计账务处理程序。(　　)

3.会计凭证、会计账簿、会计报表之间的结合方式不同,构成不同的账务处理程序。(　　)

4.汇总记账凭证账务处理程序就是将各种原始凭证汇总后填制记账凭证，据以登记总账的账务处理过程。（　　）

5.现金日记账和银行存款日记账不论在何种会计核算形式下，都是根据收款凭证和付款凭证逐日逐笔按顺序登记的。（　　）

6.科目汇总表不仅可以减轻登记总分类账的工作量，还可以起到试算平衡的作用。（　　）

7.记账凭证账务处理程序一般适用于规模小、业务复杂、凭证较多的单位。（　　）

8.科目汇总表可以反映账户之间的对应关系，但不能起到试算平衡的作用。（　　）

9.记账凭证账务处理程序是直接根据记账凭证逐笔登记总分类账，它是最基本的账务处理程序。（　　）

10.各种账务处理程序的不同之处在于登记明细账的直接依据不同。（　　）

四、简答题

1.简述三种常用的账务处理程序的优缺点。

2.简述三种常用的账务处理程序的适用范围。

3.简述记账凭证账务处理程序的一般程序。

4.简述汇总记账凭证账务处理程序的一般程序。

5.简述科目汇总表账务处理程序的一般程序。

第九章　财产清查

1.了解财产清查的意义与种类；
2.熟悉财产清查的一般程序；
3.熟悉货币资金、实物资产和往来款项的清查方法；
4.掌握银行存款余额调节表的编制；
5.掌握财产清查结果的账务处理。

第一节　财产清查概述

一、财产清查的概念与意义

财产清查是指通过对各项财产物资、货币资金和往来账项的实地盘点、核对和查询，来确定其账面结存数额与实际结存数额是否一致，以保证账实相符的一种会计专门方法。

财产清查是内部会计控制的一个有机组成部分，它的主要目的是为了确保账簿记录的真实性和准确性，为企业编制财务报表提供真实可靠的资料。企业应当建立健全财产物资清查制度，加强管理，以保证财产物资核算的真实性和完整性。财产清查的意义主要表现在以下三方面：

(一) 保证账实相符，提高会计资料的准确性

会计是一个以提供财务信息为主的经济信息系统。财务信息的载体是财务报表，而财务报表是按照日常会计核算的有关资料编制的。通过财产清查可以查明各项财产物资的实际结存数，以确定是否账实相符。对于不符的账项，要进一步查明差异产生的原因，落实责任，并及时调整账面数字，做到账实相符，保证会计资料的真实性和准确性，从而为编制财务报表提供可靠而真实的资料。

(二)能够帮助管理当局判断内部会计控制制度是否完善

通过财产清查，既可以查明各项财产物资是否账实相符，又可以查明各项财产物资的保管情况，如是否完整，有无霉烂变质，有无被非法挪用、贪污、盗窃等，这能够帮助管理当局判断内部会计控制制度是否完善，执行是否有效。

(三)促进企业加速资金周转,提高资金使用效益

通过财产清查,特别是对债权债务的清查,可以促进其及时结算,及时发现坏账并予以处理。同时还可以查明企业的财产物资有无过多积压、占用不合理的情况,从而促使企业管理当局尽早采取措施处理,促进企业合理占用资金,加速资金周转。

二、财产清查的种类

(一)按照清查范围分类

1.全面清查

全面清查是指对所有的财产进行全面的盘点和核对。全面清查除了对企业拥有的所有财产进行清查和核对外,也要把受其他单位委托代管的财产也列入清查的范围。

全面清查由于涉及面广、工作量大、清查费用高等特点,不宜经常进行。一般只在以下四种特定情况下才予以采用:

(1)年终决算前,需要进行全面清查。

(2)单位撤销、合并或改变隶属关系时,需要进行全面清查。

(3)对单位资产评估、清产核资时,需要进行全面清查。

(4)企业进行股份制改造时,需要进行全面清查。

2.局部清查

局部清查是指根据需要只对部分财产物资、债权债务进行盘点和核对。对于流动性大的财产物资,如原材料、库存商品,应根据需要定期盘点或重点抽查;对于贵重物品,如现金、银行存款等,需要每日或每月清查一次。在财产遭受非正常损失和更换有关管理人员时,也要对有关财产进行局部清查。

(二)按照清查的时间分类

1.定期清查

定期清查是指按照预先计划安排的时间对财产进行盘点和核对。定期清查一般在年末、季末、月末进行。定期清查,可以是全面清查,也可以是局部清查。

2.不定期清查

不定期清查是指事前不规定清查日期,而是根据特殊需要临时进行盘点和核对。不定期清查,可以是全面清查,也可以是局部清查,应根据实际需要来确定清查的对象和范围。一般来说,在更换财产物资的保管人员、发生意外事故或自然灾害、领导或工作人员发生贪污盗窃行为时,应进行不定期清查。

(三)按照清查的执行系统分类

1.内部清查

内部清查是指由本单位内部自行组织清查工作小组所进行的财产清查工作。大多数财产清查都是内部清查。

2.外部清查

外部清查是指由上级主管部门、审计机关、司法部门、注册会计师根据国家有关规定或情况需要对本单位所进行的财产清查。一般来讲,进行外部清查时应有本单位相关人员参加。

三、财产清查的一般程序

财产清查既是会计核算的一种专门方法，又是财产物资管理的一项重要制度。财产清查是一项复杂细致的工作，涉及面广，工作量大。为了保证清查工作能够顺利进行，必须遵循一定的程序，有计划、有组织地进行财产清查。财产清查一般包括以下程序：

1.建立财产清查组织。进行财产清查前应先成立清查小组，负责组织和具体进行清查工作，因为清查工作需要由专门人员经授权后才能进行。清查小组一般由会计部门、保管部门、使用部门的人员组成。

2.组织清查人员学习有关政策规定，掌握有关法律、法规和相关业务知识，以提高财产清查工作的质量。

3.确定清查对象、范围，明确清查任务。

4.制定清查方案，具体安排清查内容、时间、步骤、方法，以及必要的清查前准备；在财产清查前，为了便于盘点和核对，需要做好以下两项准备工作：

(1)会计部门需将有关会计账簿登记齐全并结出余额，为账实核对做好资料上的准备。

(2)财产物资保管及使用部门需要将有关财产物资的明细账(实物账)登记清楚并结出余额。同时，对准备清查的物资进行管理，登记实物卡片，标明编号、品名、规格、计量单位和结存数量等。

财产清查准备工作做好后，财产清查小组即可根据清查对象的特点和清查目的，确定清查的具体范围和时间，采取合适的清查方法进行财产清查。

5.清查时本着先清查数量、核对有关账簿记录等，后认定质量的原则进行。

6.填制盘存清单。

7.根据盘存清单，填制实物、往来账项清查结果报告表。

8.对财产清查结果进行处理。对财产清查结果的处理是财产清查的最后一个环节。在财产清查后，如发现财产短缺或溢余，应当查明原因，分别进行处理。

第二节　财产清查的方法

由于货币资金、实物资产、往来款项的特点各有不同，在进行财产清查时，应采用与其特点和管理要求相适应的方法。

一、财产清查的基本方法

(一)实地盘点法

实地盘点法是指在财产物资的存放地点进行逐一盘点或运用计量器具确定其实存数额的方法。这种方法的适用范围较广泛，大部分的财产物资清查都可以采用这种方法，如现金、存货、固定资产等。

(二)核对法

核对法是指将两种或两种以上的书面资料相互核对来验证其内容是否一致的方法。对银行存款的清查即可用核对法。

(三)查询法

查询法是指通过调查征询的方式,获取必要资料,以查明实际情况的方法。具体又分为面询法和函询法两种。面询法是指直接找有关当事人进行面谈;函询法是指发函给有关单位或个人,让对方回函来说明经济业务的实际情况。对往来账项的清查一般采用函询法。

二、货币资金的清查方法

(一)库存现金的清查

库存现金的清查是采用实地盘点法确定库存现金的实存数,然后与库存现金日记账的账面余额相核对,确定账实是否相符。现金清查采用的是实地盘点的方法。

现金的盘点,应由清查人员和出纳共同负责。盘点之前,出纳人员应将现金的收、付款凭证全部登记入账,并结出余额;盘点时,由清查人员逐一清点,同时由出纳人员监督。如发现盘盈或盘亏,必须由盘点人员和出纳人员共同核实。盘点时,除了要查明账实是否相符外,还要注意检查现金的收支是否符合现金管理制度的规定,有无坐支现金,以“白条”抵充现金的现象。盘点结束后,应根据盘点结果编制“库存现金盘点报告表”,并由清查人员和出纳人员共同签名或盖章。此表既是反映现金实存数、调整账簿记录的重要原始凭证,也是分析账实不符产生的原因、明确经济责任的依据。其格式如表 9-1 所示。

表 9-1　库存现金盘点报告表

单　位：　　　　　　　　　　年　　月　日

币种	实存金额	账存金额	对比结果		备注
			盘盈	盘亏	

盘点人：　　　　　　　　　　　　　　　　　　　　出纳员：

(二)银行存款的清查

银行存款的清查是采用与开户银行核对账目的方法进行的,即将本单位银行存款日记账的账簿记录与开户银行转来的对账单逐笔进行核对,来查明银行存款的实有数额。银行存款的清查一般在月末进行。

1.查清银行存款日记账与银行对账单不一致的原因并及时更正

将截止到清查日所有银行存款的收付业务都登记入账后,对发生的错账、漏账应及时查清更正,再与银行的对账单逐笔核对。如果二者余额相符,通常说明没有错误;如果二者余额不相符,则可能是企业或银行一方或双方记账过程有错误或者存在未达账项。

未达账项,是指企业和银行之间由于记账时间不一致而发生的一方已经入账,而另一方尚未入账的事项。未达账项一般分为以下四种情况：

(1)企业已收款记账，银行未收款未记账的款项；

(2)企业已付款记账，银行未付款未记账的款项；

(3)银行已收款记账，企业未收款未记账的款项；

(4)银行已付款记账，企业未付款未记账的款项。

上述任何一种未达账项的存在，都会使企业的银行存款日记账的余额与银行开出的对账单的余额不符。所以，在与银行对账时首先应查明是否存在未达账项，如果存在未达账项，就应该编制“银行存款余额调节表”，据以调节双方的账面余额，确定企业银行存款实有数。

2.银行存款清查的步骤

银行存款的清查按以下四个步骤进行。

(1)将本单位银行存款日记账与银行对账单，以结算凭证的种类、号码和金额为依据，逐日逐笔核对。凡双方都有记录的，用铅笔在金额旁打上记号“√”。

(2)找出未达账项(即银行存款日记账和银行对账单中没有打“√”的款项)。

(3)将日记账和对账单的月末余额及找出的未达账项填入“银行存款余额调节表”，并计算出调整后的余额。

(4)将调整平衡的“银行存款余额调节表”，经主管会计签章后，呈报开户银行。

凡有几个银行户头以及开设有外币存款户头的单位，应分别按存款户头开设“银行存款日记账”。每月月底，应分别将各户头的“银行存款日记账”与各户头的“银行对账单”核对，并分别编制各户头的“银行存款余额调节表”。

银行存款余额调节表的编制，是以双方账面余额为基础，各自分别加上对方已收款入账而己方尚未入账的数额，减去对方已付款入账而己方尚未入账的数额。其计算公式如下：

$$\text{企业银行存款日记账余额}+\text{银行已收企业未收款}-\text{银行已付企业未付款}=\text{银行对账单存款余额}+\text{企业已收银行未收款}-\text{企业已付银行未付款}$$

3.银行存款余额调节表的作用

银行存款余额调节表是一种对账记录或对账工具，不能作为调整账面记录的依据。即不能根据银行存款余额调节表中的未达账项来调整银行存款账面记录，未达账项只有在收到有关凭证后才能进行有关的账务处理。

调节后的余额如果相等，通常说明企业和银行的账面记录一般没有错误，该余额通常为企业可以动用的银行存款实有数；调节后的余额如果不相等，通常说明一方或双方记账有误，需进一步追查，查明原因后予以更正和处理。

“银行存款余额调节表”的编制方法一般是在企业银行存款日记账和银行对账单账面余额的基础上，分别补记对方已记账而己方未记账的账项金额，然后验证经过调节后的双方余额是否相符。如果相符，表明没有记账错误，否则，表明双方(或某一方)记账有误，应及时查明原因予以更正。

下面举例说明“银行存款余额调节表”的编制方法。

【例 9-1】假设某企业 2015 年 8 月 31 日银行存款日记账的余额为 10 000 元，银行对账单余额为 9 000 元。经逐笔核对，发现有以下四笔未达账项：

(1)企业月末将转账支票 2 200 元送存银行，企业已记账，银行尚未记账。

(2)企业月末开出现金支票 800 元，持票人尚未到银行办理取款手续。

(3)企业委托银行代收外地销货款 700 元，银行已记账，而企业尚未收到银行收款通知，因而未记账。

(4)银行代企业支付水电费 300 元，银行已记账，而企业尚未收到银行付款通知，因而尚未记账。

表 9-2　银行存款余额调节表

2015 年 8 月 31 日

银行对账单	金额	银行存款日记账	金额
银行对账单金额	9 000	银行存款日记账金额	10 000
加:企业已收、银行未收	2 200	加:银行已收、企业未收	700
减:企业已付、银行未付	800	减:银行已付、企业未付	300
调节后的存款余额	10 400	调节后的存款余额	10 400

表 9-2 所列双方余额经调整后是相等的，说明双方的账簿记录正确，调节前之所以不相符，完全是由未达账项所导致的。这里需要说明两点：第一，未达账项不是错账、漏账，因此不能根据银行存款余额调节表做任何账务处理，未达账项的登记必须在取得有关凭证之后才可以进行；第二，银行存款余额调节表中经过调节后的存款余额，不等于企业银行存款日记账的账面余额，它是银行存款的真正实有数，即企业实际可动用的存款数额。

三、实物资产的清查方法

实物资产主要包括固定资产、存货等。实物资产的清查就是对实物资产在数量和质量上所进行的清查。常用的清查方法主要有实地盘点法和技术推算法。

(一)存货的清查

存货主要包括商品、原材料、在产品、产成品、低值易耗品、包装物等。清查常用的方法是实地盘点法。清查中，既要核实数量也要鉴定质量。在盘点时，首先必须以各项存货目录规定的名称规格为标准，查明各项存货的名称、规格，然后再盘点数量，检查质量。同时，盘点时各项存货的保管人员必须在场，并参加盘点工作。盘点结束时，应根据盘点结果如实填制“盘存单”(如表 9-3)，并由盘点人员和存货保管人员签名或盖章。然后，还应根据“盘存单”和有关账簿记录编制“盘点盈亏报告单”(如表 9-4)。

表 9-3　盘存单

单位名称：　　存货类别：　　存放地点：　　盘点时间：　　编号：

编号	名称	品种规格或型号	计量单位	单价	数量	金额	备注

盘点人(签章)：　　存货保管人(签章)：

表 9-4　盘点盈亏报告单

单位名称：　　　　　　　　　　　　年　　月　　日　　　　　　　　　　　编号：

编号	类别及名称	计量单位	单价	实存		账存		差异				备注
								盘盈		盘亏		
				数量	金额	数量	金额	数量	金额	数量	金额	

主管人员：　　　　　　　　　　　会计：　　　　　　　　　　　制表：

(二)固定资产的清查

固定资产清查的常用方法与存货清查的方法相同，这里不再重复。清查结束后需要编制固定资产盘盈盘亏报告表，其格式如表 9-5 所示。

表 9-5　固定资产盘盈盘亏报告表

部门：　　　　　　　　　　　　　　　　　　　　　　　年　　月　　日

固定资产编号	固定资产名称	固定资产规格及型号	盘盈			盘亏			毁损			原因
			数量	重估价	累计折旧	数量	原价	已提折旧	数量	原价	已提折旧	
处理意见	审批部门			清查小组				使用保管部门				

四、往来款项的清查方法

往来款项主要包括应收、应付款项及其他应收、应付款项和预收、预付款项等。往来款项的清查一般采用发函询证的方法进行核对。往来款项清查以后，根据清查结果编制“往来款项清查报告单”，填列各项债权、债务的余额。对于有争执的款项以及无法收回的款项，应在报告单上详细列明情况，以便及时采取措施进行处理，避免或减少坏账损失。

清查的程序大致为：(1)检查本企业应该入账的凭证是否已全部入账，并结出余额。清查人员应对有关账簿记录依据会计凭证进行核对，保证账簿记录准确无误。(2)编制债权债务款项的对账单。对账单一般可以采用一式两联的形式，其中一联作为回单，由对方单位确认并签章。如果对方单位核对后发现不一致，则须注明原因，寄回本单位。单位在收到对账单后，应就不一致事项作进一步调查。(3)要根据清查结果及时编制“债权债务清查结果报告表”。对于有争议的款项、无法收回的款项，均应在报告中注明原因及金额。“债权债务清查结果报告表”的一般格式如表 9-6 所示。

表 9-6　债权债务清查结果报告表

单位名称：　　　　　　　　　　　　　　　　　　　　年　　月　　日

<table>
<tr><th colspan="2">总分类账户</th><th colspan="2">明细账户</th><th rowspan="2">发生日期</th><th rowspan="2">对方结存额</th><th rowspan="2">对比结果及差异额</th><th colspan="3">差异原因及金额</th><th rowspan="2">备注</th></tr>
<tr><th>名称</th><th>金额</th><th>名称</th><th>金额</th><th>未达账项</th><th>有争议账项</th><th>无法收回账项</th></tr>
<tr><td></td><td></td><td></td><td></td><td></td><td></td><td></td><td></td><td></td><td></td><td></td></tr>
<tr><td></td><td></td><td></td><td></td><td></td><td></td><td></td><td></td><td></td><td></td><td></td></tr>
</table>

清查人员：　　　　　　　　　　　　　　　　　　　　主管人员：

第三节　财产清查结果的处理

一、财产清查结果处理的要求

财产清查的结果有以下三种情况：第一，实存数大于账存数，即盘盈；第二，实存数小于账存数，即盘亏；第三，实存数等于账存数，即账实相符。其中第一和第二种情况为账实不符，对财产清查结果的处理，主要就是针对这两种情况进行处理，但对账实相符中如果存在财产物资发生变质、霉烂即毁损的情况也要进行处理。

财产清查结果处理的具体要求有：(1)分析产生差异的原因和性质，提出处理建议；(2)积极处理多余积压财产，清理往来款项；(3)总结经验教训，建立和健全各项管理制度；(4)及时调整账簿记录，保证账实相符。

二、财产清查结果处理的步骤与方法

对于财产清查结果的处理可分为以下两种情况：

1.审批之前的处理

根据“清查结果报告表”“盘点报告表”等已经查实的数据资料填制记账凭证，记入有关账簿，使账簿记录与实际盘存数相符，同时根据权限，将处理建议报股东大会或董事会，或经理(厂长)会议或类似机构批准。

2.审批之后的处理

企业清查的各种财产的损溢，应于期末前查明原因，并根据企业的管理权限，经股东大会或董事会，或经理(厂长)会议或类似机构批准后，在期末结账前处理完毕。企业应严格按照有关部门对财产清查结果提出的处理意见进行账务处理，填制有关记账凭证，登记有关账簿，并追回由于责任者原因造成的财产损失。

企业清查的各种财产的损溢，如果在期末结账前尚未经批准，在对外提供财务报表时，先按上述规定进行处理，并在附注中做出说明；其后批准处理的金额与已处理金额不一致的，调整财务报表相关项目的年初数。

三、财产清查结果的账务处理

(一)设置"待处理财产损溢"账户

为了反映和监督企业在财产清查过程中查明的各种财产物资的盘盈、盘亏、毁损及其处理情况,应设置"待处理财产损溢"账户(但固定资产盘盈和毁损分别通过"以前年度损益调整"、"固定资产清理"账户核算)。该账户属于双重性质的资产类账户,下设"待处理流动资产损溢"和"待处理非流动资产损溢"两个明细分类账户进行明细分类核算。

该账户的借方登记财产物资的盘亏数、毁损数和批准转销的财产物资盘盈数;贷方登记财产物资的盘盈数和批准转销的财产物资盘亏及毁损数。企业清查的各种财产的盘盈、盘亏和毁损应在期末结账前处理完毕,所以"待处理财产损溢"账户在期末结账后没有余额。

(二)库存现金清查结果的账务处理

1.库存现金盘盈的账务处理

库存现金盘盈时,应及时办理库存现金的入账手续,调整库存现金账簿记录,即按盘盈的金额借记"库存现金"科目,贷记"待处理财产损溢——待处理流动资产损溢"科目。

对于盘盈的库存现金,应及时查明原因,按管理权限报经批准后,按盘盈的金额借记"待处理财产损溢——待处理流动资产损溢"科目,按需要支付或退还他人的金额贷记"其他应付款"科目,按无法查明原因的金额贷记"营业外收入"科目。

2.库存现金盘亏的账务处理

库存现金盘亏时,应及时办理盘亏的确认手续,调整库存现金账簿记录,即按盘亏的金额借记"待处理财产损溢——待处理流动资产损溢"科目,贷记"库存现金"科目。

对于盘亏的库存现金,应及时查明原因,按管理权限报经批准后,按可收回的保险赔偿和过失人赔偿的金额借记"其他应收款"科目,按管理不善等原因造成净损失的金额借记"管理费用"科目,按自然灾害等原因造成净损失的金额借记"营业外支出"科目,按原记入"待处理财产损溢——待处理流动资产损溢"科目借方的金额贷记本科目。

(三)存货清查结果的账务处理

1.存货盘盈的账务处理

存货盘盈时,应及时办理存货入账手续,调整存货账簿的实存数。盘盈的存货应按其重置成本作为入账价值,借记"原材料""库存商品"等科目,贷记"待处理财产损溢——待处理流动资产损溢"科目。

对于盘盈的存货,应及时查明原因,按管理权限报经批准后,冲减管理费用,即按其入账价值,借记"待处理财产损溢——待处理流动资产损溢"科目,贷记"管理费用"科目。

【例 9-2】某企业在财产清查中发现甲材料盘盈 5 吨,每吨 2 000 元。

在批准之前,作如下会计分录:

借:原材料——甲材料	10 000	
贷:待处理财产损溢——待处理流动资产损溢		10 000

经查明,盘盈的甲材料系平时漏记造成的,批准冲减管理费用。根据批准处理时,作如下会计分录:

借:待处理财产损溢——待处理流动资产损溢　　10 000
　贷:管理费用　　10 000

2.存货盘亏的账务处理

存货盘亏时,应按盘亏的金额借记“待处理财产损溢——待处理流动资产损溢”科目,贷记“原材料”、“库存商品”等科目。材料、产成品、商品采用计划成本(或售价)核算的,还应同时结转成本差异(或商品进销差价)。涉及增值税的,还应进行相应处理。

对于盘亏的存货,应及时查明原因,按管理权限报经批准后,按可收回的保险赔偿和过失人赔偿的金额借记“其他应收款”科目,按管理不善等原因造成净损失的金额借记“管理费用”科目,按自然灾害等原因造成净损失的金额借记“营业外支出”科目,按原记入“待处理财产损溢——待处理流动资产损溢”科目借方的金额贷记本科目。

【例 9-3】某企业在财产清查中发现乙材料盘亏 150 公斤,每公斤 10 元。经查明自然损耗为 50 公斤,意外灾害造成损失 60 公斤,仓库保管员李某的失职造成损失 40 公斤。

在批准之前,作如下的会计分录:

借:待处理财产损溢——待处理流动资产损溢　　1 500
　贷:原材料——乙材料　　1 500

根据批准处理意见,作如下的会计分录:

借:管理费用　　500
　营业外支出　　600
　其他应收款　　400
　贷:待处理财产损溢——待处理流动资产损溢　　1 500

(四)固定资产清查结果的账务处理

1.固定资产盘盈的账务处理

企业在财产清查过程中盘盈的固定资产,经查明确属企业所有,按管理权限报经批准后,应根据盘存凭证填制固定资产交接凭证,经有关人员签字后送交企业会计部门,填写固定资产卡片账,并作为前期差错处理,通过“以前年度损益调整”科目核算。盘盈的固定资产通常按其重置成本作为入账价值借记“固定资产”科目,贷记“以前年度损益调整”科目。涉及增值税、所得税和盈余公积的,还应按相关规定处理。

【例 9-4】某企业在财产清查中发现账外设备一台,估计重估价值为 50 000 元,估计已提折旧 4 000 元。

在批准之前,作如下会计分录:

借:固定资产　　50 000
　贷:累计折旧　　4 000
　　待处理财产损溢——待处理固定资产损溢　　46 000

在经批准转销时,作如下会计分录:

借:待处理财产损溢——待处理固定资产损溢　　46 000
　贷:营业外收入　　46 000

2.固定资产盘亏的账务处理

固定资产盘亏时,应及时办理固定资产注销手续,按盘亏固定资产的账面价值,借记“待处理财产损溢——待处理非流动资产损溢”科目,按已提折旧额,借记“累计折旧”科目，按其原价，贷记“固定资产”科目。涉及增值税和递延所得税的，还应按相关规定处理。

对于盘亏的固定资产，应及时查明原因，按管理权限报经批准后，按过失人及保险公司应赔偿额，借记“其他应收款”科目，按盘亏固定资产的原价扣除累计折旧和过失人及保险公司赔偿后的差额，借记“营业外支出”科目，按盘亏固定资产的账面价值，贷记“待处理财产损溢——待处理非流动资产损溢”科目。

【例 9-5】某企业在财产清查中发现丢失了一台设备，账面原值为 20 000 元，已提折旧为 5 000 元。

在批准之前，作如下的会计分录：

借：待处理财产损溢——待处理固定资产损溢	15 000	
累计折旧	5 000	
贷：固定资产		20 000

在经批准转销时，作如下会计分录：

借：营业外支出	15 000	
贷：待处理财产损溢——待处理固定资产损溢		15 000

（五）结算往来款项盘存的账务处理

在财产清查过程中发现长期未结算往来款项，应及时清查。对于经查明确实无法支付的应付款项，可按规定程序报经批准后，转作营业外收入。

对于无法收回的应收款项，则应将其作为坏账损失冲减坏账准备。坏账是指企业无法收回或收回的可能性极小的应收款项。由于发生坏账而产生的损失，称为坏账损失。

企业通常应将符合下列条件之一的应收款项确认为坏账：(1)债务人死亡，以其遗产清偿后仍然无法收回；(2)债务人破产，以其破产财产清偿后仍然无法收回；(3)债务人较长时间内未履行其偿债义务，并有足够的证据表明无法收回或者收回的可能性极小。

有确凿证据表明确实无法收回的应收款项，经批准后将其作为坏账损失。

已确认为坏账的应收款项，并不意味着企业放弃了追索权，一旦重新收回，应及时入账。对于企业在财产清查中发现的有关债权、债务的坏账收入或坏账损失，在经上级审核批准后，直接按照有关会计分录转销，不需要通过“待处理财产损溢”账户核算。

练习题

一、单项选择题

1.财产清查是指通过对各项财产物资、货币资金和往来账项的实地盘点、核对和查询，来确定其账面结存数额与实际结存数额是否一致，以保证（　　）的一种会计专门方法。

A.账账相符　　B.账实相符　　C.账证相符　　D.账面记录正确

2.财产清查的意义不包括（　　）。

A.保证会计资料的真实性　　B.有助于评价企业管理当局的经营绩效

C.反映企业内部会计控制制度是否完善　　D.促进企业加速资金周转

3.为了消除未达账项的影响，企业应根据核对后发现的未达账项，编制（　　）。

A.银行存款余额调节表　　B.试算平衡表

C.资产负债表　　D.利润表

4.报经批准后，应按批准意见进行处理。盘盈的固定资产一般按照增加（　　）处理。

A.管理费用　　B.营业外支出　　C.营业外收入　　D.投资收益

5.一般地，盘亏、毁损的固定资产，按照其原价扣除累计折旧，变价收入和过失人及保险公司赔款后的余额计入（　　）。

A.管理费用　　B.营业外支出　　C.营业外收入　　D.投资收益

6.盘亏、毁损的流动资产，在扣除残料价值、可收回的保险赔偿后的余额，属于一般经营损失的部分，计入（　　）。

A.管理费用　　B.营业外支出　　C.营业外收入　　D.投资收益

7.下列不属于财产清查的基本方法的是（　　）。

A.实地盘点法　　B.调查法　　C.核对法　　D.查询法

8.对银行存款的清查采用（　　）。

A.实地盘点法　　B.调查法　　C.核对法　　D.查询法

9.查询法适用于（　　）。

A.应收账款　　B.现金　　C.存货　　D.固定资产

10.实地盘点法不适用于（　　）。

A.短期借款　　B.现金　　C.存货　　D.固定资产

11.未达账项是指单位与（　　）之间一方已入账，另一方因尚未收到有关凭证而未予入账的款项。

A.客户　　B.供应商　　C.银行　　D.债权人

二、多项选择题

1.财产清查是指通过对各项财产物资、货币资金和往来账项的（　　），来确定其账面结存数额与实际结存数额是否一致，以保证账实相符的一种会计专门方法。

A.实地盘点　　B.调查　　C.核对　　D.查询

2.财产清查按照财产清查的对象和范围的不同分类，分为（　　）。

A.全面清查　　B.局部清查　　C.定期清查　　D.不定期清查

3.实地盘点法适用于（　　）。

A.应收账款　　B.现金　　C.存货　　D.固定资产

4.未达账项主要有（　　）情况。

A.银行已收，企业未收　　B.银行已收，企业已收

C.企业已收，银行未收　　D.企业已付，银行未付

E.银行已付，企业未付

三、判断题

1.财产清查是指通过对各项财产物资、货币资金和往来账项的实地盘点、核对和查询，来确定其账面结存数额与实际结存数额是否一致，以保证账账相符的一种会计专门方法。（　　）

2.按照清查时间的不同分类，分为定期清查和不定期清查。(　　)

3.对应收账款的清查一般采用核对法。(　　)

4.大部分的财产物资清查一般采用实地盘点法。(　　)

5.未达账项是指单位与银行之间一方已入账，另一方因尚未收到有关凭证而未予以入账的款项。(　　)

6.未达账项包括“银行已收，企业也已收”这一情况。(　　)

7.为了消除未达账项的影响，企业应根据核对后发现的未达账项，编制“银行存款余额调节表”。(　　)

8.实存数大于账存数，称为盘亏。(　　)

9.对财产清查结果的处理应设置“待处理财产损溢”账户。(　　)。

四、业务处理题

1.假设东华工厂 2015 年 9 月 30 日银行存款的账面余额为 43 600 元。经核对，企业和银行双方记账过程都没有错误，只发现下列未达账项：

(1)8 月 30 日委托银行收款 5 200 元，银行已收款记入企业存款账户，但尚未通知企业。

(2)8 月 31 日，企业开出一张 300 元的支票购买办公用品，企业已减少存款记账，但支票尚未送到银行。

(3)8 月 30 日，企业收到其他单位的支票 1 600 元，企业已记账，但银行未记账。

(4)8 月 31 日，银行代企业支付水电费 320 元，银行已记账，但付款通知尚未送达企业。

要求：根据上述资料计算银行对账单的账面余额是多少？企业实际可动用的存款数额又是多少？

2.南强公司在财产清查中发现如下事项：

(1)南强公司在财产清查中发现账外设备一台，估计重估价值为 45 000 元，估计已提折旧 5 000 元。

(2)在财产清查中发现乙材料盘盈 6 吨，每吨 800 元。经查明是由于收发计量上的错误导致的。

(3)在财产清查中发现丢失了一台设备，账面原值为 50 000 元，已提折旧为 15 000 元。

(4)在财产清查中发现甲材料盘亏 50 千克，每千克 200 元。经查明自然损耗为 20 千克，意外灾害造成损失 10 千克，仓库保管员李某的失职造成损失 20 千克。

要求：对上述内容进行批准前和批准后有关的账务处理(不考虑增值税)。

第十章 财务报表

1.了解财务报表的概念与分类；
2.熟悉财务报表编制的基本要求；
3.熟悉资产负债表的列示要求与编制方法；
4.熟悉利润表的列示要求与编制方法；
5.掌握资产负债表、利润表的作用。

第一节 财务报表概述

一、财务报表的概念与分类

(一)财务报表的概念

财务报表是企业对外提供的，综合反映企业某一特定截止日期的资产、负债和所有者权益状况以及某一会计期间经营成果和现金流量等信息的结构性表述。财务报告包括财务报表和其他应当在财务报告中披露的相关信息和资料。财务报表向财务报告使用者所提供的与企业财务状况、经营成果和现金流量等相关的会计信息，反映了企业管理层受托责任的履行情况，为各方面提供经营状况的经济信息，以便总结会计主体的经营活动，有助于财务报告使用者据以正确评价其经济效益，进而做出相关的有效的经济决策。

财务报表是对企业财务状况、经营成果和现金流量的结构性表述。至少应当包括下列组成部分：(1)资产负债表；(2)利润表；(3)现金流量表；(4)所有者权益变动表；(5)附注。财务报表的各组成部分都同等重要。

资产负债表、利润表和现金流量表分别从不同角度反映企业的财务状况、经营成果和现金流量。资产负债表是反映企业在某一特定日期的财务状况的报表，主要反映资产、负债和所有者权益三方面的内容，并满足"资产＝负债＋所有者权益"，表明企业特定日期所拥有的资产、需偿还的债务以及股东(投资者)拥有的净资产情况；利润表表明企业运用所拥有的资产的获利能力，反映企业一定期间的经营成果，即利润或亏损的情况；现金流量表是反映企业在一定会计期间现金和现金等价物流入和流出的情况的财务报表；所有者权益变动表反映构成所有者权益的各组成部分当期的增减变动情况；附注是财务报表不可或缺的组成部分，是对在资产负债表、利润表、现金流量表和所有者权益变动表等报表中列示项目的文字描述或明细资料，以及对未能在这些报表中列示项目的说明等。

（二）财务报表的分类

财务报表按其编报期间不同，分为年度财务报表和中期财务报表；按其编报主体不同，分为个别财务报表和合并财务报表。

1.按照编制财务报表的期间分类

（1）年度财务报表，简称年报，是指年末以后按会计年度编制的报表。包括资产负债表、利润表、现金流量表、所有者权益（或股东权益）变动表及其所有的附表等。年度财务报表每年编制一次，它是综合反映企业全年财务状况和经营成果等情况的报表，是企业最重要、最全面、最详细的报表。

（2）中期财务报表，是指以中期为基础编制的财务报表。中期是指短于一个完整的会计年度的报告期间。中期财务报表又可分为半年度、季度、月份财务报表，根据需要，有的企业单位还要求编制日报、旬报等报表。其中，半年度财务报表是指在每个会计年度的前6个月结束后，即半年编制的财务报表，又称会计中报；季度财务报表是指一个季度结束后编制的财务报表；月份财务报表是指每月结束后编制的财务报表。月度、季度财务会计报告至少应当包括资产负债表和利润表。

2.按照财务报表的编制主体分类

（1）个别财务报表，是指独立核算的单位，按照会计准则的规定，根据本企业的会计核算资料编制而成的报表。包括个别资产负债表、个别利润表、个别现金流量表、个别所有者权益（或股东权益）变动表、附注。

（2）合并财务报表，是指用来反映母公司及其全部子公司形成的企业集团整体财务状况、经营成果、现金流量和所有者权益（或股东权益）变动情况的报表。这里的母公司是指有一个或一个以上子公司的企业，子公司是指被母公司控制的企业。合并财务报表至少应包括合并资产负债表、合并利润表、合并现金流量表、合并所有者权益（或股东权益）变动表、附注。

二、财务报表编制的基本要求

企业应当根据实际发生的交易和事项，遵循各项具体会计准则的规定进行确认和计量，在此基础上编制财务报表。

（一）以持续经营为基础编制

企业应当以持续经营为基础，根据实际发生的交易和事项，按照《企业会计准则——基本准则》和其他各项会计准则的规定进行确认和计量，在此基础上编制财务报表。企业管理层应当评价企业的持续经营能力，对持续经营能力产生重大怀疑的，应当在附注中披露导致对持续经营能力产生重大怀疑的重要的不确定影响因素。以持续经营为基础编制财务报表不再合理，企业应当采用其他基础编制财务报表，并在附注中声明财务报表未以持续经营为基础编制的事实，披露未以持续经营为基础编制的原因和财务报表的编制基础。企业正式决定或被迫在当期或将在下一个会计期间进行清算或停止营业的，表明其处于非持续经营状态，应当采用其他基础编制财务报表，并在附注中声明财务报表未以持续经营为基础列报，披露未以持续经营为基础的原因和财务报表的编制基础。

(二)按正确的会计基础编制

除现金流量表按照收付实现制原则编制外，企业应当按照权责发生制原则编制财务报表。根据权责发生制的要求，凡是当期已经实现的收入和已经发生或应当负担的费用，无论款项是否收付，都应当作为当期的收入和费用；凡是不属于当期的收入和费用，即使款项已在当期收付，也不应当作为当期的收入和费用。现金流量表是根据收付实现制编制的，是以收到或支付的现金作为确认收入和费用等的依据。

(三)至少按年编制财务报表

企业至少应当按年编制财务报表。会计年度自公历 1 月 1 日起至 12 月 31 日止。年度财务报表涵盖的期间短于一年的，应当披露年度财务报表的涵盖期间、短于一年的原因，以及报表项目与报表数据不具可比性的事实。

(四)项目列报遵守重要性原则

重要性，是指在合理预期下，财务报表某项目的省略或错报会影响使用者据此做出经济决策，该项目具有重要性。

重要性是判断项目是否单独列报的重要标准。重要性应当根据企业所处的具体环境，从项目的性质和金额两方面予以判断，各项目重要性的判断标准一经确定，不得随意变更。判断项目性质的重要性，应当考虑该项目在性质上是否属于企业日常活动，是否显著影响企业的财务状况、经营成果和现金流量等因素；判断项目金额大小的重要性，应当从该项目金额占资产总额、负债总额、所有者权益总额、营业收入总额、营业成本总额、净利润、综合收益总额等直接相关项目金额的比重或所属报表单列项目金额的比重等加以确定。

列报原则具体表现为：

(1)性质或功能不同的项目，应当在财务报表中单独列报，但不具有重要性的项目除外，不具有重要性的项目可以合并列报。

(2)性质或功能类似的项目，可以合并列报，其所属类别具有重要性的，应当按其类别在财务报表中单独列报。

(3)某些项目的重要性程度不足以在资产负债表、利润表、现金流量表或所有者权益变动表中单独列示，但对附注却具有重要性，则应当在附注中单独披露。

(4)《企业会计准则第 30 号——财务报表列报》规定在财务报表中单独列报的项目，应当单独列报；其他会计准则规定单独列报的项目，应当增加单独列报项目。

(5)项目单独列报的原则不仅适用于报表，而且也适用于附注。

(五)保持各个会计期间财务报表项目列报的一致性

财务报表项目的列报应当在各个会计期间保持一致，除会计准则要求改变财务报表项目的列报或企业经营业务的性质发生重大变化后，变更财务报表项目的列报能够提供更可靠、更相关的会计信息外，不得随意变更。列报的一致性，可以使得不同期间的会计报表具有可比性，可比性是会计信息质量的一项重要质量要求，目的是使同一企业不同期间和同一期间不同企业的财务报表相互可比。

(六)各项目之间的金额不得相互抵销

财务报表项目应当以总额列报,财务报表中的资产项目和负债项目的金额、收入项目和费用项目的金额、直接计入当期利润的利得项目和损失项目的金额不得相互抵销,但其他会计准则另有规定的除外。具体为:

(1)一组类似交易形成的利得和损失应当以净额列示,但具有重要性的除外;

(2)资产或负债项目按扣除备抵项目后的净额列示,不属于抵销;

(3)非日常活动产生的利得和损失,以同一交易形成的收益扣减相关费用后的净额列示更能反映交易实质的,不属于抵销。

(七)至少应当提供所有列报项目上一个可比会计期间的比较数据

当期财务报表的列报,至少应当提供所有列报项目上一个可比会计期间的比较数据,以及与理解当期财务报表相关的说明,但其他会计准则另有规定的除外。我国的会计报表中,资产负债表的期初数、期末数是一种比较,利润表中的本期金额、上期金额也是一种比较。

财务报表的列报项目发生变更的,应当至少对可比期间的数据按照当期的列报要求进行调整,并在附注中披露调整的原因和性质,以及调整的各项目金额。对可比数据进行调整不切实可行的,应当在附注中披露不能调整的原因。

(八)应当在财务报表的显著位置披露编报企业的名称等重要信息

企业应当在财务报表的显著位置(如表首)至少披露下列各项:

(1)编报企业的名称;

(2)资产负债表日或财务报表涵盖的会计期间;

(3)货币名称和金额单位(如,人民币金额单位);

(4)财务报表是合并财务报表的,应当予以标明。

三、财务报表编制前的准备工作

在编制财务报表前,需要完成下列工作:

(1)严格审核会计账簿的记录和有关资料;

(2)进行全面财产清查,核实债务,并按规定程序报批,进行相应的会计处理;

(3)按规定的结账日进行结账,结出有关会计账簿的余额和发生额,并核对各会计账簿之间的余额;

(4)检查相关的会计核算是否按照国家统一的会计制度的规定进行;

(5)检查是否存在因会计差错、会计政策变更等原因需要调整前期或本期相关项目的情况等。

第二节 资产负债表

一、资产负债表的概念与作用

资产负债表是反映企业在某一特定日期财务状况的财务报表,反映企业在某一特定日期所拥有或控制的经济资源(资产)、所承担的现时义务(负债)和所有者对净资产的要求权(所有者权益)。

资产负债表的作用主要有:

(1)可以提供某一日期资产的总额及其结构,表明企业拥有或控制的资源及其分布情况;

(2)可以提供某一日期的负债总额及其结构,表明企业未来需要用多少资产或劳务清偿债务以及清偿时间;

(3)可以反映所有者所拥有的权益,据以判断资本保值、增值的情况以及对负债的保障程度;

(4)资产负债表提供进行财务分析的基本资料,如计算偿债能力、营运能力、盈利能力等的比率指标,有助于报表使用者据以做出经济决策。

二、资产负债表的列示要求

(一)资产负债表列报总体要求

1.分类别列报

资产负债表应当按照资产、负债和所有者权益三大类别分类列报。资产负债表采用账户式结构:左方列示资产,右方列示负债和所有者权益。资产反映由过去的交易或事项形成并由企业在某一特定日期所拥有或控制的预期会给企业带来经济利益的资源。负债反映在某一特定日期企业所承担的、预期会导致经济利益流出企业的现时义务。所有者权益反映企业在某一特定日期股东(出资者)拥有的净资产总额。

2.资产和负债按流动性列报

资产和负债应当按照流动性分别分为流动资产和非流动资产、流动负债和非流动负债列示。资产在流动资产和非流动资产类别下分项列示,大体按资产的流动性大小排列。流动资产项目包括:货币资金、交易性金融资产、应收票据、应收账款、预付款项、应收利息、应收股利、其他应收款、存货和一年内到期的非流动资产等;非流动资产是流动资产以外的资产,包括:可供出售金融资产、持有至到期投资、长期应收款、长期股权投资、固定资产、在建工程、工程物资、固定资产清理、无形资产、开发支出、长期待摊费用、其他非流动资产等流动资产以外的资产。负债按照流动负债和非流动负债在资产负债表中分项列示,按要求清偿时间的先后顺序排列。流动负债包括:短期借款、应付票据、应付账款、预收款项、应付职工薪酬、应交税费、应付利息、应付股利、其他应付款、一年内到期的非流动负债等;非流动负债包括:长期借款、应付债券、长期应付款、预计负债、递延所得税负债、其他非流动负债等流动负债以外的负债。

3.列报相关的合计、总计项目

资产负债表中的资产类至少应当列示流动资产和非流动资产的合计项目;负债类至少应当列示流动负债、非流动负债以及负债的合计项目;所有者权益类应当列示所有者权益的合计项目。

资产负债表应当分别列示资产总计项目和负债与所有者权益之和的总计项目,并且这二者的金额应当相等,即资产负债表左方和右方平衡。资产负债表反映资产、负债、所有者权益之间的内在关系，满足“资产＝负债＋所有者权益”。

(二)资产的列报

1.资产负债表中的资产类至少应当单独列示反映下列信息的项目：(1)货币资金；(2)以公允价值计量且其变动计入当期损益的金融资产；(3)应收款项；(4)预付款项；(5)存货；(6)被划分为持有待售的非流动资产及被划分为持有待售的处置组中的资产；(7)可供出售金融资产；(8)持有至到期投资；(9)长期股权投资；(10)投资性房地产；(11)固定资产；(12)生物资产；(13)无形资产；(14)递延所得税资产。

2.资产项目的填列具体如下：

(1)“货币资金”项目，根据“库存现金”“银行存款”“其他货币资金”科目期末余额合计数填列。反映企业库存现金、银行结算存款、外埠存款、银行汇票存款、银行本票存款、信用卡存款、信用证保证金存款等的合计数。

(2)“交易性金融资产”项目，根据“交易性金融资产”科目的期末余额填列。反映企业持有的以公允价值计量且其变动计入当期损益的为交易目的所持有的债券投资、股票投资、基金投资、权证投资等金融资产。

(3)“应收票据”项目，根据“应收票据”科目的期末借方余额，减去“坏账准备”科目中有关应收票据计提的坏账准备期末余额后的净额填列。反映企业因销售商品、提供劳务等经营活动而收到的商业汇票，包括商业承兑汇票和银行承兑汇票。

(4)“应收账款”项目，根据“应收账款”和“预收账款”科目所属各明细科目的期末借方余额合计数，减去“坏账准备”科目中有关应收账款计提的坏账准备期末余额后的净额填列。反映企业因销售商品、提供劳务等经营活动应收取的款项。“应收账款”科目所属明细科目期末有贷方余额的，应在资产负债表“预收款项”项目内填列。

(5)“预付款项”项目，根据“预付账款”和“应付账款”科目所属各明细科目的期末借方余额合计数，减去“坏账准备”科目中有关预付账款计提的坏账准备期末余额后的净额填列。反映企业按照购货合同规定预付给供应单位的款项等。“预付账款”科目所属明细科目期末有贷方余额的，应在资产负债表“应付账款”项目内填列。

(6)“应收利息”项目，根据“应收利息”科目的期末余额，减去“坏账准备”科目中有关应收利息计提的坏账准备期末余额后的净额填列。反映企业应收取的债券投资等的利息。

(7)“应收股利”项目，根据“应收股利”科目的期末余额，减去“坏账准备”科目中有关应收股利计提的坏账准备期末余额后的净额填列。反映企业应收取的现金股利和应收取的其他单位分配的利润。

(8)“其他应收款”项目，根据“其他应收款”科目的期末余额，减去“坏账准备”科目中有关其他应收款计提的坏账准备期末余额后的净额填列。反映企业除应收票据、应收账款、预付账款、应收股利、应收利息等经营活动以外的其他各种应收、暂付的款项。

(9)“存货”项目，根据“材料采购”“原材料”“低值易耗品”“库存商品”“周转材料”“委托加工物资”“委托代销商品”“生产成本”等科目的期末余额合计数，减去“代销商品款”“存货跌价准备”科目期末余额后的净额填列。材料采用计划成本核算，以及库存商品采用计划成本核算或售价核算的企业，还应按加或减材料成本差异、商品进销差价后的金额填列。反映企业期末在库、在途和在加工中的各种存货的可变现净值。存货包括各种材料、商品、在产品、半成品、包装物、低值易耗品、委托代销商品等。

(10)“一年内到期的非流动资产”项目,根据有关科目的期末余额分析填列。反映企业将于一年内到期的非流动资产项目金额。

(11)“长期股权投资”项目,根据“长期股权投资”科目的期末余额,减去“长期股权投资减值准备”科目的期末余额后的净额填列。反映企业持有的对子公司、联营企业和合营企业的长期股权投资。

(12)“固定资产”项目,根据“固定资产”科目的期末余额,减去“累计折旧”和“固定资产减值准备”科目期末余额后的净额填列。反映企业各种固定资产原价减去累计折旧和减值准备后的净值。

(13)“在建工程”项目,根据“在建工程”科目的期末余额,减去“在建工程减值准备”科目期末余额后的净额填列。反映企业期末各项未完工程的实际支出,包括交付安装的设备价值、未完建筑安装工程已经耗用的材料、工资和费用支出等项目的可收回金额。

(14)“工程物资”项目,根据“工程物资”科目的期末余额填列。反映企业尚未使用的各项工程物资的实际成本。

(15)“固定资产清理”项目,“固定资产清理”科目的期末借方余额填列,如“固定资产清理”科目期末贷方余额,以“—”号填列。反映企业因出售、毁损、报废等原因转入清理但尚未清理完毕的固定资产的净值,以及固定资产清理过程中所发生的清理费用和变价收入等各项金额的差额。

(16)“无形资产”项目,根据“无形资产”科目的期末余额,减去“累计摊销”和“无形资产减值准备”科目期末余额后的净额填列。反映企业持有的专利权、非专利权、商标权、著作权、土地使用权等无形资产的成本减去累计摊销和减值准备后的净值。

(17)“开发支出”项目,根据“研发支出”科目中所属的“资本化支出”明细科目期末余额填列。反映企业开发无形资产过程中能够资本化形成无形资产成本的支出部分。

(18)“长期待摊费用”项目,根据“长期待摊费用”科目的期末余额减去将于一年内(含一年)摊销的数额后的金额分析填列。反映企业已经发生但应由本期和以后各期负担的分摊期限在一年以上的各项费用。长期待摊费用中在一年内(含一年)摊销的部分,在资产负债表“一年内到期的非流动资产”项目填列。

(19)“其他非流动资产”项目,根据有关科目的期末余额填列。反映企业除长期股权投资、固定资产、在建工程、工程物资、无形资产等以外的其他非流动资产。

(三)负债的列报

1.资产负债表中的负债类至少应当单独列示反映下列信息的项目:(1)短期借款;(2)以公允价值计量且其变动计入当期损益的金融负债;(3)应付款项;(4)预收款项;(5)应付职工薪酬;(6)应交税费;(7)被划分为持有待售的处置组中的负债;(8)长期借款;(9)应付债券;(10)长期应付款;(11)预计负债;(12)递延所得税负债。

2.负债项目的填列具体如下:

(1)“短期借款”项目,根据“短期借款”科目的期末余额填列。反映企业向银行或其他金融机构等借入的期限在一年以下(含一年)的各种借款。

(2)“应付票据”项目,根据“应付票据”科目的期末余额填列。反映企业因购买材料、商品和接受劳务供应等而开出、承兑的商业汇票,包括银行承兑汇票和商业承兑汇票。

(3)“应付账款”项目,根据“应付账款”和“预付账款”科目所属各明细科目的期末贷方余额合计数填列。如“应付账款”科目所属明细科目期末有借方余额的,应在资产负债表“预付款项”项目内填列。反映企业因购买材料、商品和接受劳务供应等经营活动应支付的款项。

(4)“预收款项”项目,根据“预收账款”和“应收账款”科目所属各明细科目的期末贷方余额合计数填列。如“预收账款”科目所属明细科目期末有借方余额的,应在资产负债表“应收账款”项目内填列。反映企业按照购货合同规定预收供应单位的款项。

(5)“应付职工薪酬”项目,反映企业根据有关规定应付给职工的工资、职工福利、社会保险费、住房公积金、工会经费、职工教育经费、非货币性福利、辞退福利等各种薪酬。外商投资企业按规定从净利润中提取的职工奖励及福利基金,也在本项目列示。

(6)“应交税费”项目,根据“应交税费”科目的期末贷方余额填列,如“应交税费”科目期末为借方余额,应以“—”号填列。反映企业按照税法规定计算应交纳的各种税费,包括增值税、消费税、营业税、所得税、资源税、土地增值税、城市维护建设税、房产税、土地使用税、车船税、教育费附加、矿产资源补偿费等。企业代扣代缴的个人所得税,也通过本项目列示。企业所交纳的税金不需要预计应交数的,如印花税、耕地占用税等,不在本项目列示。

(7)“应付利息”项目,根据“应付利息”科目的期末余额填列。反映企业按照规定应当支付的利息,包括分期利息到期还本的长期借款应支付的利息、企业发行的企业债券应支付的利息等。

(8)“应付股利”项目,根据“应付股利”科目的期末余额填列。反映企业应付未付的现金股利或利润。企业分配的股票股利,不通过本项目列示。

(9)“其他应付款”项目,根据“其他应付款”科目的期末余额填列。反映企业除应付票据、应付账款、预收账款、应付职工薪酬、应付股利、应付利息、应交税费等经营活动以外的其他各项应付、暂收的款项。

(10)“一年内到期的非流动负债”项目,根据有关科目的期末余额分析填列。反映企业非流动负债中将于资产负债表日后一年内到期部分的金额,如将于一年内偿还的长期借款。

(11)“长期借款”项目,根据“长期借款”科目的期末余额填列。反映企业向银行或其他金融机构借入的期限在一年以上(不含一年)的各项借款。

(12)“应付债券”项目,根据“应付债券”科目的期末余额填列。反映企业为筹集长期资金而发行的债权本金(和利息)。

(13)“其他非流动负债”项目,根据有关科目的期末余额填列。其他非流动负债项目应根据有关科目期末余额减去将于一年内(含一年)到期偿还数后的余额分析填列。非流动负债各项目中将于一年内(含一年)到期的非流动负债,应在“一年内到期的非流动负债”项目内反映。反映企业除长期借款、应付债券等项目以外的其他非流动负债。

(四)所有者权益的列报

1.资产负债表中的所有者权益类至少应当单独列示反映下列信息的项目:(1)实收资本(或股本);(2)资本公积;(3)盈余公积;(4)未分配利润。

2.所有者权益项目的填列具体如下:

(1)"实收资本(或股本)"项目,根据"实收资本(或股本)"科目的期末余额填列。反映企业各投资者实际投入的资本(或股本)总额。

(2)"资本公积"项目,根据"资本公积"科目的期末余额填列。反映企业资本公积的期末余额。

(3)"盈余公积"项目,根据"盈余公积"科目的余额计算填列。反映企业盈余公积的期末余额。

(4)"未分配利润"项目,根据"本年利润"科目和"利润分配"科目的余额计算填列。未弥补的亏损在本项目中以"—"号填列。反映企业尚未分配的利润。

三、我国企业资产负债表的一般格式

在我国,资产负债表采用账户式的格式,即左侧列示资产,右侧列示负债和所有者权益。资产负债表由表头和表体两部分组成。表头部分应列明报表名称、编表单位名称、资产负债表日和人民币金额单位;表体部分反映资产、负债和所有者权益的内容。其中,表体部分是资产负债表的主体和核心,各项资产、负债和所有者权益按流动性排列,所有者权益项目按稳定性排列。我国企业资产负债表的格式一般如表10-1所示。

表10-1 资产负债表

编制单位: 年 月 日 单位:元

资产	期末余额	期初余额	负债和所有者权益(或股东权益)	期末余额	期初余额
流动资产:			流动负债:		
货币资金			短期借款		
交易性金融资产			交易性金融负债		
应收票据			应付票据		
应收账款			应付账款		
预付款项			预收款项		
应收利息			应付职工薪酬		
应收股利			应交税费		
其他应收款			应付利息		
存货			应付股利		
一年内到期的非流动资产			其他应付款		
其他流动资产			一年内到期的非流动负债		

续表

资产	期末余额	期初余额	负债和所有者权益（或股东权益）	期末余额	期初余额
流动资产合计			其他流动负债		
非流动资产：			流动负债合计		
可供出售金融资产			非流动负债：		
持有至到期投资			长期借款		
长期应收款			应付债券		
长期股权投资			长期应付款		
投资性房地产			专项应付款		
固定资产			预计负债		
在建工程			递延所得税负债		
工程物资			其他非流动负债		
固定资产清理			非流动负债合计		
生产性生物资产			负债合计		
油气资产			所有者权益(或股东权益)：		
无形资产			实收资本(或股本)		
开发支出			资本公积		
商誉			减:库存股		
长期待摊费用			盈余公积		
递延所得税资产			未分配利润		
其他非流动资产			所有者权益（或股东权益)合计		
非流动资产合计					
资产总计			负债和所有者权益（或股东权益)总计		

四、资产负债表编制的基本方法

(一)“期末余额”栏的填列方法

资产负债表“期末余额”栏内各项数字，一般应根据资产、负债和所有者权益类科目的期末余额填列，具体方法如下：

1.根据总账科目余额填列。交易性金融资产、工程物资、递延所得税资产、短期借款、交易性金融负债、应付票据、应付职工薪酬、应交税费、递延所得税负债、预计负债、实收资本、资本公积、盈余公积等项目根据总账账户的期末余额直接填列。

2.根据几个总账科目余额计算填列。如货币资金根据“库存现金”“银行存款”“其他货币资金”科目余额的合计数填列。

3.根据有关明细科目余额计算填列。如应收账款根据“应收账款”和“预收账款”账户所属明细账借方余额之和“坏账准备”的金额填列;预收款项根据“应收账款”和“预收账款”账户所属明细账贷方余额之和填列;应付账款根据“应付账款”和“预付账款”账户所属明细账贷方余额之和填列;预付款项根据“应付账款”和“预付账款”账户所属明细账借方余额之和填列。

4.根据总账科目和明细科目余额分析计算填列。如长期借款项目,需要根据“长期借款”总账期末余额扣除“长期借款”所属明细账中反映的将在资产负债表日起一年内到期且企业不能自主地将清偿义务展期的金额。即将到期的长期借款,若企业可以自主地展期,则仍然属于非流动负债。

5.根据总账科目与其备抵科目抵消后的净额填列。固定资产根据固定资产、累计折旧、固定资产减值准备科目余额的合计数填列;无形资产根据无形资产、累计摊销、无形资产减值准备科目余额的合计数填列;投资性房地产根据投资性房地产、投资性房地产累计折旧、投资性房地产减值准备科目余额的合计数填列;各类计提资产减值准备的资产项目,以该科目的期末余额减去该科目的减值准备后的净额填列,如“长期股权投资”“在建工程”“应收票据”“应收账款”等;长期应收款根据“长期应收款”科目抵减“未实现融资收益”及“坏账准备”后的净额填列;长期应付款根据“长期应付款”科目抵减“未确认融资费用”后的净额填列等。

6.综合运用上述填列方法分析填列。如“存货”项目,根据“原材料”、“生产成本”、“发出商品”、“库存商品”、“委托代销商品”、“委托加工物资”、“周转材料”、“材料采购”(借方余额增加,贷方余额减少)、“在途物资”、“材料成本差异”等总账科目期末余额的分析汇总数,再减去“存货跌价准备”科目余额后的净额填列。

(二)“年初余额”栏的填列方法

本表的“年初余额”栏通常根据上年末有关项目的期末余额填列,且与上年末资产负债表“期末余额”栏一致。如果企业上年度资产负债表规定的项目名称和内容与本年度不一致,应当对上年年末资产负债表相关项目的名称和数字按照本年度的规定进行调整,填入“年初余额”栏。

第三节　利润表

一、利润表的概念与作用

利润表是反映企业在一定会计期间的经营成果的财务报表。利润表反映企业在一定会计期间收入、费用、利润(或亏损)的数额,以及经营业绩的主要来源与构成,帮助财务报表使用者全面了解企业的经营成果,有助于使用者分析预测净利润的质量和风险,分析企业的获利能力及盈利增长趋势,从而为其做出经济决策提供依据,进而做出正确的决策。

利润表的作用主要有:(1)反映一定会计期间收入的实现情况,如实现的营业收入、投资收益、营业外收入等的多少;(2)反映一定会计期间的费用耗费情况,如营业成本、相关税费、销售费用、管理费用、财务费用、营业外支出等的多少;(3)反映企业经济活动成果的实现情况,据以判断资本保值增值等情况;(4)将利润表与其他财务报表相结合,可以进行相关财务分析,如计算应收账款周转率、存货周转率、资产净利率等,有助于报表使用者发现经营中所存在的问题,分析判断企业未来发展趋势,做出相应决策。

二、利润表的列示要求

1.企业在利润表中应当对费用按照功能进行分类,可分为从事经营业务发生的成本、管理费用、销售费用和财务费用等。

2.利润表至少应当单独列示反映下列信息的项目,但其他会计准则另有规定的除外:(1)营业收入;(2)营业成本;(3)营业税金及附加;(4)管理费用;(5)销售费用;(6)财务费用;(7)投资收益;(8)公允价值变动损益;(9)资产减值损失;(10)非流动资产处置损益;(11)所得税费用;(12)净利润;(13)其他综合收益各项目分别扣除所得税影响后的净额;(14)综合收益总额。金融企业可以根据其特殊性列示利润表项目。

3.其他综合收益项目应当根据其他相关会计准则的规定,分为以后会计期间不能重分类计入损益的其他综合收益项目和以后会计期间在满足规定条件时将重分类计入损益的其他综合收益项目两类列报。

4.在合并利润表中,企业应当在净利润项目之下单独列示归属于母公司所有者的损益和归属于少数股东的损益,在综合收益总额项目之下单独列示归属于母公司所有者的综合收益总额和归属于少数股东的综合收益总额。

5.利润表项目的填列具体如下:

(1)"营业收入"项目,根据"主营业务收入"和"其他业务收入"科目的发生额分析填列。反映企业经营主要业务和其他业务所确认的收入总额。

(2)"营业成本"项目,根据"主营业务成本"和"其他业务成本"科目的发生额分析填列。反映企业经营主要业务和其他业务所发生的成本总额。

(3)"营业税金及附加"项目,根据"营业税金及附加"科目的发生额分析填列。反映企业经营业务应负担的消费税、营业税、城市维护建设税、资源税、土地增值税和教育费附加等。

(4)"销售费用"项目,根据"销售费用"科目的发生额分析填列。反映企业在销售商品过程中发生的包装费、广告费等费用和为销售本企业商品而专设的销售机构的职工薪酬、业务费等经营费用。

(5)"管理费用"项目,根据"管理费用"科目的发生额分析填列。反映企业为组织和管理生产经营发生的管理费用。

(6)"财务费用"项目,根据"财务费用"科目的发生额分析填列。反映企业为筹集生产经营所需资金等而发生的筹资费用。

(7)"资产减值损失"项目,根据"资产减值损失"科目的发生额分析填列。反映企业各项资产发生的减值损失。

(8)"公允价值变动收益"项目,根据"公允价值变动损益"科目的发生额分析填列,如为净损失，本项目以“－”号填列。反映企业应当计入当期损益的资产或负债公允价值变动收益。

(9)“投资收益”项目，根据“投资收益”科目的发生额分析填列。如为投资损失，本项目以“－”号填列。反映企业以各种方式对外投资所取得的收益。

(10)“营业利润”项目，反映企业实现的营业利润。如为亏损，本项目以“－”号填列。

(11)“营业外收入”项目，根据“营业外收入”科目的发生额分析填列。反映企业发生的与经营活动业务无直接关系的各项收入。

(12)“营业外支出”项目，根据“营业外支出”科目的发生额分析填列。反映企业发生的与经营业务无直接关系的各项支出。

(13)“利润总额”项目，反映企业实现的利润。如为亏损，本项目以“－”号填列。

(14)“所得税费用”项目，根据“所得税费用”科目的发生额分析填列。反映企业应从当期利润总额中扣除的所得税费用。

(15)“净利润”项目，反映企业实现的净利润。如为亏损，本项目以“－”号填列。

(16)“每股收益”项目，包括基本每股收益和稀释每股收益两项指标，反映普通股或潜在普通股已公开交易的企业，以及正在公开发行普通股或潜在普通股过程中的企业的每股收益信息。

(17)“其他综合收益”项目，反映企业根据企业会计准则规定未在损益中确认的各项利得和损失扣除所得税影响后的净额。

(18)“综合收益总额”项目，反映企业净利润与其他综合收益的合计金额。

三、我国企业利润表的编制

在我国，企业应当采用多步式利润表，将不同性质的收入和费用分别进行对比，以便得出一些中间性的利润数据，帮助使用者理解企业经营成果的不同来源。多步式利润表编制步骤如下：

第一步，以营业收入为基础，减去营业成本、营业税金及附加、销售费用、管理费用、财务费用、资产减值损失，加上公允价值变动收益（减去公允价值变动损失）和投资收益（减去投资损失），计算出营业利润，即，营业利润＝营业收入－营业成本－营业税金及附加－销售费用－管理费用－财务费用－资产减值损失＋公允价值变动收益（损失以“－”号填列）＋投资收益（损失以“－”号填列）。

第二步，以营业利润为基础，加上营业外收入，减去营业外支出，计算出利润总额，即，利润总额＝营业利润（亏损以“－”号填列）＋营业外收入－营业外支出。

第三步，以利润总额为基础，减去所得税费用，计算出净利润（或净亏损），即净利润＝利润总额（亏损总额以“－”号填列）－所得税费用。

第四步，以净利润（或净亏损）为基础，计算每股收益。

第五步，以净利润（或净亏损）和其他综合收益为基础，计算综合收益总额。即，综合收益总额＝净利润＋其他综合收益。

四、我国企业利润表的一般格式

利润表通常包括表头和表体两部分。表头应列明报表名称、编表单位名称、财务报表涵盖的会计期间和人民币金额单位等内容;利润表的表体,反映形成经营成果的各个项目和计算过程。我国企业利润表的格式一般如表 10-2 所示。

表 10-2 利润表

编制单位: 年 月 单位:元

项目	本期金额	上期金额
一、营业收入		
减:营业成本		
营业税金及附加		
销售费用		
管理费用		
财务费用		
资产减值损失		
加:公允价值变动收益(损失以"—"号填列)		
投资收益(损失以"—"号填列)		
其中:对联营企业和合营企业的投资收益		
二、营业利润(亏损以"—"号填列)		
加:营业外收入		
减:营业外支出		
其中:非流动资产处置损失		
三、利润总额(亏损总额以"—"号填列)		
减:所得税费用		
四、净利润(净亏损以"—"号填列)		
五、每股收益		
(一)基本每股收益		
(二)稀释每股收益		
六、其他综合收益		
综合收益总额		

五、利润表项目的填列方法

(一)"本期金额"栏的填列方法

"本期金额"栏内各期数字,除"基本每股收益"和"稀释每股收益"项目外,应当按照相关科目的发生额分析填列。“本期金额”栏根据“主营业务收入”“主营业务成本”“营业税金及附加”“销售费用”“管理费用”“财务费用”“资产减值损失”“公允价值变动损益”“投资收益”“营业外收入”“营业外支出”“所得税费用”等科目的发生额分析填列。“营业收入”项目根据“主营业务收入”“其他业务收入”科目的发生额分析计算填列;“营业成本”项目根据“主营业务成本”“其他业务成本”科目的发生额分析计算填列;“营业利润”“利润总额”“净利润”等项目根据该表中相关项目计算填列。

(二)“上期金额”栏的填列方法

“上期金额”栏应根据上年该期利润表“本期金额”栏内所列数字填列。如果上年该期利润表规定的各个项目的名称和内容同本期不一致,应对上年该期利润表各项目的名称和数字按本期的规定进行调整,填入利润表“上期金额”栏内。

第四节　现金流量表

一、现金流量表概述

现金流量表是反映企业在一定会计期间现金和现金等价物流入和流出的报表。它属于时期报表,以收付实现制为编制基础。通过现金流量表,可以为报表使用者提供企业在一定会计期间内现金和现金等价物流入和流出的信息,便于使用者了解和评价企业获取现金和现金等价物的能力,据以预测企业未来的现金流量。

二、现金及现金等价物概念

现金是指企业库存现金以及可以随时用于支付的存款。包括:库存现金、银行存款、其他货币资金(如外埠存款、银行汇票存款、银行本票存款等,即资产负债表上的货币资金项目包含的内容),不能随时用于支付的存款不属于现金。现金等价物是指企业持有的期限短(购买日起 3 个月内到期)、流动性强、易于转换为已知金额现金、价值变动风险很小的投资。现金等价物通常包括三个月内到期的债券投资等。权益性投资(其收回金额不确定)不属于现金等价物。企业应根据自身情况确定现金及现金等价物的范围,一经确定,不得随意变更。如发生变更,按会计政策变更处理。

三、现金流量表的内容

1.经营活动产生的现金流量

经营活动是指企业投资活动和筹资活动以外的所有交易和事项。经营活动主要包括销售商品或提供劳务、收到返还的税费、购买商品或接受劳务、支付工资、支付广告费、交纳各项税款等。

我国企业现金流量表对经营活动产生的现金流量采用直接法填列。直接法是指通过现金收入和现金支出的主要类别列示经营活动的现金流量。

2.投资活动产生的现金流量

投资活动是指企业长期资产的购建和不包括在现金等价物范围内的投资及其处置活动。投资活动主要包括取得和收回投资、购建和处置固定资产、购买和处置无形资产、处置子公司及其他营业单位等流入和流出现金和现金等价物的活动或事项等。

3.筹资活动产生的现金流量

筹资活动是指导致企业资本及债务规模和构成发生变化的活动。筹资活动主要包括:吸收投资或发行股票、分派现金股利、取得和偿还银行借款、发行和偿还公司债券等流入和流出现金和现金等价物的活动或事项。偿付应付账款、应付票据等商业应付款属于经营活动,不属于筹资活动。

4.汇率变动对现金及现金等价物的影响

外币现金流量以及境外子公司的现金流量,应当采用现金流量发生日的即期汇率(或按照系统合理的方法确定的、与现金流量发生日即期汇率近似的汇率)折算。汇率变动对现金的影响额应当作为调节项目,在现金流量表中单独列报。

汇率变动对现金的影响,指企业外币现金流量及境外子公司的现金流量折算成记账本位币时,所采用的是现金流量发生日的汇率(或按照系统合理的方法确定的、与现金流量发生日即期汇率近似的汇率),而现金流量表"现金及现金等价物净增加额"项目中外币现金净增加额是按资产负债表日的即期汇率折算的。这两者的差额即为汇率变动对现金的影响。

四、现金流量表的结构

我国企业现金流量表采用报告式结构,分类反映经营活动产生的现金流量、投资活动产生的现金流量、筹资活动产生的现金流量和汇率变动对现金及现金等价物的影响,最后汇总反映企业某一期间现金及现金等价物的净增加额。现金流量表各项目均需填列"本期金额"和"上期金额"两栏。现金流量表"上期金额"栏内各项数字应根据上一期间现金流量表"本期金额"栏内所列数字填列。现金流量表如10-3所示。

表10-3　现金流量表

编制单位:　　　　　　年　　月　　　　　　单位:元

项目	本期金额	上期金额
一、经营活动产生的现金流量		
销售商品、提供劳务收到的现金		
收到的税费返还		
收到其他与经营活动有关的现金		
经营活动现金流入小计		
购买商品、接受劳务支付的现金		
支付给职工以及为职工支付的现金		
支付的各项税费		
支付其他与经营活动有关的现金		

续表

项目	本期金额	上期金额
经营活动现金流出小计		
经营活动产生的现金流量净额		
二、投资活动产生的现金流量		
收回投资收到的现金		
取得投资收益收到的现金		
处置固定资产、无形资产和其他长期资产收回的现金净额		
处置子公司及其他营业单位收到的现金净额		
收到其他与投资活动有关的现金		
投资活动现金流入小计		
购建固定资产、无形资产和其他长期资产支付的现金		
投资支付的现金		
取得子公司及其他营业单位支付的现金净额		
支付其他与投资活动有关的现金		
投资活动现金流出小计		
投资活动产生的现金流量净额		
三、筹资活动产生的现金流量		
吸收投资收到的现金		
取得借款收到的现金		
收到其他与筹资活动有关的现金		
筹资活动现金流入小计		
偿还债务支付的现金		
分配股利、利润或偿付利息支付的现金		
支付其他与筹资活动有关的现金		
筹资活动现金流出小计		
筹资活动产生的现金流量净额		
四、汇率变动对现金及现金等价物的影响		
五、现金及现金等价物净增加额		
加：期初现金及现金等价物余额		
期末现金及现金等价物余额		

五、现金流量表的编制方法

(一)直接法和间接法

企业一定期间的现金流量包括经营活动现金流量、投资活动现金流量和筹资活动现金流量。编制现金流量表时,经营活动现金流量的方法有两种:一是直接法,二是间接法。这两种方法通常也称为编制现金流量表的直接法和间接法。直接法和间接法各有特点。

在直接法下,通过现金收入和支出的主要类别直接反映来自企业经营活动的现金流量。采用直接法编制的现金流量表,便于报表使用者理解企业经营活动现金流量的情况。直接法是以利润表中的营业收入为起算点,调节与经营活动有关项目的增减变动,然后计算出经营活动产生的现金流量。在间接法下,则以净利润为起算点,调整不涉及现金的收入、费用、营业外收支等有关项目,剔除投资活动、筹资活动对现金流量的影响,据此确定出经营活动产生的现金流量。相对而言,采用直接法编制的现金流量表,便于分析企业经营活动产生的现金流量的来源和用途,了解净利润与经营活动现金流量差异的原因,从现金流量的角度分析净利润的质量,预测企业现金流量的未来前景。

(二)工作底稿法或T形账户法

企业会计准则规定,企业应当采用直接法列示经营活动产生的现金流量。采用直接法具体编制现金流量表时,可以采用工作底稿法或T形账户法,也可以根据有关科目记录分析填列。

工作底稿法是以工作底稿为手段,以利润表和资产负债表数据为基础,结合有关科目的记录,对现金流量表的每一项目进行分析并编制调整分录,从而编制出现金流量表的一种方法。第一步,将资产负债表项目的年初余额和期末余额过入工作底稿中与之对应项目期初数栏和期末数栏。第二步,对当期业务进行分析并编制调整分录。在调整分录中,有关现金及现金等价物的事项分别计入"经营活动产生的现金流量""投资活动产生的现金流量""筹资活动产生的现金流量"等项目,借记表明现金流入,贷记表明现金流出。第三步,将调整分录过入工作底稿中的相应部分。第四步,核对调整分录,借贷合计应当相等,资产负债表项目期初数加减调整分录中的借贷金额以后,应当等于期末数。

T形账户法是以T形账户为手段,以资产负债表和利润表数据为基础,对每一项目进行分析并编制调整分录,从而编制现金流量表的方法。T形账户法的程序是:第一步,为所有的非现金项目分别开设T形账户,并将各自的期末期初变动数过入各相关账户。如果项目的期末数大于期初数,则将差额过入和项目余额相同的方向;反之,过入相反的方向。第二步,开设一个大的"现金及现金等价物"T形账户,每边分为经营活动、投资活动和筹资活动三个部分,左边记现金流入,右边记现金流出。与其他账户一样,过入期末期初变动数。第三步,以利润表项目为基础,结合资产负债表分析每一个非现金项目的增减变动,并据此编制调整分录。第四步,将调整分录过入各T形账户,并进行核对,该账户借贷相抵后的余额与原先过入的期末期初变动数应当一致。第五步,根据大的"现金及现金等价物"T形账户编制正式的现金流量表。

第五节　所有者权益变动表

一、所有者权益变动表概述

所有者权益变动表是指反映构成所有者权益各组成部分当期增减变动情况的报表。当期损益、直接计入所有者权益的利得和损失，以及与所有者（或股东）的资本交易导致的所有者权益的变动，都分别列示在所有者权益变动表中。所有者权益变动表提供所有者权益总量增减变动的信息以及结构性信息，便于报表使用者理解所有者权益增减变动的根源。

二、所有者权益变动表的特征

所有者权益变动表是矩阵的结构形式：一方面，列示导致所有者权益变动的交易或事项，即所有者权益变动的来源，对一定时期所有者权益的变动情况进行全面反映；另一方面，按照所有者权益各组成部分（即实收资本、资本公积、盈余公积、未分配利润和库存股）列示交易或事项对所有者权益各部分的影响。

所有者权益变动表至少应当单独列示反映下列信息的项目：

1.净利润；

2.其他综合收益；

3.会计政策变更和差错更正的累积影响金额；

4.所有者投入资本和向所有者分配利润等；

5.按照规定提取的盈余公积；

6.实收资本（或股本）、资本公积、盈余公积、未分配利润的期初和期末余额及其调节情况。

三、所有者权益变动表主要项目的填列

1.“上年年末余额”栏，反映企业上年资产负债表中实收资本（或股本）、资本公积、盈余公积、未分配利润的年末余额。

2.“会计政策变更”和“前期差错更正”栏，反映企业采用追溯调整法处理的会计政策变更的累积影响金额和采用追溯重述法处理的会计差错更正的累积影响金额。

3.“本年增减变动金额”栏下相关项目反映的内容：

(1)“净利润”项目，反映企业当年实现的净利润（或净亏损）金额，并对应列在“未分配利润”栏。

(2)“其他综合收益”项目，反映企业其他综合收益（含持有的可供出售金融资产当年公允价值变动的金额、权益法下被投资单位其他所有者权益变动的影响等）的增减变动金额，并对应列在“资本公积”栏。

(3)“净利润”和“其他综合收益”项目，反映企业当年实现的净利润（或净亏损）金额和

其他综合收益的合计额。

(4)“所有者本期投入资本”项目,反映企业当年所有者投入的资本,包括实收资本(或股本)和资本溢价(或股本溢价),并对应列在“实收资本”和“资本公积”栏。

(5)“股份支付计入所有者权益的金额”项目,反映企业处于等待期中的权益结算的股份支付当年计入资本公积的金额,并对应列在“资本公积”栏。

(6)“利润分配”下各项目,反映当年对所有者(或股东)分配的利润(或股利)金额和按照规定提取的盈余公积金额,并对应列在“未分配利润”和“盈余公积”栏。

(7)“所有者权益内部结转”下各项目,反映不影响当年所有者权益总额的所有者权益各组成部分之间当年的增减变动,包括资本公积转增资本(或股本)、盈余公积转增资本(或股本)、盈余公积弥补亏损等项金额。其中具体如下:

①“资本公积转增资本(或股本)”项目,反映企业以资本公积转增资本或股本的金额。

②“盈余公积转增资本(或股本)”项目,反映企业以盈余公积转增资本或股本的金额。

③“盈余公积弥补亏损”项目,反映企业以盈余公积弥补亏损的金额。

四、所有者权益变动表的结构

所有者权益变动表是矩阵的结构形式:一方面,列示导致所有者权益变动的交易或事项,即所有者权益变动的来源;另一方面,按照所有者权益各组成部分(即实收资本、资本公积、盈余公积、未分配利润和库存股)列示交易或事项对所有者权益各部分的影响。我国企业所有者权益变动表的格式如表10-4所示。

表10-4　所有者权益变动表

编制单位:　　　　　　　　年度　　　　　　　　单位:元

项目	本年金额						上年金额					
	实收资本(或股本)	资本公积	减:库存股	盈余公积	未分配利润	所有者权益合计	实收资本(或股本)	资本公积	减:库存股	盈余公积	未分配利润	所有者权益合计
一、上年年末余额												
加:会计政策变更												
前期差错更正												
二、本年年初余额												
三、本年增减变动金额(减少以“—”号填列)												
(一)净利润												
(二)其他综合收益												
上述(一)和(二)小计												

续表

项目	本年金额						上年金额					
	实收资本（或股本）	资本公积	减：库存股	盈余公积	未分配利润	所有者权益合计	实收资本（或股本）	资本公积	减：库存股	盈余公积	未分配利润	所有者权益合计
(三)所有者投入和减少资本												
1.所有者投入资本												
2.股份支付计入所有者权益的金额												
3.其他												
(四)利润分配												
1.提取盈余公积												
2.对所有者(或股东)的分配												
3.其他												
(五)所有者权益内部结转												
1.资本公积转增资本(或股本)												
2.盈余公积转增资本(或股本)												
3.盈余公积弥补亏损												
4.其他												
四、本年年末余额												

五、所有者权益变动表项目的填列方法

所有者权益变动表各项目均需填列“本年金额”和“上年金额”两栏。

所有者权益变动表“上年金额”栏内各项数字，应根据上年度所有者权益变动表“本年金额”栏内所列数字填列。上年度所有者权益变动表规定的各个项目的名称和内容同本年度不一致的，应对上年度所有者权益变动表各项目的名称和数字按照本年度的规定进行调整，填入所有者权益变动表的“上年金额”栏内。

所有者权益变动表“本年金额”栏内各项数字一般应根据“实收资本(或股本)”、“资本公积”、“盈余公积”、“利润分配”、“库存股”、“以前年度损益调整”科目的发生额分析填列。

企业的净利润及其分配情况作为所有者权益变动的组成部分，不需要单独编制利润分配表列示。

第六节　附注

一、附注概述

附注是财务报表的重要组成部分，是对资产负债表、利润表、现金流量表和所有者权益变动表等报表中列示项目的文字描述或明细资料，以及对未能在这些报表中列示项目的说明等。附注应当披露财务报表的编制基础，相关信息应当与资产负债表、利润表、现金流量表和所有者权益变动表等报表中列示的项目相互参照。附注主要起两方面的作用：第一，附注的披露，是对资产负债表、利润表、现金流量表和所有者权益变动表列示项目的含义的补充说明，以便使用者准确把握其含义。第二，附注提供了对资产负债表、利润表、现金流量表和所有者权益变动表中未列示项目的详细或明细说明。通过附注与资产负债表、利润表、现金流量表和所有者权益变动表列示项目的相互参照关系，以及对未能在报表中列示项目的说明，可以使报表使用者全面了解企业的财务状况、经营成果和现金流量。

二、附注的主要内容

附注是财务报表的重要组成部分。企业应当按照如下顺序披露附注的内容：

(一)企业的基本情况

1.企业注册地、组织形式和总部地址。

2.企业的业务性质和主要经营活动。

3.母公司以及集团最终母公司的名称。

4.财务报告的批准报出者和财务报告批准报出日。

(二)财务报表的编制基础

财务报表的编制基础是指财务报表是在持续经营基础上还是非持续经营基础上编制的。企业一般是在持续经营基础上编制财务报表，清算、破产属于非持续经营基础。

(三)遵循企业会计准则的声明

企业应当声明编制的财务报表符合企业会计准则的要求，真实、完整地反映了企业的财务状况、经营成果和现金流量等有关信息，以此明确企业编制财务报表所依据的制度基础。如果企业编制的财务报表只是部分地遵循了企业会计准则，附注中不得做出这种表述。

(四)重要会计政策和会计估计

会计政策是指企业在会计核算时所遵循的具体会计原则以及企业所采纳的具体会计处理方法。会计估计是指企业对其结果不确定的交易或事项以最近可利用的信息为基础所做的判断。企业应当披露采用的重要会计政策和会计估计，不重要的会计政策和会计估计可以不披露。在披露重要会计政策和会计估计时，企业应当披露重要会计政策的财务报表项目的计量基础和确定依据，以及会计估计中所采用的关键假设和不确定因素。具体如下：

1.重要会计政策的说明

由于企业经济业务的复杂性和多样化，某些经济业务可以有多种会计处理方法，也即存在不止一种可供选择的会计政策。企业在发生某项经济业务时，必须从允许的会计处理方法中选择适合本企业特点的会计政策，企业选择不同的会计处理方法，可能极大地影响企业的财务状况和经营成果，进而编制出不同的财务报表。为了有助于使用者理解，有必要对这些会计政策加以披露。

需要特别指出的是，说明会计政策时还需要披露下列两项内容：

(1)财务报表项目的计量基础。会计计量属性包括历史成本、重置成本、可变现净值、现值和公允价值，这直接显著影响报表使用者的分析。这项披露要求便于使用者了解企业财务报表中的项目是按何种计量基础予以计量的，如存货是按成本还是可变现净值计量等。在确定报表中确认的资产和负债的账面价值过程中，企业有时需要对不确定的未来事项在资产负债表日对这些资产和负债的影响加以估计，如企业预计持有至到期投资未来现金流量采用的折现率和假设。这类假设的变动对这些资产和负债项目金额的确定影响很大，有可能会在下一个会计年度内做出重大调整。因此，强调这一披露要求，有助于提高财务报表的可理解性。

(2)会计政策的确定依据。主要是指企业在运用会计政策过程中所做的对报表中确认的项目金额最具影响的判断，有助于使用者理解企业选择和运用会计政策的背景，增加财务报表的可理解性。财务报表项目的计量基础，是指企业计量该项目采用的是历史成本、重置成本、可变现净值、现值还是公允价值，这直接影响使用者对财务报表的理解和分析。例如，企业如何判断持有的金融资产是持有至到期的投资而不是交易性投资；又比如，对于拥有的持股不足50%的关联企业，企业如何判断企业拥有控制权，因此将其纳入合并范围等等，这些判断对在报表中确认的项目金额具有重要影响。

2.重要会计估计的说明

企业应当披露会计估计中所采用的关键假设和不确定因素的确定依据，这些关键假设和不确定因素在下一会计期间内很可能导致资产、负债账面价值进行重大调整。

(五)会计政策和会计估计变更以及差错更正的说明

企业应当按照《企业会计准则第28号——会计政策、会计估计变更和差错更正》及其应用指南的规定，披露会计政策和会计估计变更以及差错更正的有关情况。

(六)其他需要说明的重要事项

这些重要事项主要包括或有事项、资产负债表日后非调整事项、关联方关系及其交易等。

练习题

一、单项选择题

1.在年度终了由企业编制的包含一个完整会计年度情况的财务报表是(　　)。

A.中期财务报表　　B.年度财务报表　　C.个别财务报表　　D.合并财务报表

2.反映企业在某一特定日期财务状况的财务报表是(　　)。

A.资产负债表　　B.利润表

C.现金流量表　　D.所有者权益变动表

3.反映企业一定会计期间经营成果的财务报表是(　　)。

A.资产负债表　　B.利润表

C.现金流量表　　D.所有者权益变动表

4.“预付账款”科目明细账中若有贷方余额,应将其计入资产负债表的(　　)项目。

A.“应付账款”　B.“其他应收款”　C.“应收账款”　D.“预收账款”

5.资产负债表中的“未分配利润”项目,应根据(　　)填列。

A.“本年利润”科目余额

B.“利润分配”科目余额

C.“盈余公积”科目余额

D.“本年利润”和“利润分配”科目的余额计算后

6.下列交易或事项中,不影响上市公司利润表中营业利润金额的是(　　)。

A.按产品数量支付专利技术转让费　　B.清理管理用固定资产发生的净损失

C.计提存货跌价准备　　D.出售原材料并结转成本

7.下列经济事项中,能导致企业经营活动的现金流量发生变化的是(　　)。

A.赊销商品　　B.支付现金股利

C.交纳所得税　　D.购买工程物资

8.下列经济业务所产生的现金流量中,属于企业经营活动产生的现金流量的是(　　)。

A.支付经营租赁费用所产生的现金流量　B.支付融资租赁费用所产生的现金流量

C.变卖固定资产所产生的现金流量　　D.取得债券利息收入所产生的现金流量

9.企业偿还的长期借款利息,在编制现金流量表时,应作为(　　)项目填列。

A.分配股利、利润和偿付利息所支付的现金

B.偿还债务所支付的现金

C.筹集资金所支付的现金

D.支付的其他与筹资活动有关的现金

10.下列事项中,不影响企业现金净流量的是(　　)。

A.取得短期借款　　B.购买三个月内到期的短期债券

C.偿还长期借款　　D.支付现金股利

二、多项选择题

1.下列财务报表中,属于企业财务报告内容的有(　　)。

A.资产负债表　　B.利润表

C.现金流量表　　D.所有者权益变动表

E.制造费用分配表

2.下列各项中,在编制资产负债表时应列入“存货”项目的有(　　)。

A.委托加工物资　B.工程物资　C.低值易耗品　D.材料采购

E.分期收款发出商品

3.资产负债表中的“预收项目”应根据（　　）填列。

A.预收账款所属明细账贷方余额　　B.应收账款所属明细账贷方余额

C.应收账款所属明细账借方余额　　D.预付账款总账余额

E.预收账款所属明细账借方余额

4.下列各项中，应作为资产负债表中资产列报的有（　　）。

A.融资租入固定资产　　B.受托代销商品

C.委托代销商品　　D.劳务成本

E.发出商品

5.属于企业利润表应提供的指标有（　　）。

A.营业利润　　B.主营业务利润　　C.其他业务成本　　D.利润总额

E.净利润

6.下列项目中，应计入利润表中“营业外收入”项目的有（　　）。

A.增值税出口退税　　B.无法支付的应付账款

C.先征后返收到的增值税　　D.收到返还的教育费附加

E.接受现金捐赠

7.现金等价物是指企业持有的同时具有以下（　　）特征的投资。

A.流动性强　　B.价值变动风险很小

C.易于转换为已知金额的现金　　D.期限短

E.价值变动风险高

8.下列各项中，属于企业经营活动产生的现金流量的有（　　）。

A.收到的出口退税款　　B.转让无形资产所有权取得的收入

C.收到交易性金融资产的现金股利　　D.出租无形资产使用权取得的收入

E.为其他单位提供代销服务收到的款项

9.下列各项中，属于筹资活动产生的现金流量的有（　　）。

A.收回长期债券投资所收到的现金　　B.发行债券所收到的现金

C.吸收权益性投资所收到的现金　　D.支付的现金股利

E.借入资金所收到的现金

10.下列事项中，影响筹资活动现金流量的项目有（　　）。

A.支付资本化的借款利息　　B.支付发行债券印刷费

C.融资租入固定资产　　D.发行债券收到现金

E.支付费用化借款利息

三、判断题

1.财务报告是对外报告，财务报表附注不属于财务报表的组成部分。（　）

2.资产负债表的资产总额合计数应与负债和所有者权益的合计数相等。（　）

3.资产负债表属于静态会计报表，利润报表、现金流量表和所有者权益变动表属于动态会计报表。（　）

4.资产负债表“一年内到期的非流动资产”项目是非流动负债项目。（　）

5.根据利润表,可以分析和评价企业的盈利状况并预测企业未来的损益变化趋势及获利能力。(　　)

6.我国企业会计制度规定的利润表是单步式。(　　)

7.接受投资者用固定资产进行的投资属于投资活动。(　　)

8.现金等价物通常是指从购入日起 3 个月或更短的时间内即可转换为已知现金的短期投资。(　　)

9.在现金流量表中,股利收入和股利支出属于投资活动的现金流量,利息收入和利息支出属于筹资活动的现金流量。(　　)

10.企业的会计估计变更,应该采用未来适用法进行会计处理。(　　)

四、简答题

1.简述财务报表的概念与内容。

2.简述项目列报遵守的重要性原则与内容。

3.简述资产负债表的概念与作用。

4.简述利润表的概念与作用。

5.简述现金流量表的内容。

五、会计分录与分析计算题

1.A 公司为一般纳税人,适用的增值税税率为 17%,所得税税率为 25%。该公司 2015 年 12 月 31 日的资产负债表如下表所示。

资产负债表

编制单位:A 公司　　　　2015 年 12 月 31 日　　　　单位:元

资产	期末余额	期初余额	负债和所有者权益(或股东权益)	期末余额	期初余额
流动资产:			流动负债:		
货币资金	100 000		短期借款	30 000	
交易性金融资产	1 100		交易性金融负债	0	
应收票据	3 200		应付票据	2 000	
应收账款	5 000		应付账款	4 000	
预付款项	0		预收款项	0	
应收利息	1 000		应付职工薪酬	10 000	
应收股利	1 000		应交税费	3 000	
其他应收款	0		应付利息	500	
存货	8 000		应付股利	0	
一年内到期的非流动资产	0		其他应付款	0	
其他流动资产	0		一年内到期的非流动负债	0	

续表

资产	期末余额	期初余额	负债和所有者权益（或股东权益）	期末余额	期初余额
流动资产合计	119 300		其他流动负债	0	
非流动资产：			流动负债合计	49 500	
可供出售金融资产	0		非流动负债：		
持有至到期投资	8 000		长期借款	40 000	
长期应收款	2 000		应付债券	0	
长期股权投资	24 000		长期应付款	20 000	
投资性房地产	0		专项应付款	0	
固定资产	85 000		预计负债	0	
在建工程	40 000		递延所得税负债	0	
工程物资	3 000		其他非流动负债	0	
固定资产清理	0		非流动负债合计	60 000	
生产性生物资产	0		负债合计	109 500	
油气资产	0		所有者权益（或股东权益）：		
无形资产	6 000		实收资本（或股本）	80 000	
开发支出	4 000		资本公积	22 000	
商誉	0		减：库存股		
长期待摊费用	0		盈余公积	20 000	
递延所得税资产	200		未分配利润	60 000	
其他非流动资产	0		所有者权益（或股东权益）合计	182 000	
非流动资产合计	172 200				
资产总计	291 500		负债和所有者权益（或股东权益）总计	291 500	

2016 年，A 公司发生如下经济业务：

(1)购入原材料一批，收到的增值税专用发票上注明的原材料价款为 1 000 元，增值税进项税额为 170 元，款项已通过银行转账支付，材料已验收入库。

(2)销售产品一批，开出的增值税专用发票上注明的价款为 30 000 元，增值税额为 5 100元，货款尚未收到。该批产品成本 2 200 元，产品已发出。

(3)将一项交易性金融资产（股票）出售取得价款 5 000 元，该投资的成本为 3 000 元，公允价值变动为 1 500 元，处置收益为 500 元。

(4)购入工程物资一批用于在建工程，收到的增值税专用发票上注明的价款和增值税额合计为 1 170 元,款项已通过银行转账支付。

(5)工程发生应付职工薪酬 2 000 元。

(6)生产车间一台机器设备报废,原价 2 000 元,已提折旧 1 800 元,清理费用 50 元,残值收入 150 元,均通过银行存款收支。该项固定资产已清理完毕。

(7)销售一批产品,开出的增值税专用发票上注明的价款为 20 000 元,增值税额为 3 400元,款项已存入银行。销售产品的实际成本为 1 800 元。

(8)支付工资 15 000 元,其中包括支付在建工程人员的工资 5 000 元。

(9)计提固定资产折旧 2 000 元,直接计入管理费用 2 000 元。计提固定资产减值准备 300 元。

(10)用银行存款支付本期发生的产品展览费 10 000 元。

(11)广告费 12 000 元,已用银行存款支付。

(12)本期在建工程应负担的长期借款利息费用 2 000 元,长期借款为分期付息。

(13)本期应计入损益的长期借款利息费用 1 000 元,长期借款为分期付息。

(14)归还短期借款本金 20 000 元。

(15)归还长期借款本金 30 000 元。

(16)将各收支科目结转本年利润。

(17)按照净利润的 10%提取法定盈余公积金。

(18)将利润分配各明细科目的余额转入“未分配利润”明细科目。

要求:编制 A 公司 2016 年度经济业务的会计分录,并在此基础上编制 2016 年资产负债表、利润表。

2.B 公司 2016 年有关资料如下:

(1)资产负债表有关项目为:

“应收票据”(含增值税)年初数 37 000 元,年末数 14 000 元;

“应收账款”(含增值税)年初数 59 000 元,年末数 34 000 元;

“存货”年初数 35 000 元,年末数 32 000 元;

“应付票据”(含增值税)年初数 52 000 元,年末数 33 000 元;

“应付账款”(含增值税)年初数 61 000 元,年末数 56 000 元;

“应付股利”年初数 83 000 元,年末数 65 000 元;

“可供出售金融资产”年初数 72 000 元,年末数 0 元。

(2)利润表有关资料如下:

本年销售商品取得收入 300 000 元,销售成本 200 000 元;

出售划分为交易性金融资产的股票投资的投资收益 9 000 元;

处置固定资产的营业外收入 49 000 元;

向所有者分配现金利润 99 000 元。

注:B 公司本年出售固定资产的原价为 203 000 元,已提折旧 118 000 元;本年出售交易性金融资产及固定资产等均已收到现金;应收、应付款项均以现金结算。

不考虑该企业本年度发生的其他交易和事项。

要求:

(1)计算现金流量表中“销售商品、提供劳务收到的现金”项目的金额；

(2)计算现金流量表中“购买商品、接受劳务支付的现金”项目的金额；

(3)计算现金流量表中“收回投资收到的现金”项目的金额；

(4)计算现金流量表中“处置固定资产、无形资产和其他长期资产所收回的现金净额”项目的金额；

(5)计算现金流量表中“分配股利或利润所支付的现金”项目的金额。

图书在版编目(CIP)数据

会计基础/翁健英主编. —厦门:厦门大学出版社,2016.7

高职高专经管类“十三五”规划教材

ISBN 978-7-5615-6011-2

Ⅰ.①会…　Ⅱ.①翁…　Ⅲ.①会计学-高等职业教育-教材　Ⅳ.①F230

中国版本图书馆 CIP 数据核字(2016)第 072598 号

出 版 人　蒋东明
责任编辑　陈丽贞
封面设计　蒋卓群
责任印制　吴晓平

出版发行　厦门大学出版社
社　　址　厦门市软件园二期望海路 39 号
邮政编码　361008
总 编 办　0592-2182177　0592-2181406(传真)
营销中心　0592-2184458　0592-2181365
网　　址　http://www.xmupress.com
邮　　箱　xmupress@126.com
印　　刷　厦门市万美兴印刷设计有限公司

开本　787mm×1092mm　1/16
印张　15.25
字数　380 千字
印数　1～3 000 册
版次　2016 年 7 月第 1 版
印次　2016 年 7 月第 1 次印刷
定价　35.00 元

本书如有印装质量问题请直接寄承印厂调换

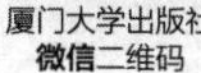
厦门大学出版社
微信二维码

厦门大学出版社
微博二维码